中國古代地理總志叢刊

輿地紀勝

六

〔宋〕王象之 撰

中華書局

輿地紀勝
補闕十卷

自序

道光癸卯春初建功刻舊唐書旣成卽欲重刊鈔本輿地紀勝兩書皆延同人纂輯校勘記舊唐書校勘記梓行之後建功曾就諸書所引舊唐書與今本不相附麗無須悉載於校勘記者爲之會萃成書名曰舊唐書逸文凡十有二卷紀勝校勘記脫稿後建功因復仿前例就諸書所引紀勝爲今本所闕不必列入校勘記者掇拾搜羅別爲一編共得十卷名曰紀勝補闕蓋舊唐書雖有逸文而無闕卷其闕葉亦無明徵若紀勝則全闕者三十一卷溫州婺州處州衢州光州無爲軍安

豐軍潭州成都府上成都府下崇慶府眉州彭州緜州漢州邛州黎州夔州開州施州達州珍州忠州涪州階州成州西和州鳳州文州龍州天水軍有闕葉者十有七卷臨安府平江府饒州揚州楚州黃州濠州寶慶府襄陽府均州循州永康軍興元府閬州巴州洋州劒門關是故據紀勝本書之注此門言詳見他門則闕葉之逸文可知平江府風俗形勝門全闕據仙釋門晉支遁注則風俗形勝門當有晉支遁事濠州景物下古迹官吏人物等門皆闕據風俗形勝門各條則景物下當有脩然亭古迹門當有塗山禹廟官吏門當有梅呂人物門當有莊子興元府官吏門全闕據府沿革注則官吏門當有蕭思話此卷言詳見別卷則闕卷之逸文可知光州全闕據安豐府古迹門獨山楊行密祠注則光州古迹門當有獨山忠州全闕據萬州人物門甘寧注則忠州人物門當有甘寧其當補者一也輿地碑目卽節錄紀勝中碑記一門故闕卷

內之碑記可補顧氏千里碑目序云且今者紀勝闕卷三十有一好事者每惜其末由補全孰知求之此書則三十一卷之碑記一門唯荆湖南路之潭州成都府路之彭州縣州漢州邛州黎州利西路之天水軍俄空其七耳以外尙多無恙者實原書之墜簡也今按珍州階州原書本無碑記成都府分上下兩卷碑記例在下卷故上卷不應有碑記顧氏言俄空其七此三卷不在所數之內蓋闕卷三十一無碑記可補者十卷有碑記可補者二十一卷闕葉內之碑記亦可補顧氏碑目序又云今所據但鈔本闕卷之外復多闕葉如楚州濠州興元府及永康軍之下半碑記均藉此書而僅存愈徵其有益者非尠矣而碑記之注有言詳見各門者復可定爲逸文崇慶府全闕據碑記萬歲寺碑注及法天寺留題注則景物下當有萬歲寺法天寺又據碑記善頌堂留題注則官吏門當有趙抃眉州全闕據碑記杜子美兩川夔峽諸詩石刻注則景物下當有大雅堂鳳州全闕據碑記隋朗法禪師碑注則仙釋門當有隋朗法禪師其當補者

二也一統志方輿紀要所引紀勝往往在闕卷闕葉之中疑是時尚有完本錢遵王讀書敏求記載紀勝二百卷云鏤刻精雅楮墨如新乃宋本中之佳者顧氏碑目序云似仍係完帙不審尚向在世間否耳今按一統志稿本係崑山徐健菴尚書所輯顧景范亦與分纂之列景范與遵王皆常熟人健菴亦與遵王同郡其時書局設於洞庭山所引紀勝或即據遵王之完本亦未可知至於紀要所引紀勝當即景范在書局時所摘錄耳其當補者三也所引逸文有作方輿紀勝者疑即輿地紀勝之訛一統志福州府福寧府泉州府各引方輿紀勝一條方輿紀要鄭州引方輿紀勝一條有但言王象之者亦皆輿地紀勝之語方輿紀要衢州府引王象之三條壽州東平州河州隰州永寧州各引王象之一條今並一律採錄以備參稽其非紀勝原文則毫不濫載蓋用元和志逸文之

例不使他說與原文雜糅（嚴氏觀元和郡縣補志陳氏蘭森寰宇記補闕皆原文少而他說多惟周氏夢棠元和志逸文專輯御覽玉海通鑑地理通釋等書所引原文絕不雜以他說）雖闕卷闕葉未能頓復舊觀而以僞混眞之弊亦庶乎免矣若夫原本並非闕卷又無闕葉而他書所引實係逸文者蓋王氏此書每卷分子目十二（養新錄云輿地紀勝每府州軍監分子目十二曰府州沿革若有監司軍將駐節者別敘沿革於州沿革之後曰縣沿革曰風俗形勝曰景物上曰景物下曰古迹曰官吏曰人物曰仙釋曰碑記曰詩曰四六）而子目間亦偶闕有時明注其闕（橫州梁山軍人物門南安軍柳州仙釋門靖州詩門衡州威州渠州敘州黔州雲安軍蓬州四六門封州仙釋門碑記門石泉軍碑記門詩門宜州碑記門四六門茶陵軍碑記門詩門四六門皆曾注闕字）有時未注其闕（東陽軍融州人物門歸州

新州化州欽州鬱林州南平軍隆慶府洋州四六門皆未注闕字有時不但不書闕字抑且不標子目之名故或少一門棗陽軍雲安軍無官吏漢陽軍連州容州利州無人物郴州欽州威州無仙釋橫州無碑記武岡軍信陽軍高州賀州昌州廣安軍富順監萬州梁山軍無四六茶陵軍景物不分上下或少二門天水軍無古迹人物鬱林州無人物仙釋萬安軍無人物四六吉陽軍無仙釋碑記潯州大寧監無仙釋四六或少三門廉州無人物仙釋碑記靖州無人物仙釋四六藤州無人物碑記四六或少四門沅州無人物仙釋碑記四六或少五門思州無官吏人物仙釋詩四六此闕卷闕葉之外所以尚有逸文也況乎傳寫者不無偶遺而全書之通例每卷各門之末大率皆留空行以待續有增補凡今本所載太略者必有脫文德慶府碑記門止有圖經一種貴州碑記門止

有懷澤志一種此外更無一碑所記未全者必有墜簡隆慶府縣沿革普成縣注但言縣之舊名未言何時改今名此原本有而傳寫之本無也成書以後有空行可續者則附入各門之中衡州碑記門注云圖經無碑記門而碑記散見諸處無年月可考據此則是州碑記必有續入者可知各卷碑記門之例志書皆列於末此卷衡陽志後又有吳九眞谷府君碑臨海谷侯碑其爲增補無疑無空行可增者則補注子目之下建甯府人物門注云王安石李綱皆生於松溪之簿廳主簿陳當時嘗書於壁以爲盛事今按此門之末無空行故夾注于子目之下此初印之本無而續增之本有也諸書所引逸文意者初印之本所無續增之本所有而一統志紀要所引係續增之本歟抑或原本實有此條今本傳寫逸去而一統志紀要

所引仍係原本歟惟是目錄所載郡縣自行在所臨安府至天水軍祗南渡偏安疆域直齋書錄解題云行在宮闕官寺實冠其首闕河版圖之未復者猶不與焉而逸文內所載郡縣有屬京東西路者東平府一則有屬京西北路者鄭州一則陳州二則有屬陝西永興軍路者京兆府一則有屬陝西秦鳳路者河州洮州各一則有屬河東路者絳州隰州石州蔚州各一則皆北宋全盛之提封至南宋時則不列版圖之內似并紀勝所應有然考王氏自序云東南十六路以在所為首而西北諸郡亦次第編集則當日於東南諸路纂輯告成復就西北各州別為續錄猶之祝穆方輿勝覽止述東南

而它書所引逸文兼及西北一統志直隸順天府河南南陽府汝州陝西鳳翔府商州華州所引各一則方輿紀要直隸大名府陝西西安府所引各一則鳳翔府所引二則亦於成書之後更有補編耳呂午方輿勝覽序云我瞻四方禹迹茫茫思日闢於先王慨未歸於故疆必也志存乎脩攘步極乎亥章使吾和父涉歷彌長聞見彌詳紀載益鋪張而勝覽益煇煌今按和父即祝穆之字祝氏補紀北方郡縣蓋因呂序所言而推廣之也王氏地理之學較祝氏尤深使所紀西北諸郡之書至今具在其沿革掌故當必蔚爲鉅觀惜乎舊本全亡轉引者僅見此十數則用是亟爲甄錄附諸東南各路之餘俾閱者由此類推尚可想見其原書之梗槩也至於王氏別有輿地圖十六卷與紀勝相輔以行其搜輯

甚詳直齋書錄解題云輿地圖十六卷王象之撰紀勝逐州爲卷圖逐路爲卷其搜求亦勤矣至西蜀諸郡尤詳而自元明以來更無稱引之者其體裁義例末由窺測其大凡與元和志之佚去原圖同爲憾事此則非後人所能臆補者已

道光戊申二月甘泉岑建功識

輿地紀勝補闕目錄

陝西永興軍路　京兆府

陝西秦鳳路　河州　洮州

河東路　絳州　隰州　石州　蔚州

輿地紀勝補闕卷一

甘泉岑建功輯

兩浙西路

安吉州 原卷第四

景物下

廣惠寺 在長興縣東九里乃陳高祖故宅光大初建爲寺號天居宋改今名

一統志一百七十六湖州府 按作紀勝時之吉州卽今之湖州府紀勝此卷原無闕頁然王氏此書之通例每卷各門之末大率皆留空行以待續有增補廣惠寺一條或初印之本所無續增之

本所有而一統志所引係續增之本或原本實有此條今本傳寫逸去而一統志所引仍係原本均未可知後凡紀勝原無闕頁而一統志方輿紀要等書所引實係逸文者當以此意求之　又按紀勝各卷景物門大率皆分上下安吉州古迹門及景物上未載一寺而景物下載大雄寺八聖寺靜林寺飛英寺祇園寺普靜寺密印寺無爲寺乾元寺共有九寺則廣惠寺似亦當在景物下

平江府 原卷第五

風俗形勝

晉支遁

按此卷風俗形勝門全闕據仙釋門晉支遁注云見風俗門續志序下則風俗形勝門內必有晉支遁事碑記門續志注云朱長文編所謂續志序者當卽此志之序也　又按方輿勝覽卷二風俗門好儒好佛注引圖經云蓋朱買臣陸機顧野王之徒顯名於當代而人尙文支遁道生慧嚮之儔倡法於羣山而人尙佛有所自來也今考朱長文之書尙存名曰吳郡圖經續記勝覽所引之圖經當卽紀勝所引之續志蓋列晉支遁於風俗門者實因

吳人好佛由於支遁之談禪勝覽與紀勝可互證矣

江陰軍 原卷第九

景物上

申港 宋太守劉堂漕臣姜銑建議濬申利二港

一統志四十五常州府　按作紀勝時江陰自爲一軍不屬常州紀勝此卷景物上有利港申浦而無申港申浦注云今爲申港亦無宋太守以下數語今考紀勝全書之例地名有古今各異者往往前後並見疑申港一條原本在景物上之末而傳

寫佚去耳後凡紀勝已載此地而他書所引逸文
係一地而兩名者當以此意求之

兩浙東路

紹興府原卷第十

景物下

開元寺修廊傑閣冠絕他剎正月望爲燈市海外商賈皆集

一統志一百七十九紹興府　按紀勝此卷本無
闕頁景物上未載一寺景物下載天章寺天衣寺
戒珠寺寶相寺報恩寺大能仁寺淳化寺福慶寺
覺苑寺慈雲寺應天寺稱心寺惠安寺共十三寺

古迹門有泰[redacted]寺禹跡寺凡二寺泰甯寺係南宋時攢宮之地[redacted]跡寺取名因大禹之舊跡故列於古迹門中若開元寺似當與天章等寺一例列於景物下之內 又按據一統志開元寺在會稽縣東南唐董昌故宅錢鏐建爲寺

温州 原卷第十三

碑記

僧元覺神道碑 在永嘉縣之淨光先天寺元葬於是山有括州刺史李邕所作神道碑

輿地碑目卷一下同 按紀勝此卷全闕

淨居尼元機圓明塔碑 在永嘉縣之淨居尼禪寺其碑先天中立

石室碑在永嘉縣應符鄉大羅山之石室上有石夫人及古石碑在天柱寺後

仙巖寺碑銘司空表聖文

海濤志集古錄云海濤志濤歷濤日時濤期朔望體象春秋仲月漲濤解凡六篇唐竇叔蒙撰其說以月朓朒候濤汐之進退并竇氏濤日時疏一篇孟簡撰皆陶從心書朱巨題額不著刻石年月在温州

抄本碑目歷下無濤字從心作慫

遊仙記唐著作顧况仙遊記曰温州人李庭等大歷六年入山斫船迷不知路逢見潨水潨水者東越方言以挂泉爲潨中有人煙雞犬之候尋聲渡水忽到一處約在甌閩之間云古莽然之墟者好田泉竹果藥連棟架險三百餘家四面高山迴環深映有象耕雁耘人甚知禮野鳥名鴝飛行似鶴入人社中惟祭得殺無故不得殺殺令地震有一老人爲衆所伏容貌甚和歲入數百匹布以備寒暑乍見外人

亦甚驚異問所從來袁晁賊未平時政何若具以實告因曰願來就居得否云此間地窄不足以容爲致飲食申以主敬既而辦行斫樹記道還家及復前蹤羣山萬首不可尋省

抄本碑目著作作歷作惟祭作雄祭歲入作歲人寒暑作寒者袁晁作袁見辦行作辨行尋省作尋者皆誤　按正文作遊仙記注引顧况仙遊記今考全唐文五百二十九載顧况此文正作仙遊記當以仙遊爲是　又按全唐文斫船作斫樹人上無入字社中作舍中得殺下有之字殺令作殺則歲入作歲收未平作平未辦行作辭行　又按以舊唐書代宗紀及通鑑考之袁晁之就擒在寶應二年

四月下距大歷六年相隔八載山中避亂之人不知世事故袁晁之亂久平而猶問其平未耳作未平者非也

永甯編　陳謙所述畱元剛序云是編非取夫搜摭新故誇詡形勝而已事變之會風俗之趨盍將有考焉觀敘州自晉以來守凡幾人孰賢孰否觀敘人自國朝以來作者幾人孰先孰後熙甯而後所易兵制善於古否建炎而後所增賦稅安於民否水利何爲而便役法何爲而病是非得失之迹興廢沿革之由安危理亂於是乎在一言去取萬世取信

抄本碑目賦稅作稅賦興廢作廢興

鴈宕序述　鴈宕山序云樂清縣鴈宕諸山在焉難以殫載校書郎章望之有記郡丞謝升俊有圖樂清縣丞洪藏有賦記述模寫皆極形容之精然猶有未盡薛寺正季宣復爲賦以備足之

許校抄本碑目藏作蔵

婺州原卷第十四

碑記

八詠碑沈約文舊本在仁風堂新本在八詠樓

輿地碑目卷一下同　按紀勝此卷全闕

陋室銘不知在何所政和中郡民至龜頭土城上茅棘中見一顆石其色如鐵面平可坐因刮拭之彷彿有字題曰陋室銘唐劉禹錫文其詞云山不在高有仙則名水不在深有龍則靈斯是陋室惟吾德馨苔痕上階綠草色入簾青談笑有鴻儒往來無白丁可以調素琴閱金經無絲竹之亂耳無案牘之勞形南陽諸葛廬西蜀子雲亭孔子云何陋之有今其碑在明月樓

許校抄本碑目土城作王城有仙作有僊

通判廳蘭亭記其碑甚古

大廳再建記唐廣明二年

赤松巖寺碑唐垂拱四年

盧府君碑唐大中十一年

俱胝石幢記唐咸通十年

抄本碑目胝作胝

武威侯廟記唐廣明元年已上並在金華縣境

按已與以同下文仿此

杜叔倫去思碑晏公類要云在東陽縣前達州刺史陸長源文

許校抄本碑目達作建　按新舊唐書陸長源傳

俱云歷建信二州刺史而不言爲達州刺史作建者是也　又按全唐文五百十載陸長源唐東陽令戴公去思頌云詔書以監察御史裏行戴叔倫爲東陽令紀勝杜字乃戴字之誤

涵碧亭碑 在東陽縣唐寶歷二年

法華寺碑 在東陽縣唐會昌三年

智者法師碑 及本生寺碑在義烏縣界梁太子綱文

善慧大寺碑 陳大建五年

抄本碑目寺作士　按下文有善知闍黎碑及惠集法師碑注並言在陳大建間與此碑正同以例

推之似當以士字爲是蓋大士與闍黎法師名目
相類若作大寺則不相類矣

善知闍黎碑 陳大建五年

惠集法師碑 陳大建六年

還珠記碑 唐元稹文

轉輪經藏 唐咸通八年

重雲大師眞身碑 唐乾符三年

普濟院碑 周顯德二年已上並義烏縣

抄本碑目並作幷

聖壽寺碑 唐綦毋潛文

和安寺碑唐邵朗文

許校抄本碑目朗作節　按全唐文八百六載邵朗兜率寺記云以晉義熙二年正月捨所居爲和安寺焉據此則兜率寺卽和安寺而碑記則邵朗所撰也當以朗字爲是

東峯亭記唐馮宿文在蘭溪圑寺

許校抄本碑目東作陳　按方輿勝覽東峰亭注云在蘭溪縣且引馮宿亭記全唐文六百二十四載馮宿蘭溪縣靈隱寺東峰新亭記當以東字爲是圑字乃靈隱之誤

萬安院碑 晉天福八年

抄本碑目萬作樂

永甯院碑 周顯德四年已上並在蘭溪縣

千歲和尚碑 開元二年在浦江寶嚴寺

左溪大師碑銘 唐李華文在浦江縣

明招院壽塔碑 周廣順二年在武義院

許校抄本碑目二作三

鶴巖院碑 清泰

按清泰係後唐末帝年號首尾三年清泰下脫去

年分俟考

義烏眞如寺耶律年號 寺在義烏縣西南一百八十步東陽志云吳越錢氏會同十年建洪邁隨筆載錢氏有年號三日寶大天寶保正而無所謂會同象之謹案會同乃契丹年號東都事略契丹傳載遼主德光以天福三年改元會同至開運四年南牧歷年圖載天福三年歲在戊戌而會同十年歲在丁未自戊戌至丁未整整十年意者錢氏奉德光之正朔則丁未之歲乃契丹會同十年故用其紀元耳十國紀年吳越王錢宏佐傳云開運四年正月敵陷京師稱會同十年而馬殷傳止書云開運四年契丹犯闕中國兵亂貢賦不通而不書會同年號是湖南諸國不用會同年號而吳越獨用會同年號故也

抄本碑目止書作正書 按下文云而不書會同年號不書與止書相對爲文當以止字爲是

吳越寶大年號 東陽志云觀音寺大殿有梁吳越寶大二年立題字象之謹按通鑑後唐

明帝天成二年吳越王錢鏐以中國喪亂朝命不通改元保正其後復通中國乃諱而不稱今觀音寺之題梁皆已削去年月寺僧云吳越改元後用中國正朔故諱其事而削去與通鑑所書相應寺卻有銅鐘銘題云寶大二年歲在乙酉置

抄本碑目立下脫題字二字復下脫通字寺僧云之云誤作去卻有作却有銘下無題字　按以五代史及通鑑考之天成係後唐明宗年號明宗之謚號係聖德和武欽孝皇帝紀勝之明帝當作明宗

張巡許遠雙廟辯　嘉泰甲子余謁郡侯南康李公景和見其追逮土偶械繫於庭問其罪則曰李侯家眷爲祟所擾故加之罪杖之溪澼投土偶於深淵絶其廟食未嘗不重李侯之果決也及

余之郊外聽輿人之頌曰此廟非他郎唐張許之祠也郡侯以其烹愛妾而無所歸旋擾其室既伏其罪而怪亦絶余獨念張許置廟始末郡志無所經見志乃洪公遵銓次必不逸書余固未能釋然後余緒閱故書見唐張巡傳載許遠子玫爲婺州司馬柳子厚南公廟碑載南霽雲子承嗣爲婺州別駕今婺之雙廟與倅廨鄰意者南許二子之所立乎余既參祁公之史考柳子厚之記又不能不譏李侯之太果而請洪公之略也反覆張許之事因歎其捐軀以蔽江淮而當時議者反以睢陽食乏爲二子罪巡烹妾以激士衆而後世乃以其鰥居而爲廟食之累甚矣忠臣之不遇也自李翰作傳以表其事而當時之異論始息余不量其譾薄欲强引史傳以證其廟食之始末昕李翰爲難矣昔韓文公謂張許子弟材下不能通其父志由今日觀之廟在而無所記豈特不能通其父志於當時而已哉昔我朝章聖皇帝東狩過雙廟畱駕徘徊著金刻石賛明厥忠而司馬公光嘆顔杲卿張巡之徒世治則擯斥外方抑沉下寮世亂則委棄孤城蠆粉寇手何爲善之不幸而朝廷待忠義之薄耶我聖朝君臣待忠義之意如此惜不及見洪公

李侯而一
洸之云
抄本碑目之頌作之誦郡侯以其之以作意既伏
作自伏下[illegible]亦下無厚字食乏之誤作食之烹下妄上
有愛字不遇也之也誤作世史傳誤作始傳以證
作以証晾作視過雙廟之過誤作遇駕上畱字係
空格下寮作下僚寇手誤作寇乎　按左氏僖二
十八年傳云聽輿人之誦作之誦者是也　又按
祁公之史指上文唐張巡傳而言新唐書列傳係
宋祁所作祁公似當作宋公祁

處州十五　原卷第

景物上

石帆山　一名石橋洞東北去石山二十里高巖屹立如檣中有三潭危石峙潭中如張帆然

方輿紀要九十四處州府　一統志一百八十六處州府但引一名石檣洞五字　按紀勝此卷全闕全書之例凡山水之類列於景物上者居多故列於此以俟考後凡逸文內山水之類仿此　又按據一統志此山在青田縣西一百里據方輿紀要此山在青田縣西南九十里亦名大連雲山

碑記

追魂碑　在松陽永甯觀唐故有道先生葉公碑李邕撰并書法善之祖也世傳法善求邕書不可

得夜追其魂書之俗謂之追魂碑恐未必然人愛其字模打不已黃冠潛毀之有銅鐘宣和造寇焚熱烈烬中竟不銷鑠聲亦不滅若有神護

輿地碑目卷一下同　抄本碑目模作摸　許校

抄本碑目造寇作遭寇聲作書

唐李繁孔子廟記　唐元和中刺史李繁建孔子廟韓愈爲之碑杜牧書其陰碑遭亂不存宣和中和州量葆光模刻於學而碑陰猶闕

抄本碑目量作黃是也

有唐贈歙州刺史葉公神道碑　李邕撰韓擇木八分書其石運自雲川擊之鏗然有聲今在麗水縣北一百二十里冲眞觀中

李邕書大唐開悟之寺　在龍泉之薦福院

黃帝祠宇篆額唐李陽冰篆在仙都山

縉雲縣城隍廟記集古錄唐李陽冰篆并撰陽冰禱雨因移建於山上碑以乾元二年立

刺史李鋁送行記正元中李爲刺史朝士之贈行者二十三人石刻今存

抄本碑目鋁作銘　按鋁字無考當是銘字之誤

唐靑田縣尉楊光于作隱難記在麗水縣北六十里之東巖大略言袁晁黃巢之亂民避難於此獲免者甚衆

好道廟碑在麗水縣東十里唐大中十年刺史段成式作廟記今存

抄本碑目段作叚誤

宋松司馬墓碑在麗水縣西四十里即期山下乾符二年卒葬於此碑及銘記並任省公

文

李陽冰修夫子廟記在縉雲記云上元元年縉雲令李陽冰修文宣王廟換夫子之容貌增侍立之九人其餘六十二子圖於屋壁據陽冰記云增侍立之九人葢獨顏回坐而餘九人爲立像矣

李陽冰忘歸臺銘在縉雲之吏隱山

抄本碑目吏作史下同　按方輿勝覽卷九吏隱山注云在州東北五十里山南有唐李陽冰爲縉雲令秩滿寓居于此爲窪樽留題篆刻至今人寶之全唐文四百三十七載陽冰忘歸臺銘有曲成吏隱之語當以吏字爲是作史者非也

李氏窪樽銘在縉雲之東隱山

李陽冰篆倪翁洞三字在縉雲縣東平里之倪翁洞

阮客洞詩在縉雲縣東九十里有石室鐫李陽冰詩

隱眞洞劉先生素象贊在縉雲縣東二十八里隱眞洞其碑見存

許校抄本碑目素作塑

李陽冰篆初暘谷三字在縉雲之仙都山

衢州 原卷第十六

景物上

常山卽信安嶺也陳天嘉初留異據東陽時江郢二州俱爲王琳所有異因與琳自鄱陽信安嶺潛通使往來今自衢州經信州達於鄱陽必由常山所謂嶺路也

方輿紀要九十三衢州府　一統志一百八十三衢州府所引郎下有古字時江郢至所有作時王琳據江郢二州與琳二字在信安嶺下自下無鄱陽二字經作西出於鄱陽作鄱陽者　按據一統志及方輿紀要此山在常山縣東三十里

崢嶸山昔有柴宏者屯兵於此後訛爲崢嶸其東南相連者曰龜峯山府治枕其麓方輿紀要九十三衢州府　按據方輿紀要此山在衢州府治西安縣西北

古迹

太末城龍邱故太末也唐光化二年淮南宣州將康儒敗兩浙將王球於龍邱擒之遂取婺州郎

此

方輿紀要九十三衢州府　按紀勝全書之例故城皆列於古迹門內故列於此以俟考後凡遞文內故城之類仿此　又按據方輿紀要此城在龍游縣西

碑記

古碑信安記文其最古者徐偃王廟則韓退之西楚霸王廟則賀蘭進明詩則信安王禕石橋記則嚴綬女樓之易棟賦則霍耿若陸㸐于皐之偃王碑碣皆漫缺不可讀

輿地碑目卷一下同　抄本碑目脫詩則二字易棟賦則霍耿誤作易陳武則崔耿　按以元和志

二十六寰宇記九十七輿地廣記二十一方輿勝覽卷七考之婺州爲婺女分野衢州本婺州地唐時始析置其樓名亦得有婺女之稱紀勝女樓上疑脫婺字

唐乾符六年僧沖莅開山文樅碑銘在西安之子湖定業院

抄本碑目樅作摐、按樅字無考疑樅字之誤

唐則天書明果寺在西安縣北玉泉鄉明果禪寺額

唐白居易大徹禪師傳法堂記在西安縣北玉泉鄉明果禪寺

後唐淸泰中吳中丞所書發願文在常山縣西三十里福田院

唐杜荀鶴及禪月大師貫休留題在龍游之石壁院

抄本碑目游作遊

石橋詩刻記唐廷評嚴綬

瑞魚銘張子壽集賀衢州進古銅器表云伏見衢州所進瑞魚銘等神物瓌奇形製純古魚爲龍像既彰受命之元銘作久文更表錫年之永河圖舊事無以加之

按以張曲江集及全唐文三百八十九考之久文乃龜文之誤

徐偃王廟碑韓愈撰

徐偃王後記唐于皐作後記今在靈山廟中

抄本碑目皐下有謨字

雙檜堂記開寶間吳越刺史謹知禮撰

吳越國王墨帖在保安院

信安志序毛憲

抄本碑目脫去毛憲序三字

輿地紀勝補闕卷一終

姪[illegible]
男長生[illegible]校刊

輿地紀勝補闕卷二

甘泉岑建功輯

江南東路

建康府原卷第十七

古迹

蔡邕讀書臺在溧陽縣太虛觀東北

一統志四十六鎮江府　按作紀勝時溧陽縣屬建康府不屬鎮江府紀勝此卷本無闕頁古迹門有蔡伯喈讀書堂注云按建康志載境有｜｜｜｜｜｜吳顧雍傳云邕亡命江海遠跡吳會抱朴

子云伯喈到江東得論衡則伯喈讀書於此理或有之王荆公詩云暮尋蔡墩西獨覺秋尙早公所稱蔡墩恐卽蔡讀書臺也今按伯喈卽邕之字讀書堂之注亦言讀書臺則堂與臺特敘述偶殊亦不必過爲區別惟此條述讀書臺能確指其地彼條述讀書堂未能確指其地究未可牽合爲一竊疑此條之讀書臺在溧陽縣城內外彼條之讀書堂在建康郡城內外紀勝原本兩條並載傳寫者脫去此條耳

寧國府 原卷第十九

景物下

陵陽山山自敬亭陂陀而南隱起三峯環遶府治其南爲鼇峰又東南曰陽陂唐獨孤霖謂郡地四出皆卑卽阜爲垣郡治蓋據此山之岡麓也

方輿紀要二十八甯國府　按紀勝此卷本無闕頁景物下有陵陽山注云在宣城一峯爲疊嶂樓一峯爲郡譙樓又一峯爲景德寺郭祥正雙溪樓詩云陵陽之峯壓千里百尺危樓勢相倚涇縣亦有｜｜｜元和郡縣志在涇縣西南一百三十里陵陽子明得仙處列仙傳云陵陽子明釣得白龍放之後三年龍迎子明上｜｜｜仙去因以名縣

太平縣亦有｜｜｜今按宣城乃甯國府治紀要所引之紀勝既言府治又言郡治則所謂陵陽山者必宣城縣之陵陽山與涇縣太平縣之陵陽山無涉此條逸文原本似當在又一峯爲景德寺之下蓋上言一峯一峯又一峯下言三峯環遶語意正相聯貫傳寫者佚去耳後凡原本此條未闕而他書所引實係逸文者當以此意求之

徽州 原卷第二十

景物上

黃山 諸峯有如削成煙嵐無際雷雨在下其霞城洞室巖竇瀑泉則無峯不有其西北峯類太華故

亦名小華山

方輿紀要二十八徽州府　一統志五十七徽州府所引嵐作靄在下有其字無其霞以下　按紀勝此卷本無闕頁景物上有黃山注云在歙縣西北百二十八里漢末有峰三十六水源三十六谿二十四洞十有二巖八舊名黟山天寶末改爲黃山會稽太守陳業遁于此世復相傳黃帝命駕與容成子合丹於此其後又有仙人曹阮之屬故有浮邱容成之峰又有曹溪阮溪方輿勝覽十六黃山注云舊名黟山在歙縣西北百二十八里高千一

百八十仞郡志其山有摩天戛日之高宣歙池饒江等州山並是此山之支脈明矣諸峰有如削成煙嵐無際雷雨在下其霞城洞室巖竇瀑泉則無峰不有信靈仙之窟宅西北類太華山有峰三十六其水源亦三十六溪二十四洞十有二巖八云云以紀勝與勝覽參互考之紀要所引紀勝逸文原本似當在百二十八里之下漢末有峰之上

南康軍 原卷第二十五

古迹

都昌縣 雁子橋饒州之北壤也唐始立縣在獅子峰之南其地先有古城莫知年代遂因之創縣

以地名都村遠與建昌相望近與南昌相接遂號都昌後移今治今猶謂故城曰衙前

方輿紀要八十四南康府　按紀勝此卷本無闕頁縣沿革都昌縣注云在軍東一百七十五里云云與此條無涉蓋彼言都昌縣之新治此言都昌縣之舊治也景物下雁子橋注云在都昌縣唐武德五年李大亮奏割鄱陽西獅子峰之南置都昌縣亦與此條無涉蓋彼以雁子橋爲主此以都昌縣爲主也古迹門有龍安縣城彭澤故縣城左里故城以例推之此條當是古迹門之逸文都昌縣下疑脫故城二字蓋紀勝全書之例凡有故城者

大率皆列於古迹門內此條之末既有故城之語則都昌縣下亦當有故城二字方與彭澤左里等條一例且與縣沿革內之都昌縣顯有新舊之別也　又按寰宇記一百一十一都昌縣條下云本漢彭蠡縣地唐武德五年安撫使李大亮謂土地之饒井戶之阜道路之遙遠水路之阻礙遂割鄱陽雁子橋之南地置此縣以隸浩州州廢屬江州按鴈子橋卽本縣之地鄱陽卽饒之北壤也始置之地有古城莫知年代遂因此城創縣地名都村遠與建昌相望近與南昌接遂號都昌與紀勝互有詳

略異同蓋卽紀勝之所本也

江南西路

袁州原卷第二十八

景物下

錦繡谷宋元祐初李觀除知虔州不赴自號玉溪叟於宜陽門外半里許玉溪洞中種列名花名錦繡谷

一統志一百一袁州府　按紀勝此卷本無闕文景物下有錦繡谷注云在州東城外玉溪洞中有衆花處人物門有李觀注云史傳諸書過目卽成誦登第爲括蒼倅題詩直廳有自知不是公侯貴

夜夜江山入夢來之句今考一統志引此條云於宜陽門外半里許玉溪洞中紀勝錦繡谷注云在州東城外玉溪洞中語意彼此相同若併爲一條似涉重複竊疑此條首言李觀或是人物門李觀注之逸文亦未可知但一統志旣引此條於錦繡谷注中今姑從之以俟考

吉州 原卷第三十一

景物下

天井湖 和蜀鎮有天井湖今謂之梅陂潤三百餘頃舊隸龍泉宋何嗣昌爲宰疏蜀江水伐石立趾以捍嚙堤之害百姓至今利賴之

方輿紀要八十七吉安府　按作紀勝時之吉州卽今之吉安府紀勝此卷本無關頁景物下有天井湖注云在龍泉縣和蜀鎭距縣百里與此條詳略迥殊竊疑此條標目天井湖當作梅陂蓋天井湖係舊名梅陂係新名此條以梅陂爲主彼條以天井湖爲主非複見也

永新山　三峰相顧勢若龍回本名龍頭山天寶六載改曰永新其山迴迴三百里遠峰去縣九十里卽太和主山也近峰去縣二十里卽義山也山重嶂起伏如飛鳳者曰南華山相傳匡智棲化其中今多遺跡

方輿紀要八十七吉安府　按紀勝此卷景物下

有永新山注云在永新縣東南九十里周迴三百里舊名龍頭山絶嶺三峰相顧若有兄弟之義俗名義山天寶中改爲丨丨丨與此條敘述迥殊今考上文縣沿革有太和縣又有永新縣蓋永新一山跨太和永新兩縣之境此條以太和縣境之山爲主彼條以永新縣境之山爲主似複見而非複見也

建昌軍 原卷第三十五

古迹

華子崗銅陵 亦在府西十五里謝靈運詩銅陵映碧澗石磴瀉紅泉今亦謂之銅山

方輿紀要八十六建昌府　按紀勝此卷本無闕文古迹門有華子崗注云晏公類要云謝靈運山居圖曰一一一麻山在第三谷相傳華子期者祿里弟子翔集此頂故以華子名崗謝靈運詩云銅陵映碧澗石磴瀉紅泉卽此與此條所載不同竊疑此條之標題原本止有銅陵二字至於華子崗三字乃輯紀要者因紀勝有銅陵又有華子崗故彙舉之耳　又按此卷景物上有紅泉注引謝靈運詩云云華子崗條以華子期爲主自當列於古迹門中銅陵條與紅泉相類似可列於景物門中

但紀要既以銅陵與華子崗聯類而言今姑從之以俟考

三清樓何淵何潛何濱同登慶曆三年進士淵謚清節潛謚清敏濱謚清忠後人臨江起三清樓以紀其盛

一統志一百九十五建昌府　按紀勝全書之例凡山川城邑宮室祠墓之類與古人事迹有關者皆列於古迹門內此條敘三清樓之原委可以考見何氏兄弟之遺迹似當在古迹門內

南安軍原本第三十六

景物下

聶都山章水所經非所出也

方輿紀要八十八南安府　按紀勝此卷本無關文景物下有聶都山注云出大庾縣西南山海經云聶都之山諸水出焉其山出礬寰宇記云在南康縣西南二十五里卽南康縣南礬溪源也紀要所引當是彼處逸文　又按紀勝此卷景物上有章水注云在南康卽涼熱水也景物下涼熱水注云在大庾圖經作良熱寰宇記云良熱水出聶都山南康記蓋謂水之源也以兩條參互考之則章水卽涼熱水其源正出聶都山與此條所言不合

竊疑此條乃紀勝駁正寰宇記之語其上下文仍當有引證辨論之詞紀要但節引此二句耳

輿地紀勝補闕卷二終

姪鎔淦　男[illegible]　校刊

輿地紀勝補闕卷三

甘泉岑建功輯

淮南東路

楚州 原卷第三十九

風俗形勝

長淮輿壤表海名邦

一統志四十七淮安府　按作紀勝時之楚州即今之淮安府紀勝此卷雖有闕頁而風俗形勝門則未闕也今考方輿勝覽四十六淮安軍四六門有此二句而紀勝此卷四六門全闕竊疑此二句即

四六門之逸文但一統志旣載此二句於形勢門內今姑列於風俗形勝以俟考

碑記

漢東海恭王廟碑在山陽縣有碑斷裂僅有數十字云東海恭王祠

輿地碑目卷二下同

唐得寶記楚州刺史鄭軫撰舊有碑今在寶應縣

唐娑羅木碑在淮陰縣南大甯寺唐開元十一年海州刺史李邕文并書

娑羅碑陰刊上海州李使君狀唐淮陰縣令張松質書

趙悅遺愛碑集古錄云唐楚金撰不著書人名氏此碑淮陰所立天寶十四載刻

抄本碑目載作年 按自天寶三年以後皆改年

爲載作年者非也

開元聖像碑 集古錄云唐陳知溫書開元二十九年元宗夢人告之曰吾汝祖也有像在京城西南百里可求之當見汝于興慶宮帝之于盩厔山此碑以天寶元年淮陰太守李諲所建

抄本碑目序作屋誤

彌勒尊佛碑 在淮陰縣南大寧寺垂拱四年朱甯積文發運使蔣之奇題碑陰曰寶積碑字字奇古惜乎不載名氏也

龍興寺碑 寺在清風門裏舊有斷碑

白鶴觀碑 觀在山陽縣治之後

五君子祜 蘇子瞻黃魯直秦少游張文潛鄒志完與節孝徐仲車往還詩簡也知州向洹刻於郡齋今在楚觀

米南宮帖元章爲漣水軍時與賀方回王彥周諸公往來帖也

新建學記慶歷二年宋景文公祁文

抄本碑目祁作都誤

淮陰侯廟記軾

抄本碑目作載　按紀勝此卷古迹門淮陰侯廟注云云坡先生爲[illegible]銘曰云云當以軾字爲是

作戟非也

樂事實合肥鏞本今刻之山陽記

通州原卷第四十一

景物上

孤山 南枕大江巍然一峯約高百仞

一統志五十五通州　按紀勝此卷本無　泰州景物上有孤山注云南兖州記云——有神祠悉生大竹或伐之者必祠此神言其所求之數不敢加焉與此條所述不同蓋泰州與通州接壤孤山跨兩州之境故兩卷並載此山泰州之孤山既列於景物上則通州之孤山亦當列於景物上矣

古迹

大安鎮 即東布洲也本海中沙島後漲成陸地民戶頗繁

方輿紀要二十三通州　按紀勝此卷古迹門有

大安鎮注云吳改布洲爲丨丨丨周顯德中廢此
條係彼處逸文以文義考之似當在吳改之上
又按紀勝此卷景物下有東布洲注云元是海嶼
沙島之地古來漲起號爲東洲忽布機流至沙上
因名布洲既成平陸民戶亦繁與此條似同實異
蓋彼以東布洲爲主此以大安鎮爲主也

淮南西路

和州 原卷第四十八

景物下

雞籠山 宋紹興三十年金主亮親統軍駐雞籠山

一統志六十七和州　按紀勝此卷本無關頁景物下有雞籠山注云在歷陽縣西北四十里道家第四十福地也淮南子云麻湖初陷之時有一老母提雞籠以登此山因化爲石今有石狀如雞籠因名之劉禹錫詩云雞籠爲石顯王安石詩云巉巉直浸淋湖上倒看山影清波中此條係彼處逸文以文義考之似當在波中之下

濠州　原卷第五十

景物下

儵然亭　濠濮間趣濠自是佳處

按紀勝此卷景物上僅存濠水濠梁塗山三條景物下全闕風俗形勝門云濠濮間趣注云見後翛然亭下又云濠自是佳處注亦云見後翛然亭下今考方輿勝覽四十八濠州有翛然亭注云在倅廳子城上舊名觀瀾元祐中王雍爲郡丞有言晉簡文遊華林園謂左右曰會心處不必在遠翛然臨水便有濠濮間趣覺鳥獸禽魚自來親人當知濠自是佳處雍喜遂易亭名翛然稱疑勝覽此條實沿紀勝之舊觀於濠濮間趣及濠自是佳處二語彼此相同可以識其槩矣惟紀勝此條原本或在

景物上或在景物下均未可知然全書之例凡亭臺樓閣園圃之類多列於景物下故繫諸景物下以俟考後凡逸文內亭臺樓閣園圃之類仿此

古迹

塗山禹廟 禹以六月六日生

按紀勝此卷古迹門全闕風俗形勝門云禹以六月六日生注云見古迹門塗山禹廟下注故知爲彼處逸文

官吏

梅呂 梅讀書之所

按紀勝此卷官吏門全闕風俗形勝門云梅呂讀書之所注云見官吏門梅呂注下今考方輿勝覽濠州名宦梅詢注云詢仕於朝常請守濠王文正公訪問之曰欲温故耳文正曰當除一通判伴讀於是呂申公夷簡通判州事今州治倅廳之兩間有梅呂讀書之所存焉竊疑勝覽此條亦沿紀勝之舊觀於梅呂讀書之所一語彼此相同卽其證也

人物

莊子　從容濠上

按紀勝此卷人物門全闕風俗形勝門云從容濠上注云詳見人物門莊子注故知爲彼處逸文

碑記

唐彭晁禹廟記記大略曰昔禹治水之日會于塗山則此地是也今禹會鄉因茲而立今有禹家夏家者皆是禹之苗裔元和十四年彭晁記

輿地碑目卷二下同

唐勸栽桑碑在定遠縣門外唐大中十四年濠州刺史侯固奏乞令人廣栽桑而官司無收稅

唐社亭碑在鍾離縣西七十里遺碑村元和中太常寺協律郎杜牧作今碑尚存

抄本碑目社作杜村作拭皆誤

州碑古篆世傳以爲李陽冰書按唐地理志州舊名豪至元和三年始益之以水從濠是時李陽冰沒已久矣或云元豐中郡人錢叔獻見一石刻云濠州碑及開元等碑皆江南韓熙載書

抄本碑目從濠作泛濠濠州作豪州及作之非也

等作寺是也

智源禪師塔銘元和九年立在鍾離縣西南九十里今爲廣慧寺

唐張皓禪窟寺碑在定遠西北三十里太平興國禪院

唐應福寺彌勒佛記咸通四年立在城中之乾明寺

唐勸農敕集古錄云不著書人名氏唐宣宗時濠州刺史侯固奏言其州以桑爲稅民患伐去之固勸使栽植請除其稅敕依其所請并李宮請立石狀同以大中十一年立今存

抄本碑目無今存二字

光州原卷第五十一

古迹

獨山 楊行密祠

按紀勝光州全闕安慶府古迹門山楊行密祠注云事見光州古跡門獨山　故知爲彼處逸文

碑記

漢遺愛廟碑　期思遺愛廟在固始縣北七十里昔楚莊王封孫叔敖之子于寢邱建廟期思歲久祠宇隳壞漢延熹三年固始縣令段君復爲立祠且刻其事於石碑畫今存元豐八年敕以遺愛之碑爲額阮之武詩云楚續光輝存簡策漢碑突兀鎖期思風雲會合當年事簫鼓喧闐此日祠弱嗣負薪廉節著怪蛇膏劍德名垂廟封又見標遺愛子産陰靈想已知

輿地碑目卷二下同　抄本碑目北上有西字是也阮之武作院之武非也　按楚續疑楚績之誤

梁大同七年石柱記（在城四十五里之中普明寺上有鐫記于酉字上漏一字圖經遂改大同七年爲天監七年象之謹按天監七年乃是戊子大同七年則爲辛酉當作大同七年）

抄本碑目四作西是也

唐刺史郭道瑜德政碑（九域志）

新浮光志（褚孝錫編）

無爲軍（原卷第五十二）

古迹

寶晉齋（四壁皆函晉人法帖因以爲名）

一統志六十二廬州府　按作紀勝時無爲自爲一軍不屬廬州紀勝無爲軍全闕以他卷之例推之凡與古人遺迹有關者皆入古迹此條似亦當在古迹之內　又按一統志云寶晉齋在無爲州治內宋米芾建今考方輿勝覽四十八云寶晉齋米元章建中藏晉人法帖與一統志及紀勝可以彼此互證　又按碑目晉人書法注云在寶晉齋亦可互證

讀書臺唐董李二生所居臺基猶存

一統志六十二廬州府　按此條亦係古人遺迹

似當在古迹門內　又按據一統志讀書臺在無爲州南

碑記

晉人書法在寶晉齋

輿地碑目卷二下同

大力寺詩碣巢縣掘地得之其碣云地去巢城十里分招提名目古今存風磨斷礎痕皴暗雨剝殘碑點畫昏一道澗聲飛石壁兩邊山色鎖雲根杜鵑花裏啼幽徑往事依稀似訴論

抄本碑目大力寺詩碣作巢縣太力寺掘地得碑無巢縣掘地得之六字

紫微洞唐人題刻在巢縣洞內有唐人杜子春等七人正元二十一年磨崖阮戶部有

詩云一溪流水過雙池池外三峯雲四垂行到唐人題字處紫微巖下立多時常取水以瀹茶有詩云紫翠山圍小洞天洞中石下有寒泉他年誰補茶經闕今在口王谷水泉

抄本碑目唐人題刻唐上有有字今在作合在空格係唐字　按唐疑康之誤康王谷之泉列於茶經故作詩者舉以爲比耳

紫微觀隋碑在巢縣隋開皇十四年劉顥製銘云廬州襄安縣紫微館晉咸康四年會稽道士王妙才之所創也其碑皴剝難讀

抄本碑目紫微觀紫上有巢縣二字無在巢縣二字創作剏

南唐重建巢湖神廟碑保大二年廬州刺史周鄴記

唐白將軍廟碑在巢縣元和七年立其略云昔姚萇有不臣之迹堅怒乃詔白將軍虎斬萇虎戰敗力窮沉于濡水而堅亦敗績爲萇所殺云

安豐軍原卷第五十三

景物上

洛水自定遠縣西白望堆流入壽州界屈曲而北歷秦墟至新城村南十五里入於淮卽洛口

方輿紀要二十一鳳陽府　按紀勝此卷全闕作紀勝時鳳陽府名濠州壽州名安豐軍不相統屬作紀要時則壽州屬於鳳陽府矣

趙步在淮河北岸水濱泊舟之地土人坎岸爲道以上下謂之步趙步以趙氏居此而名今自壽春花靨鎭沿淮東下百餘里卽趙步灘又東逕梁城灘北齊及梁控扼之地也在淮水中又東二十五里至

洛河口

方輿紀要二十一鳳陽府　按據紀要趙步在壽州東北

大別山一名安陽山以漢安豐縣在山東北陽泉縣在山西北也

方輿紀要二十一鳳陽府　按據紀要大別山在霍邱縣西南八十里　又按寰宇記一百二十九云陽泉縣在山西北安豐縣在山東北各取縣之一字爲名此紀勝所本

碑記

東漢孫叔敖廟碑在安豐縣東三十里孫叔敖廟

輿地碑目卷二下同

八公山廟碑在壽春縣北四十里八公山廟前有碑乃齊永明十年立

宋武帝受命壇碑陰在宋武受命壇

唐楚王祭淮壇碑在壽春縣北四十里唐永泰元年立

壽州刺史張公度去思頌大歷十年起居舍人趙運文王端書

抄本碑目端作湍

春申君碑皮日休文有云春申君憂荆不勝以身市奇計不曰忠乎荆太子旣去歇孤在秦其信刑待禍若自屠以當餧虎不曰烈乎然徙都于壽春失鄧塞之固去方城之險捨江漢之利其爲謀已下矣猶能以吳爲宮室以魯爲封疆春申之力哉

抄本碑目憂荆不勝憂作愛其信刑待禍其作不

失鄧塞之固失作矢塞作丨皆誤　按全唐文七百九十九載日休此碑信刑作俟刑是也

萬勝岡新城錄沈亞之撰

壽州團練廳壁記沈亞之文

輿地紀勝補闕卷三終

姪鎔
男淦長生校刊

輿地紀勝補闕卷四

甘泉岑建功輯

荆湖南路

潭州原卷第五十四

景物上

碧泉澄碧如染溉田五千畝南入湘

一統志二百二十二長沙府　按紀勝此卷全闕據一統志碧泉在湘潭縣西南七十里紀勝之潭州即一統志之長沙府湘潭縣宋時屬潭州今屬長沙府　又按方輿勝覽二十三碧泉注云在湘潭

西南七十里溉田五千畝南入湘胡安國朱文公曾遊有詩五峯胡宏創亭目有本疑即沿紀勝之舊文與一統志可以互證 又按輿地碑目潭州碑記闕故碑記逸文無考

衡州原卷第五十五

古迹

桓伊書堂晉桓伊讀書於此宋向子忞居焉

一統志二百二十四衡州府 按此卷本無闕頁古迹門有晉亘伊書堂注云言行錄云向子忞居衡陽之伊山乃一一一一一故基此條當是彼處

逸文以文義考之當在言行錄云之上　又按紀

勝改桓爲亘者避欽宗諱桓上當從紀勝補晉字

道州 原卷第五十八

景物下

都龐嶺 山之絕頂曰都逢土人語訛曰龐也一名永明嶺其南五里有回山石壁峭絕

方輿紀要八十一永州府　一統志二百二十五

永州府所引無一名以下　按作紀勝時道州自

爲一州不屬永州紀勝此卷本無闕頁景物下有

都龐嶺注云寰宇記在郡界此條當是彼處逸文

以文義考之似當在郡界之下惟寰宇記道州全

此條是否亦寰宇記之文則無從考證矣

湖北路

岳州 原卷第六十九

景物上

明月池 在郡圃東李羣玉游息處

一統志二百二十七岳州府 按紀勝此卷本無闕頁景物上有東園北園天池故繫此條於景物上以俟考

澧州 原卷第七十

古迹

彭山廟 碑曰崇山連天外界越嶲岡阜靡迤如舞如馳過千里之勢於洞庭之野屹瞰郡治並爲彭山蓋澧邦之所瞻也

一統志三十一澧州 按紀勝此卷本無闕頁古迹門有彭山昭應王廟注云馬頡之彭山廟記云王以帝胄之貴出守是邦今考廟記即廟碑碑曰與記云無異此條當是彼處逸文 又按方輿勝覽三十彭山注引彭山廟碑里作重餘與紀勝同寰宇記澧州全闕萬氏廷蘭補闕載紀勝云彭山廟碑曰崇山蓋澧邦之所瞻也即節引此條之文

又按據一統志彭山在澧州西十里

靖州原卷第七十二

景物上

白社山李白流夜郎時於此結社

一統志二百二十三靖州　按紀勝此卷本無闕頁景物上有飛山故繫諸景物上以俟考　又按據一統志此山在會同縣東南三十里

峽州原卷第七十三

景物上

孤山晉郭景純結廬於此

一統志二百十九宜昌府　按作紀勝時之峽州

即今之宜昌府紀勝此卷本無闕頁景物上有孤山注云郡國志云遠安有陸抗城故城之南有孤山袁崧爲郡嘗登此山四望俯見大江如縈帶舟船如鳧鴈焉此條當是彼處逸文　又按紀勝古迹門有郭道山注云在夷陵縣西南五里晉郭景純結廬于此其基猶存有一井一鍾一統志所引孤山之注與郭道山之注正合或即以郭道山之注移作孤山之注亦未可知今姑從一統志所引以俟考

荆門軍 原卷第七十八

景物下

白崖山 即靈鷲山之首南麓有泉曰南泉溉田千畝相近曰馬仰山其麓有洞曰黑龍洞

一統志二百十一荆門州　按紀勝此卷本無闕頁景物下有白崖山注云在城北三十五里紫蓋山之首此條當是彼處逸文　又按紀勝景物上南泉注云出白崖麓之南溉田千畝景物下靈鷲山注云在長林縣北舊有靈鷲寺有穴曰龍洞深五里云云俱與此條無涉

京西南路

襄陽府 原卷第八十二

景物下

紫蓋山 淳熙中師高夔改名中峴山

一統志二百十六襄陽府　按紀勝襄陽府雖有闕頁然所闕者係縣沿革及府沿革之後半風俗形勝之前半總襄陽詩之前半而其餘固未嘗闕也景物下有中峴山注云在襄陽縣西北五里舊名紫蓋山帥高夔改爲｜｜｜今考一統志所引以紫蓋山爲主非以中峴山爲主紀勝全書之例一山兩名前後並載者甚多故繫諸景物下以俟考

谷隱山山分二支一亘而南一西迤里許俯漢江

一統志二百六十六襄陽府　按紀勝景物下有谷隱山注云在襄陽縣東南十三里晉習鑿齒隱遯之所有僧寺曰興國院今名紫金寺元微之詩云貪過谷隱寺留讀峴山碑此條必是彼處逸文以文義考之似當在十三里之下

隨州原卷第八十三

景物下

大龜山上有靈濟祠堂前有聖水井云有白龍

一統志二百十三隨州　按紀勝此卷本無闕頁

景物下有大龜山注云荊州記云在應山縣北六十里有石自然若龜隋書地理志亦云在應山縣此條必是彼處闕文以文義考之似當在自然若龜之下

棗陽軍 原卷第八十八

景物上

霸山世傳楚武王嘗獵此

一統志二百十六襄陽府 按作紀勝時棗陽自爲一軍不屬襄陽府紀勝此卷本無闕頁景物上有霸山注云舊屬隨州新撥隸棗陽此條當是彼

處逸文以文義考之似當在舊屬之上

輿地紀勝補闕卷四終

姪 鎔
男 淦 校刊
壔

輿地紀勝補闕卷五

甘泉岑建功輯

廣南東路

廣州 原卷第八十九

景物上

廉水 又有飛水在縣西三十五里源出大岐峽南流入湞又沙河水在縣北後岡村西流與飛水合

一統志二百七十五廣州府　按紀勝此卷本無闕頁景物上有廉水注云在清遠縣西四十里高平鄉源出重山趾水側有人姓廉居此因以爲名一統志引紀勝水側有人姓廉居此因名卽繼以

又有飛水云云則此條必是彼處逸文

女湖在東莞縣東一百餘里湖中有支機石故名又雙女湖在縣東南七十里

一統志二百七十五廣州府

景物下

菖蒲澗 籧籧水即蒲澗水也吳刺史陸允以海水鹹鹵因導蒲澗以給民用唐節度盧鈞加鑿之始可通舟南漢更爲疏闢作甘泉苑

方輿紀要一百一廣州府 按紀勝景物下有菖蒲澗注云在州東北二十里澗舊有菖蒲一寸九節安期生嘗服之此條當是彼處逸文以文義考之似當在服之之下

龍山萬壽寺又有雷電山在縣西三里五峯環拱下有九井又西一里曰大雲山蓋皆龍山之分名也

一統志二百七十五廣州府　按紀勝景物下有龍山萬壽寺注云在新會縣西二里山有龍窟東西相望僅百步東山數穴窅不可窺以石投之隱然不絕西山則玲瓏下屬表裏洞開總於窟者九故老云神龍出入地一統志引紀勝神龍出入地卽繼以又有雷電山云云則此條必是彼處逸文

韶州原卷第九十

景物下

寶石山在縣南十五里一名伏虎山圖經寶石山多伏虎相傳唐時有人徙其一石去至夜虎銜其石復回舊處鄉人神之立廟石上

一統志二百七十七韶州府　按紀勝此卷本無闕頁景物下有寶石山注云在州南十里唐時駱家移徙一石團夜虎含其石回舊處因名寶石與此條詳略逈殊若併爲一條似涉重複竊疑此條標目寶石山當作伏虎山注中在縣南上當有寶石山三字蓋寶石山係舊名伏虎山係新名此條以伏虎山爲主彼條以寶石山爲主非複見也

連州　原卷第九十一

景物下

靜福山 又謂之靜禪山

一統志二百八十八連州　按紀勝此卷本無闕頁景物下有靜福山注云寰宇記云在桂陽縣北五十里梁廖冲者字靖虛爲本郡主簿西曹祭酒湘東王國常侍大同三年家於此山先天二年飛昇於此山後刺史蔣防仰慕高風刻石爲碑此條當是彼處逸文惟寰宇記連州全闕此條是否亦係寰宇記之文則不可考矣

英德府 原卷第九十五

景物下

牯牛石　兩石相抄水勢湍急名抄石灘爲行[illegible]之害　宋嘉祐六年轉運使榮諲開峽至洸口作棧道七十餘間

一統志二百七十七韶州府　按宋時英德自爲一府不屬韶州紀勝此卷本無闕頁景物下有牯牛石注云在縣南十九里眞陽峽中眞水爲峽山所束已湍怒其下又有磯石橫截爲行舟之害里諺云過得牯牛抄石灘寄書歸去報平安與此條詳略迥殊若併爲一條似涉重複竊疑此條標目牯牛石當作抄石灘注中兩石上當有牯牛石三

字蓋牯牛石指石磯而言抄石灘指灘水而言此條以抄石灘爲主彼條以牯牛石爲主非複見也

潮州　原卷第一百

景物下

獨遊亭　陳堯佐建

一統志二百八十潮州府　按紀勝此卷本無闕頁景物下有獨遊亭注云在城東此條必是彼處逸文以文義考之似當在城東之下

梅州　原卷第一百二

景物上

明山在程鄉縣東三十里山巔有古池池有五色荷花

一統志二百八十九嘉應州　按作紀勝時之梅州卽今之嘉應州紀勝此卷本無闕頁仙釋門有明山弈仙注云明山在州之東三十里山巔有古池池有荷花五色與此條不甚相同蓋彼以弈仙爲主此以明山爲主也故繫諸景物上以俟考

廣南西路

高州 原卷第一百十七

景物上

東山 山前有潘仙拔爲道士潘茂名煉丹處

一統志二百八十三高州府　按紀勝此卷本無闕頁景物上有潘山注云在茂名縣東三十五里舊經云有道士潘茂古於此山採藥煉丹潘山即東山蓋一山而二名紀勝並載之傳寫者脫去其一耳

欽州原卷第一百十九

景物上

分茅嶺與安南抵界

一統志二百八十四欽州　按紀勝此卷本無闕頁古迹門銅柱注云聞欽境古森洞與安南抵界

有馬援銅柱一統志引紀勝此條後復引明一統志云漢馬援征交阯立銅柱其下與之分界山頂產茅草頭南北異向至今猶然是分茅嶺卽設立銅柱之地此條以分茅嶺爲主彼條以銅柱爲主也

瓊州 原卷第一百二十四

景物上

海 江浙之間潮有定候欽廣則朔望大潮其餘日止一潮瓊海之間則半月東流半月西流潮之大小隨長短星不係月之盛衰

一統志二百八十六瓊州府　按紀勝此卷本無

闕頁風俗形勝門云瓊海之潮半月東流半月西流潮之大小隨長短星初不係月之盛衰豈不異哉注云嶺外代荅云江浙之潮自有定候欽廉則朔望大潮謂之先水日止一潮謂之小水頃刻竟落未嘗再長瓊海之潮云云與此條敘述不同一統志引此條以海爲標目故繫諸景物上以俟考

古迹

舊崖州瓊管志云在今瓊州南之譚都土人猶呼爲舊崖州

一統志二百八十六瓊州府　按紀勝古迹門有廢舊崖州注云寰宇記云在夔州東北二百六十

里本珠崖郡理舍城縣唐平蕭銑復置崖州皇朝開寶三年平嶺南廢崖州入瓊州此條必是彼處闕文以文義考之當在入瓊州之下　又按寰宇記一百六十九夔作瓊是也

福建路

福州原卷第一百二十八

景物上

霍童山洞天記所謂霍林洞天是也唐武后時司馬煉師於此修煉後駕鶴仙去遂賜名鶴林

一統志二百七十福寧府　按據一統志此山在寧德縣北七十里作紀勝時無福寧府之名寧德

縣仍屬於福州紀勝此卷本無關頁方輿勝覽卷十

霍童山注云在寧德北七十里洞天記云云與此條正同所異者惟仙去作昇天耳一統志引此條作方輿紀勝或方輿乃輿地之誤或紀勝乃勝覽之誤均未可知姑錄於此以俟考

古迹

黃定宅 宋乾道丙戌狀元蕭國梁居縣之重峯己丑狀元鄭僑居縣之龜嶺壬辰狀元黃定居縣之龍漵時稱百里三狀元

一統志二百六十一福州府 按據一統志此宅在永福縣東方輿勝覽風俗形勝門百里三狀元

注云乾道丙戌狀元蕭國梁居永福之重峯第二科己丑狀元鄭僑居永福界上之龜嶺第三科壬辰狀元黃定居永福之龍潊與此條大略相同然彼條以百里三狀元爲主依全書之例自當列於風俗形勝門此條以黃定宅爲主依全書之例自當列於古迹門不必牽合爲一也一統志引此條作方輿紀勝方輿當是輿地之誤

泉州 原卷第一百三十

景物下

九日山 去城五里俗常以重陽日登高於此故名其西有高士峯東爲姜相峯

一統志二百六十四泉州府　按紀勝此卷本無闕頁景物下有九日山注云寰宇記云在南安縣西一里連晉江縣唐秦系隱此山此條當是彼處逸文以文義核之似當在寰宇記之上蓋今本寰宇記一百二連上有山字無唐秦以下六字則此條斷非寰宇記之文矣　又按方輿勝覽十二九日山注云去城十五里延福寺之後山也舊俗常以重陽日登高於此故名高士峯注云在九日山西姜相峯注云在九日山之東與此條所述略同惟一條分作三條究難强合一統志引此條作方輿紀

勝方輿當是輿地之誤

南劒州原卷第一百三十三

景物下

衍仙山此山神刓天劃東南略通人跡衍仙水出焉當城北爲大河下穿暗竇入城流入劒潭

方輿紀要九十七延平府　一統志二百六十六延平府所引衍作演注云山東面略通人跡山中產橘可以就食不堪攜出犯者即迷道不得歸

按紀勝之南劒州即今之延平府紀勝此卷本無闕頁景物下有衍仙山注云在劒浦縣東北十里衍客避晉亂結廬煉丹其上傳以爲仙去紀要及

一統志所引必是彼處逸文以文義核之似當在仙去之下　又按寰宇記一百演仙山注云在州西北七十里故老傳云演氏煉丹於此丹竈遺基猶存此山東面亦略通人跡山中出橘其味甘人有食者就之則可攜之出山則迷道又有演仙水出此山當郡城北北爲大河莫知深淺下有暗道竇入城流出劒潭居人資之或亢旱而常流不絶據此則紀要一統志所引紀勝皆沿用寰宇記之文一統志所引山中産橘云云當在紀要所引衍仙水出焉之前衍上當有又有二字　又按寰宇記一

統志作演紀勝紀要作衍今考紀勝仙釋門衍客注云延平志晉有衍客隱郡之北山煉丹丹成舉家上昇方輿勝覽二十二亦作衍仙山似當以衍字爲是

輿地紀勝補闕卷五終

姪鎔　男溢[illegible]　校刊

輿地紀勝補闕卷六

甘泉岑建功輯

成都府路

成都府下 原卷第一百三十七

碑記

漢蜀太守何君造尊楗閣碑 容齋隨筆云在成都府其末云建武中元二年

輿地碑目卷四下同 抄本碑目蜀下有郡字楗作揵都下無府字 車氏持謙云謙按此碑卽雅州之蜀郡太守治道記宋以前名閣道碑詳見隸釋碑刻於建武中元一年羣寶字原皆以爲在雅

州彖之誤據容齋隨筆謂在成都而於雅州又列蜀郡太守治道記尊楗閣碑記蓋一碑而三歧之且又以建武中元一年作二年更誤　按以容齋隨筆卷六考之蜀下有郡字都下無府字是也楗作揵非也　又按雅州碑記門漢蜀郡太守治道記注云其碑在滎經縣西三十里建武中元二年立車氏云按此卽成都之何君尊楗閣碑也一作二非尊健閣記注云建武中元二年其碑在滎經縣西三十里懸崖間碑目揵作楗記上有碑字二作一車氏云按此卽何君尊楗閣碑也詳見成都府

今以諸條參互考之車說是也紀勝兼採各書故有歧復之處耳　又按紀勝原本成都府分上下二卷今本皆闕全書之例凡碑記皆在卷下成都府逸文止有碑記故繫諸下卷也

漢王渙墓碑 在新都縣北五里渙字稚子東漢循吏也冢前有二石闕其一題漢故兖州刺史雒陽令王君稚子之闕其一題云漢故先靈侍御史河內縣令王君稚子之闕

漢文翁學生題名 集古錄不著書人名氏文翁題名可見者凡一百十二人碑在益州

漢文翁石柱記 集古錄云漢隸不著書撰人名氏永初中火災被焚惟廟內兩石闕存大守高眹重立又于其東別築周公禮殿碑以初平五年立

抄本碑目眹作朕五年立下有在益州三字　車

氏持謙云謙按據金石錄及隸釋乃木柱並非石柱也當改稱漢文翁殿柱記　按紀勝所言雖與碑本不合然所據者實前人之書非王氏臆說也後凡車氏駁正紀勝者仿此　又按自秦以後朕

朕尊爲天子自稱之詞斷無以此字命名之理作朕者非是

殿柱記先儒謂鍾會書非也鍾會是晉咸熙元年始入蜀距漢興平初禩已七十一年不應追書也今在禮殿

抄本碑目在作有誤　車氏持謙云謙按此卽石柱記象之兩存之蓋誤

東漢學殿歲月記 繫年錄云紹興六年成都教授范仲殳奏疏言本府學殿建于東漢之初平漢人以大隸記其修築歲月刻于東楹至今九百四十三年蓋天下棟宇之古無過于此者

抄本碑目蓋作盡誤　車氏持謙云謙按學殿歲月記據隸續即石室梁上題字系光和六年與石柱記之在初平五年者時地各殊繫年錄誤合二碑爲一象之又誤引之也

高宗皇帝御書大成殿榜 繫年錄云紹興六年上書大成殿榜以賜成都府府學

抄本碑目以字係空格

左右生題名 歐陽公集古錄謂爲晉宋間碑

抄本碑目右作存誤

晉益州刺史羅君碑有碑陰

晉朱齡石刻宋高祖檄譙縱文在石室

學館廟堂記唐永徽元年賀公亮撰集古錄謂不著撰人名氏不同

抄本碑目館在學上誤

州學廟堂頌唐神龍二年史壽撰文

抄本碑目無文字

唐平蠻碑集古錄云唐蕭晉用撰開元十九年刻石紀功在成都昭烈帝廟又容齋隨筆云成都府唐平蠻碑開元十九年南蠻爲邊患明皇遣內常侍高守信爲南道招慰處置使以討之拔其九城此事新舊唐書及野史皆不載肅宗以魚朝恩爲觀軍容處置使憲宗用吐突承嶉爲招討使議者譏其

以中人主兵柄不知明皇用守信蓋有以啟之也

抄本碑目巏作瓘　按容齋隨筆卷一府作有巏作瓘以新舊唐書及通鑑考之當以瓘字爲是

先主廟碑正元四年蘇瑞撰在昭烈帝廟中

韋皐寶國寺記正元中立

抄本碑目正作貞　按貞元係唐德宗年號各條多作正元蓋避仁宗嫌名

段文昌元和中律師銘共爲一碑見在府學

按上文云韋皐寶國寺記正元中立蓋律師銘與寶國寺記同刻於一石故有共爲一碑之語也

蠶市記 韋南康文在華陽縣寶歷寺寺有南康像最得其眞

抄本碑目華作葉　按華陽縣係成都府屬邑寰宇記元豐九域志卷七輿地廣記二十九方輿勝覽五十一皆作華若葉陽則自來無此縣名也

武侯碑陰記 集古錄云唐崔備撰元和二年武元衡刻及其寮屬題名于武侯廟碑陰

古柏行 長慶四年段文昌文

按全唐文六百十七載段文昌諸葛武侯廟古柏文此條行字似當作文庶正文與小注相應

重寫前益州五長史眞記 李文饒撰云益州草堂寺列畫前長史一十四人代稱絕跡余嘗于數公子孫之家獲見圖像乃知草堂繪事靡不造眞者余以精舍甚古貌像將傾乃選其

功德尤盛者五八
模于郡之廳記

抄本碑目畫作盡誤跡作迹圖像作圖狀模作摸

記作正　按全唐文七百八　載此記跡作筆圖像作

圖狀繪作績記作所

資福院記 集古錄云唐李德裕撰長慶二年立

抄本碑目立下有石字

諸葛武侯碑 在昭烈帝廟中長慶四年裴度撰柳公綽書立石

抄本碑目無立石二字

總管大學碑 周益州刺史齊國公宇文憲頌德碑也

抄本碑目總管作摠管　按周書齊王憲傳云武

成初除益州總管益甯巴盧等二十四州諸軍事益州刺史進封齊國公蜀人懷之共立碑頌德北史憲傳略同據此則總管乃憲之官職作摠縮者非也

石室贊唐維州刺史鄭藏休撰大歷十年殿中侍御史李樞篆

抄本碑目休作林

修文宣王廟碣會昌五年裴坦撰

唐柳公權書金剛經在城中嘉祐禪院

抄本碑目無中字

唐僧大辯修功德碑元和十五年立在文殊閣

唐韋南康碑二 并在大慈寺佛殿中

抄本碑目并作併佛作福皆誤

石本九經 在府學容齋隨筆云皆孟昶時所刻其書淵世民三字皆闕畫蓋高祖太宗諱也

按隨筆 卷四 蓋下有爲唐二字是也

龍興寺碑 容齋隨筆云乃前蜀王氏時所立及唐諸帝諱皆半闕云

抄本碑目無諱字云作平誤　按隨筆云前蜀王氏已稱帝而其所立龍興寺碑言及唐諸帝亦皆半闕紀勝蓋檃括其語

高駢築城記 唐中和四年翰林王徽記在城中信相院

孟知祥修城記 後唐天成二年李昊記

唐明皇追謚孔子冊文本朝太平興國五年府尹辛仲甫立石

十賢贊舊志今存其七姚崇贊冉伯牛宋璟贊冉有源乾曜贊閔子騫韋抗贊子貢陸餘慶贊子路盧從愿贊子游裴漼贊子夏

抄本碑目無舊志二字抗作杭漼作璀　按舊唐書禮儀志云開元八年以顏子亞聖上親爲之贊以書于石閔損已下令當朝文士分爲之卽指此贊而言以新舊唐書韋抗裴漼傳考之抗與漼皆開元間貴臣與姚宋同時全唐文載韋抗子貢贊卷二百七十九又載裴漼子夏贊卷三百二作抗字漼字者是也作杭字璀字者非也

觀政閣記秦漢至唐領太守刺史節度使之職有政績可考而畫像存焉者得二十八人別圖于他閣而榜曰觀政呂大防政閣記成都志云畫像存焉二十有八人李冰文翁王遵張堪第五倫廉范种暠高李膺高眹諸葛亮王濟高儉陸象先蘇頲嚴武翟[甯]韋臯高崇文武元衡段文昌李德裕楊嗣復杜悰魏謩牛叢夏侯孜高駢陳敬瑄

抄本碑目政閣記上有觀字是也之職作之膩他閣作他門种暠作种嵩高眹作高朕王濟作王睿嚴武作嚴弋杜悰魏謩作杜琮魏蔫非也　按據後漢書种暠傳暠嘗爲益州刺史若种暠則史傳無其人也以晉書王濟王濬傳考之濬嘗爲益州刺史濟未嘗官益州濟當作濬睿卽濬之誤晉時

官益州者亦不聞有王睿也以新舊唐書及通鑑考之唐時爲西川節度使者有崔甯無翟甯翟崔字必崔字之誤至於武之誤弋悰之誤琮謩之誤驀亦當證諸唐書通鑑以糾傳寫之謬焉

文翁等畫像十贊宋祁撰祠之內圖文翁嚴君平鄭子眞司馬相如楊子雲蜀士先賢凡九及公之像而十常山公贊

抄本碑目士作王誤

蘇文忠公畱題成都志云極樂院有蘇文忠公壁間畱題至和丙申季春二十八日眉陽蘇軾與弟轍來觀盧楞伽壁跡今存

抄本碑目轍上有蘇字壁跡作筆迹

成都古今前後記眉山人孫汝聽修成都古今前後記六十卷見眉州江鄉志

抄本碑目眉山作蜀山汝聽作汝聽　按碑目眉州碑記有眉州古志注云孫汝聽編抄本碑目聽作聽聰與聽未知孰是至於蜀山爲眉山之誤則固無可疑也

趙清獻公成都記見張有成光福寺記

成都志袁說友序

崇慶府原卷第一百三十八

景物下

萬歲寺

按紀勝崇慶府全闕輿地碑目崇慶府碑記有萬歲寺碑注云碑記具存見萬歲寺註而不言萬歲寺在何門以紀勝全書之例核之寺觀多在景物下故繫諸景物下以俟考後凡逸文内寺觀之類倣此

法天寺

按輿地碑目崇慶府碑記有法天寺留題注云見法天寺記抄本碑目記作註是也此與萬歲寺碑注言見萬歲寺註其例正同

官吏

趙抃

按輿地碑目崇慶府碑記有善頌堂留題注云見趙抃記抄本碑目記作註是也方輿勝覽五十二崇慶府名宦內有趙抃故知爲官吏門逸文

碑記

蜀先主碑 在晉原縣西南二里唐房琯文

輿地碑目卷四下同

唐李百藥碑 在江原縣之萬歲寺文字殘闕

唐開元碑 唐天寶八年碑在晉原常淸觀鮮于仲通文

抄本碑目觀作覩誤 按天寶三年即改年爲載

八年當作八載　又按開元下疑脱觀字

唐開元皇帝送趙仙甫尊師歸蜀詩碑見在新津縣寶貞觀

唐樊知遷碑在江原縣淨居寺唐顔師古文今額殘闕

按額疑頗之誤

翠圍山碑在永康之翠圍寺文字殘闕

萬歲寺碑碑記具存見萬歲寺註

善頌堂留題見趙抃記

抄本碑目記作註　按註字是也詳見上文官吏門趙抃條

范公留題在太平院范公入蜀遊岷山過此紀行于寺之經閣上云熙甯八年三月游青城間

四日趨峩眉俱過此與百世相見
百朋百嘉侍行蜀郡公范鎭記
抄本碑目畱題上有鎭字上誤作山趨作趍記上

無范鎭二字

法天寺畱題見法天寺記
抄本碑目記作註 按註字是也詳見上文景物

下法天寺條

蜀州刺史廳壁記唐詩紀事云正元十四年皇甫澈刺蜀州時賦四相詩序云蜀州刺史廳壁記云居相位者前後四公謨明弼諧遷轉歴止顧已無取忝跡于斯景行遺烈嗟嘆不足也謹述其行事詠其休美庶將來君子知聖朝之德云爾
抄本碑目時作詩止作比皆誤

眉州 原卷第一百三十九

景物上

蟇頤山 人日出東郊渡玻瓈游蟇頤眉之故事也

一統志二百四十九眉州　按紀勝此卷全闕方輿勝覽五十三 蟇頤山注云在眉山縣東七里狀如蟇頤因名有至德觀有爾朱陶丹泉傳記所載以爲軒轅氏丹宅山腹有穴曰龍洞傳者以爲四目老翁唐末有楊太虛得道于此今祠中有三仙象四目居中焉人日出東郊渡江遊｜｜｜眉之故事也蘇子瞻詩人日東郊尚有梅敘述較一統志

爲詳勝覽一書大略本於紀勝竊疑勝覽用紀勝之全文一統志則節引其要語耳

景物下

太雅堂

按輿地碑目眉州碑記有杜子美兩川夔峽諸詩石刻注云黄庭堅書詳見大雅堂下今考紀勝敘州景物下有大雅堂注云眉人楊素從黄庭堅游黄謫戎州嘗曰安得一奇士而有力者盡刻杜子美東西川及夔州詩使大雅之音復盈三巴之耳哉素聞之欣然挐舟訪黄於戎請攻堅碫募善工

作華堂以宇之黃偉其言悉書子美詩遺之因名其堂曰大雅且爲之記與碑目所言正合眉州大雅堂之注今雖無考然以意揆之大約與敘州大雅堂注相同蓋戎州卽敘州之舊名山谷之記作於敘素之堂建於眉故敘州眉州並載大雅堂而其堂固在眉不在敘也勝覽敘州六十五眉州五十三皆有大雅堂其注與紀勝敘州大雅堂注略同亦其明證

碑記

漢刻黃龍甘露之碑並陰在彭山之黃龍鎭

輿地碑目卷四下同　抄本碑目無並陰二字

車氏持謙云謙按墨寶云宋治平間自隆州移置

故亦見隆州　按隆州碑記門有漢黃龍甘露之

碑注云在籍縣江口上銳下方其狀如鍾大書一

一一一一一一一文字餘不可讀其可識者羣臣將

軍位號蓋爲龍紀也碑目碑下有並陰二字餘作

多車氏云謙按此碑已見眉州與此條可以互證

楊洪碑漢犍爲太守楊洪碑在今彭山縣北小板橋楊中云五十年前餘洪字其他皆磨滅不可考究今洪字亦無矣

抄本碑目在今之今作本今洪之今作三皆誤

按楊中云句疑有脫誤

北平山碑 在彭山縣之北平山大書北平山治之碑餘不可讀碑陰書大唐上元二年道士施仕衛等字

抄本碑目餘作余誤

南唐郡王紀功碑 唐正元十三年建碑在龍興寺乃皇太子誦書天聖五年移在州衙門外

抄本碑目唐作康上在字上有元字　按舊唐書韋皐傳云封南康郡王新唐書韋皐傳云帝製紀功碑褒賜之則作康者是也下文既云移在州衙門外則上在字上有元字者是也

唐眉州創羅城記唐大順三年盧極撰文

抄本碑目創作初撰字誤在極字上

眉州新移彭山縣記唐會昌五年樓旦撰文

唐丹稜縣龍鶴山成鍊師植松碑唐天寶元年歲次庚寅建

城東貢院佛殿中唐碑及五代碑城東寺殿宇建于唐時今爲貢院中有古碑二

象耳山李白留題夜來月下臥醒花影零亂滿人襟袖疑如濯魄於冰壺也李白書

抄本碑目冰作水誤

杜子美兩川夔峽諸詩石刻黃庭堅書詳見大雅堂下

夷獠誓碑寰宇記云在洪雅縣市中

大池院題 去眉山縣一十里蘇文忠公嘗過之今柱上有手書云自老翁井還偶憩治平丁未十二月七日子瞻凡十八字

州國十詠 紹興間邵博

抄本碑目國作圜是也博作傳非也

眉州古志 孫汝聰編

抄本碑目孫誤作係聰作聽

通義編 家安國編

江鄉志 張伯虞編劉光祖序

黎州 原卷第一百四十四

景物下

搖香亭在黎州兵馬司前有荼蘼芙蕖之勝

一統志二百四十六雅州府　按今雅州府屬之清溪縣卽昔之黎州作紀勝時黎州自為一州不屬雅州紀勝此卷全闕輿地碑目黎州碑記闕故碑目逸文無考

古迹

武侯城在舊黎州城外三里又有武侯戰場今為安靖寨

方輿紀要七十三黎州守禦千戶所

嘉定府原卷第一百四十六

景物上

麝香嘉州出

一統志二百四十七嘉定府　按嘉州卽嘉定府之舊名紀勝此卷本無闕頁景物上之末有嘉魚嘉木兩條則此條似亦當在景物下之末

永康軍 原卷第一百五十一

碑記

唐僖宗中和年改海晏寺記在本寺

輿地碑目卷四下同　按永康軍止闕一頁係碑記之後半及總永康軍詩之前半輿地碑目前數條乃今本紀勝所有此條唐僖宗中和五字亦今

本紀勝所有自年字以下始爲逸文耳　又跋年

字上疑有脫字

唐觀音院記在青城縣東南九里有唐乾符二年記

青城山碑在常道觀軒轅石龜之下隋大業七年立太常博士陰道文

抄本碑目常道下衍道字

元宗眞容碑在六時巖下

修丈人殿祝文碣進士任璠文在丈人觀殿上

置丈人觀碑徐大亨文在丈人觀三門下

抄本碑目上下衍也字

抄本碑目下下衍矣字

紀符瑞碣 甘遺榮八分書在丈人觀三門之右

修諸觀功德記 鄭敷書在丈人觀大殿之右

延慶移觀手詔碑 在延慶觀後絕峯之上石龕中開元十三年立

唐吳行魯碑 在門雞臺有古碑尚存但字畫磨滅蓋唐大中十一年治隸彭州時長史吳行魯所建碑也

抄本碑目存作有誤

玉壘關碑 唐大中十年白敏中帥蜀日建關旁有大碑卽幕府陳可度頌功德之碑

獠澤水石記 在石門崖壁鐫吳行魯太中七年奉使巡邊行見獠澤水石記

抄本碑目在作路次注中記字下衍矣字

唐人徐浩書金剛經 導江天官院有唐人徐浩書金剛經全帙今刻之石

抄本碑目官作宮

杜光庭重修沖妙觀記在青城縣一里沖妙觀也

按縣下有脫字俟考

韓擇木八分書延慶觀靈寶眞人五符幢下有記銘乃開元十二年文

抄本碑目下有作其下文作立

蜀嘉王宗壽墨跡僞蜀王建宗子嘉王宗壽與能仁院僧卯往來書劄二十餘簡存子院墨跡宛然如新

迎祥寺鐘樓刻字在導江縣北迎祥寺鐘樓內有刻字不記年月觀其有節度押衙字知爲唐末五代間刻也寺有老泉爲記東坡所書碑刻俱存

抄本碑目知作卽誤

青城山甲記　唐杜光庭編

永康志　教授張增編

青城山乙記　范仲立編

潼川府路

敘州　原卷第一百六十三

景物上

隱山　在南溪縣東南踰江七里

一統志二百四十二敘州府　按紀勝此卷本無闕頁景物上有東山南山等山景物下有漢陽山朱提山等山而無此山姑繫諸景物上以俟考

輿地紀勝補闕卷十六終

姪鎔
男淦長生
校刊

輿地紀勝補闕卷七

甘泉岑建功輯

夔州

夔州原卷第一百六十八

景物上

天城山三面峻壁惟山後長延一脊容徑尺許累石爲門俗亦謂之天子城以昭烈名也又縣西三里有西山山上有太白巖以李白名巖下有池爲登臨之勝

方輿紀要六十九夔州府　按紀勝此卷全闕據紀要天城山在萬縣西五里　又按自又縣西三里以下或疑係紀要之語非紀勝之語然上言以

昭烈名下言以李白名詞意實相聯屬今並錄之以俟考

東瀼水公孫述於東瀼水濱墾稻田東屯東屯稻田水畦延袤可得百許頃前帶清溪後枕崇岡樹木蔥蒨氣象深秀去白帝故城五里而多稻米爲蜀第一郡給諸官俸廩以高下爲差夔門志東屯諸處宜瓜疇芋區瀼西亦然入蜀記山間之流通江者土人皆謂之曰瀼

方輿紀要六十九夔州府　一統志二百四十三夔州府東瀼水注所引但有公孫述於水濱墾稻田因號東屯十三字又東屯注所引上東屯二字作因號無故城二字多作近無郡給至爲差十一字及入蜀至曰瀼十七字

碑記

漢鹽鐵盆記在巫山縣黃太史石刻云余弟嗣直來攝邑事堂下有大鹽鐵盆有欵識葢漢時物也其末日永平七年

輿地碑目卷四下同　抄本碑目大鹽下脫鐵字識誤作鉄

晉桓温隸字碑在巫山有黃太史跋嘉定癸未漕使王觀之并黃太史跋徙置漕廨王又作跋語考其爲晉周撫墓碑今此碑已不存

抄本碑目并作並下王字下有[redacted]字今下衍不存今三字

唐夔州刺史廳壁記長慶二[redacted]五月一日刺史中山劉禹[redacted]撰今見存

夔州始興寺移鐵像記劉禹錫撰

夔州都督府記唐會昌五年刺史李貽孫文繆師禹書載歐陽公集古錄今在漕臺

鐔水記碑字但紀官名有都押衙金吾大將軍白元曜等字

神女廟詩集古錄唐李吉甫詩一首以正元十四年刻邱元素一首無刻石年月李貽孫一首會昌五年刻敬騫一首元和五年刻沈幼眞書其他皆無書人名氏在巫山界

抄本碑目李貽孫一首一作二皆誤作杳無界字

關城白帝廟碑其一元和元年其二長興二年其三廣政元年

抄本碑目上元年作九年

巫山詩碑唐金吾衛兵曹參軍沈幼眞撰元和五年建

抄本碑目無幼字

重修大仙廟記唐甯江軍掌書記司空薰撰同光四年建

杜少陵詩石刻少陵游蜀凡八稔而在夔獨三年平生所賦詩凡千四百六篇而在夔者乃三百六十有一治平中知州賈昌言刻十二石于北園歲久字漫滅建中靖國元年運判王蘧新爲十碑今碑在漕司

抄本碑目脫滅字

移城記景德四年丁謂撰

車氏持謙云謙按亦見大甯監　按大甯監碑記門有丁晉公夔州移城記注云景德三年記又云由大甯路直趨夔州平蜀之師實取道于此也車氏云謙按已見夔州今考大甯監本屬夔州晉公

即丁謂之封爵蓋移城記止一篇而刻於兩夔州之碑係初刻之本大甯監之碑或重刻之本也至於此言景德四[illegible]彼言景德三年疑即初刻重刻之年月有先後耳

八陣圖銘　舊經云有圖銘石刻在磧中今不復見蘇子由詩云中原竟不到置陣狹無所

甃井記　陳岡記云夔惟節度府漕臺兩廳有井紹興二年井大壞景公領使事發地二百尺而及泉以栟木甃之

抄本碑目岡作剛兩誤作西

夔州圖經　故相國安陽公源乾[illegible]參軍事修圖經言風俗甚備見[illegible]錫撰序

抄本碑目脫源字

舊圖經 李國綽編

固陵集 費士戣編

新夔州志 高導編

開州 原卷第一百六十九

碑記

盛山宿雲亭記石 在州西北三里唐元和十三年刺史韋處厚詩溫造撰記

輿地碑目卷四下同

盛山十二題詩 唐韋處厚撰韓文序云韋侯所爲十二詩其詩其意以入谿谷上巖石追逐雲月不足日爲事讀而詠歌之令人欲棄百事往與之游和者元稹許康佐白居易李景儉嚴謩溫造於是盛山十二詩與其和者廣行於時

抄本碑目人誤作入往誤作欲兩者字皆誤作耆舊誤作武盛山十二詩脫去二字　按韓文下當有公字昌黎集韋侍講盛山十二詩序其詩其意作其意方且詠歌作歌詠往下有而字廣作大又按以新舊唐書考之嚴武卒於代宗初年在韋處厚等人之前昌黎序云黔府嚴中丞爲祕書監亦非嚴武所曾居之官則武字之誤無疑

唐開元刺史新宅記權德輿撰

盛山集序商有

抄本碑目序下衍云字

圖經 李宗諤編

施州 原卷第一百七十

景物下

月臺 施州北門外有月臺高三十丈其頂平方父老傳云李白謫夜郎時玩月於此

一統志二百二十施南府 按作紀勝時之施州卽今之施南府紀勝此卷全闕陳氏寰宇記補闕施州有月臺引方輿勝覽施州北門外云云與此條正同今考方輿勝覽六十施州州未載月臺勝覽二字當是紀勝之誤

碑記

招撫蠻人盟誓碑 九域志云在邊上近西高州界首

輿地碑目卷四下同

知保順州田承恩誓狀 天聖五年刻石在尖木寨

蠻人納貢物碑 在儀門下天聖五年丁卯立石

抄本碑目無石字

皇宋獎諭碑 轉運使王立奏蠻人土京進奉在路多有攪擾今後只就施州納下貢物支與例物三年一度于元定數內十人量差三兩人上京買賣天聖五年五月日敕

蠻人田承恩等誓柱文 皇祐五年歲次癸巳立略曰皇明如日所照不偏睿愛若天無遠不覆溪洞蠻人輸忠事國刻石設盟謹當固草莽之命以奉本朝無復肆犬羊之狂以觸憲網所有歸順蠻供納結牢重誓歟狀鑴之用傳不朽他誓文皆不經惟此可讀故錄之

抄本碑目田承恩作向永思肆誤作肄網誤作綱

蠻人田思忠等受降碑文碑在甯邊寨南五里受降立誓元豐六年立碑長四尺闊一尺

蠻人廖萬崇等誓柱文碑在甯邊寨南五里元豐六年立誓刊石界首

抄本碑目刊作刻

逹州原卷第一百七十一

碑記

漢車騎將軍馮緄碑蓬州志載在永睦縣之西八十里緄冢於威帝之永康元年其文瞭然可讀其父渙亦有兩碑斷裂不全僅存大槩

輿地碑目卷四下同　抄本碑目渙作煥　按紀

勝此卷全闕　又按以後漢書馮緄傳考之緄父名煥作煥者是也以帝紀考之永康係桓帝年號此作威帝者避欽宗諱

漢廣漢屬國侯李翊墓銘及屬國侯夫人墓銘翊以靈帝熹平二年卒夫人不著姓氏疑其爲臧氏首尾亦已刓缺

抄本碑目已作不誤

書字崖碑在巴渠縣西十里多斷缺不成文理其間有晉昌太守字按晉孝武方立晉昌郡則此必東晉以後人碑耳

抄本碑目立作止誤

唐處士墓碑在州城北十五里福斗壩馬腦鼻山下乃唐景龍二年刻字畫遒媚如歐柳可

愛

抄本碑目福作楊壩作填

元稹告畬三陽神文元和十三年作在通川之華陽觀

抄本碑目十誤作志年上三字係空格通上脫在字川作州　按元和志達州闕以隋志新舊唐志通典一百七十五寰宇記一百三十七元豐九域志卷八輿地廣記三十三方輿勝覽五十九方輿紀要六十九參互考之達州在隋爲通川郡在唐爲通州其附郭之邑爲通川縣宋時改稱達州尙存通川郡之名當以川字爲是作州者非也　又按據全唐文六百五十五

微之此文正作於元和十三年

廣福院修佛殿記在永睦之廣福院卽唐福田寺有會昌三年王欽說修佛殿記

瀘潭院鐫佛記在通川縣東富教里岸側石上乃唐人所鐫旁有中和造像之姓名百餘字餘多漫滅瀘潭又有龍洞

抄本碑目在誤作唐川誤作用旁作傍　按中和係唐僖宗年號和下疑脫年分俟考

節婦碑初節婦趙氏嫠居有凶人欲犯節婦脇以白刃節婦不爲動既而誘以百端終不可遂刺殺之時皇祐二年知州薛俅表其節爲之立碑于達州之西北山上後邑令薛仲侃爲創祠繪節婦於中

抄本碑目嫠誤作婺表誤作茂創作刱

黃山谷贈通川令韓廣叔文韓廣叔赴通川日黃庭堅以言贈之曰惟勤能

辦公家惟清能律奸貪吏嚴而信
則吏不病民簡而斂則民多在野
抄本碑目兩川字皆誤作州注中叔字誤作政惟
清之惟誤作姓　按方輿勝覽名宦門有韓廣叔
注引黃太史云云當以叔字爲是

忠州　原卷第一百七十三

人物

甘甯

按紀勝此卷全闕萬州人物門甘甯注云字興霸
臨江人也按漢臨江縣卽今武甯縣地今武甯縣
北三十里有洞有塡皆以丨丨名詳見忠州人物

門武甯南賓皆漢臨江縣地故甘甯亦附見二郡甯佐吳爲折衝將軍開爽有計略頗讀諸子輕財敬士事見吳志據詳見忠州人物門之語則忠州人物門必有甘甯可知

碑記

丁房雙闕在臨江縣巴王廟有丁房雙闕對峙廟庭高可二丈上爲層觀飛簷棐亶四旁多刻車馬人物在闕上爲雙扉其一扉微啟有美人出半面而立皆極巧妙其刻漫滅有漢丁房等字尚可認輿地碑目卷四下同　抄本碑目巴誤作已注中雙闕之雙誤作一認下有也字　按棐亶與徘徊同蓋棐徘皆非聲亶徊皆回聲故可通用

屈原碑見九域志

抄本碑目無見字

江原君石闕在州西十五里今遷于郡庠有延熹二年等十七字

嚴孝子碑在城西十二里今遷于郡儀門碑字半漫滅有延熹二年七八十字

五大夫碑在梁山軍界上字尤漫滅然漢隸也

抄本碑目漢隸也作字乃漢隸

修道碑字亦漫滅有建初二年等十二字

嚴顏碑蘇東坡嚴顏碑詩注云在忠州詩曰先主反劉璋兵意頗不義孔明古豪傑何以爲此事劉璋固庸主誰爲死不二嚴子獨何賢談笑傲碪几國亡君已執嗟子死誰爲何人刻山石使我空涕淚

按東坡集以作乃淚下有吁嗟斷頭將千古爲病

悖十字

玉虛觀唐碑凡四皆修建觀宇碑

抄本碑目唐碑作有唐碑四無凡四二字

洞眞觀唐明皇夢天帝降碑在本觀

禹廟唐碑今字畫漫滅

抄本碑目畫作盡

酆都景德觀唐碑凡十碑段丞相修觀記段少監修齋記天尊石像記老君石像記咸應碑張大理詩杜光庭石函記李吉甫眞人景堂記二眞君碑二仙公碑

抄本碑目酆作豐唐碑下有十字無凡十碑三字

天尊石像之石誤作天景作影　按以新舊唐書

通典一百七十五寰宇記一百四十九元豐九域志卷八輿地廣記三十三方輿勝覽六十一方輿紀要六十九參互考之忠州屬縣係豐都縣明時始改豐爲酆當以豐字爲是　又按景影古今字下文亦有眞人景堂記不必改爲影也

唐平都二仙公碑景雲二年李虔之撰

唐平都山二仙君銘景雲二年薛湜撰

玉石碑即景德觀三眞人碑唐正元中李吉甫撰碑刻見存碑石瑩潤號玉石碑

抄本碑目撰作修注中玉字作曰　按下文唐平都山眞人景堂記注亦云李吉甫修撰此條撰字

上似當補修字　又按據碑石瑩潤之語當以玉字爲是若作曰字則本係石碑不必贅言號曰矣

又按上文酆都景德觀唐碑注三眞人作二眞君未知孰是俟考

唐平都山眞人景堂記平都唐碑此二碑尤佳皆李吉甫修撰又曰玉石碑

抄本碑目此上有惟字二作三曰誤作白　按上文玉石碑注云李吉甫撰正與此二碑之數相符

又考上文酆都景德觀唐碑注云李吉甫眞人景堂記二眞君碑二仙公碑又與三碑之數相合或

原本景堂記之上仍有李吉甫之二仙公碑而今

本脫去亦未可知俟考

唐士洲耆老思舊記正元十七年段文昌紀

抄本碑目士作土下同紀作記

唐刺史房公式善狀碑在唐士洲上普寧院中今在郡庠

抄本碑目普作著誤

唐豐都三官堂碑唐中和元年忠州刺史陳侊撰

抄本碑目豐作酆侊作侊　按作豐者是也說詳上文酆都景德觀唐碑

唐杜光庭碑在平都山

唐率更柘漿帖唐率更柘漿帖眞蹟藏于臨江農民瞿氏聖深購得之命男宗摹于忠之

議道堂紹聖四年七月二十四日題後有涪翁跋

王右軍半月橘帖在州庠中有涪翁跋

抄本碑目無中字跋上有題字

商比干銅盤銘唐人開元間于偃師縣掘地得商比干銅盤銘有十六字字畫奇壯而古甚其釋云右林左泉後岡前道萬世之銘茲焉是寶得銘之地後五步乃比干墓今碑銘復刻于平都山

抄本碑目得上有所字刻誤作列

南賓志樊漢炳序

荔枝圖序白文公序

抄本碑目注中序字作文

涪州原卷第一百七十五

景物下

白鶴灘又有歇神灘在州治北相傳張飛被刺其首會漂泊於此又羣豬灘在州東十里水落石見形如羣豬馬提幹詩灘急羣豬沸崖高落馬懸又百牽灘在州東五十里以舟行至此牽挽爲難也

一統志二百三十八重慶府　按作紀勝時涪州自爲一州不屬重慶府紀勝此卷本無闕頁景物下有白鶴灘注云在州之上流妃子園下一統志所引無之字下卽接以又有云云則此條當是彼處逸文

黔州原卷第一百七十六

景物上

黔江 涪江自思州之上費溪發源流經五十八節名灘方至黔州溉與思州江合流又九十里經彭水縣凡五百餘里與蜀江水會水常湛然澈底以其出於黔州呼爲黔江

一統志二百五十黔彭廳　按紀勝之黔州即一統志之黔彭廳紀勝此卷本無闕頁景物上有巴江內江景物下有安樂江羅衣江涪陵江今姑繫諸景物上以俟考

輿地紀勝補闕卷七終

姪鎔　男涂　晨生　校刊

輿地紀勝補闕卷八

甘泉岑建功輯

利東路

興元府原卷第一百八十三

景物上

旱山一名嵲山

一統志一百四十四漢中府　按作紀勝時之興元府卽今之漢中府紀勝此卷闕六頁係古迹門之後半並官吏人物仙釋等門及詩上之前半至物上景物下則本無闕頁景物上有旱山注

云在廉水縣西南十五里周地圖云山上有雲卽雨傍有石牛十二頭一云其五頭卽秦惠王所造以詒蜀者漢書地理志有南鄭旱山此條係彼處逸文以文義考之似當在蜀者之下漢書之上

景物下

桃溪洞 又西北有魚洞穀雨日其魚躍出又白龍洞 在縣西北百二十里山崖高峻上有龍洞水流潔白

一統志一百四十四漢中府　按紀勝景物下有桃溪洞注云在城固縣西北四十餘里水自洞中一日數潮每潮其聲隱隱如雷此條係彼處逸文

一統志桃溪洞注中作出無每潮至如雷八字其下卽接以又西北云云則原本此條似當在如雷之下

山河堰本蕭何所創相傳爲蕭何堰後乃語訛爲山河紹興二十二年利州東路帥臣楊庚奏稱褒斜舊有六堰灌溉民田靖康之亂民力不能修葺爲水衝壞請修治乾道四年知興元府吳珙修復六堰濬大小渠六十有五凡溉南鄭城田二十三萬三千畝有奇

一統志一百四十五漢中府　按紀勝景物下有山河水注云卽褒水也源出太白山或謂此堰蕭何所創其初必相傳爲蕭何堰後世語訛乃轉爲山河堰歐陽文忠公作許景山行狀云山河堰世

傳漢蕭何所爲是也古迹門有蕭何堰注云按新安志許司封遜傳云遜知興元以下係闕頁今考山河水注與此條詳略逈異無庸牽合竊疑景物下山河水之外原本別有山河堰此條乃其逸文抑或古迹門蕭何堰注闕文之內原本附載山河堰均未可知姑繫諸景物下以俟考　又按據一統志此堰在褒城縣東引褒水溉田方輿紀要五十六褒城縣山河堰注云在今縣南二里橫截黑龍江起自漢相國蕭何而曹參成之宋紹興二十二年利州東路帥臣楊庚奏稱褒城谷口舊有六堰

灌溉民田靖康之亂民力不能修葺百丈月暴水衝
壞堰身請設法修治乾道四年宣撫使王炎言山
河堰世傳漢蕭曹所作嘉祐中提舉史照上堰法
獲降勅書刻石堰上中興以來堰事荒廢今委知
興元府吳拱修復盡修六堰濬大小渠六十有五
凡溉南鄭褒城田二十三萬三千畝有奇賜詔獎
諭是也與此條逸文可以互證

古迹

七女塚七塚三在城固縣四在興道縣

一統志一百四十五漢中府　按紀勝全書之例

塚墓在古迹門內此卷古迹門後半久闕故知此條爲彼處逸文

官吏

蕭思話

按此卷官吏門全闕府沿革云自宋以還多理南鄭注云此據元和郡縣志又通鑑目錄載元嘉十一年蕭思話克復漢中故地遷治南鄭通典云宋以後更置秦州亦理於此詳見官吏門蕭思話下據此則原本官吏門內必有蕭思話矣

碑記

張騫墓碑墓在城固縣西二十三里有碑文字磨滅不可辨

輿地碑目卷四下同

李固墓碑墓在城固縣西三十里唐韋皐撰

抄本碑目撰下有碑字

檢玉觀碑在西縣一里本津口北按舊經云昔有褒氏女并陳安民于此上昇仙有唐會昌中

鐫石題記

抄本碑目北作化經云至安民十一字係空格

按景物下有檢玉觀注云去西縣一里本盧口化

按舊經云昔有褒氏女併陳安民于此上昇又有

白馬山注云張衡於盧口升仙時乘白馬據此則

在當作去北當作化津當作濜寰宇記（一百三十三）白馬山條下云漢水記云西縣有白馬山又張衡家傳云衡於濜口升仙時乘白馬後人遙望山上往往有白馬因以爲名亦神仙十化之一也此亦濜口化之確證

重修安遠城碑（在西縣城內中間門東）

漢司隸校尉楊君頌（集古錄隸書不著書撰人名氏文爲韻語碑在興元）

漢公昉碑（集古錄隸書不著書撰人名氏及年月在興元）

按下文有唐公碑唐公卽公昉昉與房通用景物上胥水聽山注作房景物下靈壽院注作昉旋文

柏注又作房是其明證此條公字上當有唐字

唐公碑在城固縣北三十里唐公廟前碑文缺落其略云唐公城固人也有仙人與公藥妻子犬畜倏然與之俱去餘不可識

抄本碑目犬作六是也

諸葛武侯新廟碑在西縣唐正元十一年置

抄本碑目新作行元作觀　按據寰宇訪碑錄卷四陝西沔縣諸葛武侯新廟碑沈迴撰元錫正書貞元十一年二月作紀勝之西縣卽今之沔縣刻碑目者蓋卽據此以正抄本之誤

永平閒石門記洋州志云在今興元褒縣石門有記云高祖受命興自漢中道由子午出

散入

秦

抄本碑目無有字是也

梁蕭懿墓碑劍南詩稿云興元姚節度園以折碑爲石筍文猶可識蓋梁蕭懿墓碑簡文爲太子時撰書法遒勁可愛

按劍南集勁作美

褒城驛記唐孫樵撰在雙林驛

山南西道額李陽冰

抄本碑目冰下有撰字　按撰疑篆之誤

山南西道新修驛路記集古錄唐劉禹錫撰柳公權書李陽冰篆號三絕碑開成中山南節度使歸融自散關南至劍門隥石山棧道千餘里以通驛路碑不著所立年月在興元

抄本碑目成作城達作鑿　按開成係唐文宗年號作城者非也達與鑿同卽鑿之或體也

魏石門碑永平二年太歲己丑梁秦典籤王遠書洛陽縣武阿仁鑿

抄本碑目遠作遂阿作何此條之前有張將軍新廟記六大字集古錄唐李巨川撰唐彥謙書楊守亮重修張魯廟也以龍紀元年立在興元三十小字

刻武侯碑陰孫樵撰

唐山南西道節度使廳壁記開成二年劉禹錫撰

棧道銘歐陽詹撰

興元新路記有石刻凡七十字其側曰太康元年按其刻乃晉武平吳時葢晉由此路耳

文宣王廟庭松記節度使令狐楚命掌書記鄭從誨作從誨餘慶之子澣之孫也

抄本碑目子作孫澣作潮孫作子　按新唐書鄭餘慶傳云子澣四子處誨文辭秀拔舊唐書鄭餘慶傳云子瀚瀚四子處誨於昆仲間文章拔秀今考舊書目錄瀚作澣冊府元龜四百五十九五百四十九六百一六百二六百七六百五十一八百二十五引舊書亦作澣與新書正合抄本碑目子與孫互易是也澣作潮非也　又按據新舊唐書兩從字皆當作處

圖經李宗諤編

舊志閬蒼舒序

閬州 原卷第一百八十五

景物上

東游水 源出興元廉水縣

一統志二百三十九保甯府 按作紀勝時之閬州即今之保甯府紀勝此卷闕一頁係景物上之後半景物下之前半今考景物上有閬水景物下有和溪水鑿江水奉國水嘉陵水今姑繫諸景物上以俟考 又按一統志東河注云自陝西甯羌州流入廣元縣界又南逕蒼溪縣至閬中縣東南

入嘉陵江即古東游水也其下即接引輿地紀勝東游水云云是東游水源出興元而流經閬中紀勝廉水縣下原本似當仍有數語敘述流經閬中之事一統志節引之耳　又按寰宇記八十六閬州岐坪縣東遊水條下云北自利州允山縣界流入南流經縣紀勝閬州古迹門有故岐坪縣注云熙甯五年廢爲鎮隸奉國縣今考遊與游同東遊水即東游水也紀勝原本廉水縣下似當載流經奉國縣之事至於此水源出興元府紀勝興元府景物上景物下皆未載古迹門今本有闕頁原本是

否曾載此水則不可考矣

景物下

仙穴山在宋江上

一統志二百三十九保寧府　按紀勝閬州景物下有仙穴山注云寰宇記在閬中縣北十里即靈山也天寶中賜名——此條係彼處闕文以文義考之似當在寰宇記之上

金州原卷第一百八十九

景物上

香溪洞平利縣北數十里有香溪柴扉洞

一統志一百四十七興安州　按紀勝之金州卽一統志之興安州紀勝此卷本無闕頁據一統志此洞在州南二十里據紀勝縣沿革平利縣在州南七十里以是推之則此洞在平利縣北五十里也

蜀口在縣東北二十里

一統志一百四十七興安州　按一統志蜀河注云在洵陽縣東卽清水也下卽接引輿地紀勝蜀口云云據此則蜀口卽蜀河之口縣上當有洵陽二字

大安軍 原卷第一百九十一

景物上

龍洞 龍洞記曰自三泉西二里見有若觀闕者卽龍洞也其深七十三步廣半之兩旁石壁嵌空若日鼻鱗甲皆具其下皆平石爲底水行其上又龍門山在大安軍西五里外官道之旁自龍溪行三里山半又有後洞中有石室石牀若重簷夏屋深不可窮

一統志一百四十四漢中府　按作紀勝時之大安軍三泉縣卽今漢中府屬之甯羌州紀勝此卷本無闕頁景物上有龍洞注云洞之內有廳榜爲壺中郡守侯公賓所作隸字宋守琚乃易以天下奇此條係彼處逸文以文義考之當在天下奇之

下　又按景物上龍門注云在軍五里外官道之傍又云行三里又有後洞蘇元老龍洞記所謂重簷夏屋深不可窮者是也後洞注云自龍門溪行僅一里水石登山僅二里山半有洞即蘇元老所記謂若重簷夏屋者是也洞中百餘步傍有石室石牀碑記門龍洞記注云自三泉西二里見有若觀闕者當其前迫而視之則洞也其深七十三步廣半之其兩旁石壁之嵌空突怒者若目鼻口鱗甲跟肘甚具其下皆平石爲底水文其上若鋪筦簟以上數條與此條互有異同詳略未可牽合爲

一也

景物下

仙流鎮州東有仙流鎮

一統志一百四十五漢中府　按一統志靑烏鎮注云在甯羌州西北宋置九域志在三泉縣西四十里下卽接以又輿地紀勝州東云云今考紀勝景物下有靑烏鎮注云在軍西四十里又有金牛鎮注云在軍東六十里故繫此條於景物下以俟考

古迹

三泉故城紹興三年金人自饒風關入漢中吳玠遣劉子羽統諸軍屯三泉以護蜀口以縣令權輕奏復爲軍八年陞爲大安軍

一統志一百四十五漢中府　按紀勝古迹門有三泉故城注云寰宇記云唐武德四年置以縣北二十里山下有三泉水爲名圖經云三泉鎭廢於大中之後此條係彼處逸文以文義考之當在之後之下　又按軍沿革云圖經紹興三年敵自饒風關入漢中吳玠遣劉子羽統諸將屯三泉以護蜀口以縣令權輕常爲諸將之所夌忽民受其害奏復爲軍八年准勑陞爲大安軍雖與此條大略

相同然彼以沿革爲主此以故城爲主故定爲古

迹門逸文

輿地紀勝補闕卷八終

姪鎔　淦
男鏊　校刊

輿地紀勝補闕卷九

甘泉岑建功斠

利西路

沔州 原卷第一百九十三

景物上

浮圖山在略陽縣東南三里卓然獨秀狀若浮圖

一統志一百四十四漢中府　按作紀勝時之沔州卽今漢中府屬之略陽縣紀勝此卷全闕據方輿勝覽六十九　其時沔州屬邑有略陽縣故知此條爲沔州逸文

碑記

柳宗元作興州水運記昔柳宗元作興州水運記以爲轉巨石仆大木焚以炎火沃以食醯摧其堅剛化爲灰燼畚鍤之下易甚朽壞

輿地碑目卷四下同　抄本碑目甚作其　按柳集及方輿勝覽皆作甚是也　又按據柳集及勝覽兩水字皆當作江壞當作壤

武興集晉慈唐舜恩序

抄本碑目晉作普　按普州古迹門舊普慈縣注云皇朝乾德五年省入樂至縣風俗形勝等門言普慈者不一而足碑記門有普慈志當以普字爲

是若晉慈則自來無此地名也

郙閣漢銘文同題靈巖寺詩云南征曾讀浯溪頌西遡今觀漢閣銘

抄本碑目文作又頌作誦皆誤漢閣二字作||

按方輿勝覽郙閣注引文與可詩漢閣作郙閣是也

唐刺史行記興州刺史常行規河中府參軍裴思南處士劉仿進士孟元旗大唐開成三年

抄本碑目常誤作當仿作彷

成州原卷第一百九十五

碑記

漢武都太守漢陽阿陽李翕磨崖頌翕字君羡開平道路作磨崖頌

漢建寧四年造
今碑在魚竅峽

輿地碑目卷四下同 抄本碑目字誤作諱

漢天井山記亦漢陽太守李翕建寧五年造今藏碑之家惟有前一碑四年所立者後一碑五年所立者少有之又老農云往年雷震崖石仆地此碑不知所在是可惜也

抄本碑目震作麗誤

漢耿勳碑漢武都太守扶風茂陵耿勳爲守以熹平三年立碑又同谷志云後漢建寧四年武都太守李翕脩道記并黃龍白鹿嘉禾甘露木連理石刻建寧五年天井山脩道記熹平三年太守耿勳政績記并題名記并在封泉保魚竅峽

抄本碑目後漢之漢誤作溪并題名記并在兩并字皆作並

隋楊將軍墓碑在州西十里舊圖經載隋大將軍巖州總管茂陵楊氏墓碑□祐中州是庠取以刻文會得他石乃再立于將軍墓側

抄本碑目陵誤作林祐上無空格　按是疑修之誤　又按年號有祐字者唐昭宗及昭宣帝之天祐後漢高祖及隱帝之乾祐皆在宋代之前然唐天祐間成州爲李茂貞所據茂貞專用武力未必有事於州庠後漢乾祐間成州入於孟蜀不得用後漢年號至於宋代仁宗之景祐皇祐嘉祐哲宗之元祐皆在紀勝之前祐上空格未知究係何字俟考

唐漢陽太守趙承碑 秦府法曹楊景撰 開元十二年建

抄本碑目秦作泰　按唐代無泰府之名當是秦字自太宗由秦王受禪其後無封秦王者開元時不得有秦府竊疑府字乃州字之訛唐時亦有秦州而州屬之官亦有法曹姑存此說以俟考

唐刺史劉公重修水亭記 大順元年節度副使劉崇魯述

唐李彥琛修經閣碑 在鳳皇山有唐天復七年天雄軍指揮使知成州李彥琛修經閣碑判官馬汝撰天復七年卽天祐四年是年二月唐禪于梁彥琛稱天復七年猶稟唐之正朔也亦可尚也

抄本碑目無皇字馬汝作爲文誤

大雲寺石碑在鳳皇山上去州七里創始莫考厰後崖上有刻字云漢永平十二年又經閣崖上刻云梁大同九年

抄本碑目創作刱

西和州原卷第一百九十六

碑記

聖德寺記集古録唐戴正倫撰梁肅書碑以正元二十年立在鳳州

輿地碑目卷四下同　抄本碑目肅作蕭誤

王仁裕墓碑有正女墓在河池縣北朱梁時爲梁將所得義不污辱梁將不敢犯見王仁裕墓碑

抄本碑目北作地　按以注中所述事迹核之正

文王仁裕似當作正女小注王仁裕下似當有所作二字　又按正女卽貞女改貞爲正者避仁宗嫌名

王欽若韓琦王拱辰留題在皂莢驛

文同任師張浮休留題在興唐寺

鳳州原卷第一百九十七

景物上

嘉陵江圖經云嘉陵江出散關至魚關始通舟楫

一統志一百六十七秦州　按紀勝鳳州全闕一

統志秦州故道水注云自漢中府鳳縣流經兩當

縣南又西南經徽縣南與白水江合卽今嘉陵江也下卽接以輿地紀勝圖經云云今考作紀勝時之鳳州卽今漢中府屬之鳳縣方輿勝覽六十九鳳州嘉陵江注云源出大散關之西去州九十里循城下之兩當河池則紀勝鳳州亦當有嘉陵江可知至於秦州則其時屬金不屬宋一統志秦州之嘉陵江是其委也紀勝鳳州之嘉陵江是其源也方輿紀要五十六漢中府鳳縣亦載嘉陵江可以互證

仙釋

隋朗法禪師

按輿地碑目鳳州碑記有隋朗法禪師碑注云見仙釋門故知原本仙釋門內當有此條

碑記

圖經郡守張士佺修

輿地碑目卷四下同　抄本碑目士佺作仕佺誤

隋朗法禪師碑見仙釋門

文州原卷第一百九十八

碑記

同昌郡驛碑琉璃驛在州西四十里唐天寶四載置同昌縣主簿趙齊記有碑

輿地碑目卷四下同　抄本碑目⿰毛疏⿰毛离作⿰毛貝⿰毛流載作年　按天寶三年卽改年爲載當以載字爲是　又按⿰毛貝乃氍之或體⿰毛流乃⿰毛俞之或體⿰毛貝⿰毛离卽氍毹也至於⿰毛离字則與接䍦之䍦同義與⿰毛流字不相聯屬當從抄本碑目爲是

和太尉墓碑 墓在今城西大度壩僞蜀殿中侍御史文墓碑太尉名文爲唐興德軍節度使文州馬步軍都虞候大中五年卒葬于此

抄本碑目度壩作渡埧墓作各侯誤作侯　按文墓文各均不可通疑有脫誤

省倉梁記 唐咸通三年刺史秦逝謨建譙門外

文州古今志　郡守楊櫄編

文州續志　郡守杜孝嚴編

龍州　原卷第一百九十九

景物上

石門戍　龍州江油縣東百里有石門戍唐志利州景谷縣西有石門關即此石門也

方輿紀要七十三龍安府　按作紀勝時之龍州即今之龍安府元和志三十三云石門山在縣東一百三十里有石門戍與氐分界去仇池城四百餘里

方輿勝覽七十云石門在江油縣東百里有｜｜戍與氐分界見蜀都賦與此條可以互證

碑記

宏眞觀古碑在江油縣南一百三十四里大華山之登眞觀此記最古不記撰人姓名

輿地碑目卷四下同　抄本碑目油作河大作太

按龍州有江油縣無江河縣作河者非也方輿紀要七十三江油縣有太華山作太者是也

牛心山靈異記在牛心之顯濟廟即李龍仙廟也廟碑不載撰人名氏

龍門志楊熹序

續志宋之源序

輿地紀勝補闕卷九終

姪鎔 男淦 長生 校刊

輿地紀勝補闕卷十

甘泉岑建功輯

京東西路

東平府

景物上

淸口戍 禹貢濟水又東北會于汶今枯渠注鉅野澤北則淸水與汶河會卽所謂淸口也

方輿紀要三十三東平州 按據紀要此戍在州西

京西北路

鄭州

景物上

鴻溝在河陰縣東北按廣武山與滎澤連

方輿紀要四十七鄭州　按紀要引此條作方輿紀勝說詳福州霍童山條

陳州

景物下

乾谿臺楚靈王築章華臺於華容城及襄王爲秦將白起所迫北保於陳更築此臺

一統志一百二十九陳州府　按據一統志此臺在商水縣西北三里今考元和志卷八陳州溵水縣乾谿臺在縣北三里寰宇記卷十陳州商水縣乾谿

臺在縣北三里溵水卽商人宋時改溵爲商者避
宣祖嫌名
古迹
扶蘇城在縣南十二里秦二世時陳涉詐稱公子扶蘇此城蓋涉所築故名隋越王侗皇泰元年於此置扶蘇城唐武德初廢
一統志一百二十九陳州府　按一統志先引寰宇記在商水縣西南三十五里下卽接引輿地紀勝在縣南云云所謂縣者蓋指商水縣而言方輿紀要七四十扶蘇城注云縣東南十二里陳涉起兵自稱公子扶蘇從人望也隋末越王侗因於此置

扶蘇縣唐武德初廢與此條可以互證

陝西永興軍路

京兆府

景物上

霸水 出秦嶺合藍谷傾谷諸水入滻水而北注於渭

方輿紀要五十三西安府　按作紀勝時之京兆府卽今之西安府據紀要此水在府東二十里

陝西秦鳳路

河州

景物上

河川州東有地名河川川東西二里南北十五里即舊湖地云

方輿紀要六十河州　按紀要上文云又州東二十里有淺湖橋相傳上古時州地皆湖禹疏鑿入於河湖始爲陸所謂湖者當即指淺湖而言

洮州

景物上

白水江西傾山綿亘深遠接番族中白水江出其陽即禹貢之桓水云

方輿紀要六十洮州衞　按據紀要此江在衞西南五里

河東路

絳州

景物上

澮高山 山形如鳥翼一名翽翔山産銅及鐵唐置錢坊二所於此又有巖洞泉壑之勝

方輿紀要四十一平陽府 按據紀要此山在平陽府翼城縣南十五里據寰宇記四十七元豐九域志卷四輿地廣記十八宋時翼城縣屬絳州 又按據紀要平陽府本名晉州至宋徽宗政和六年始改爲平陽府輿地廣記自序作於政和年間仍稱晉州者葢成書在六年之前也

隰州

古迹

穀城縣南高嶺有屈穀山爲煎煉絲礬之處

其城爲穀城俗謂以爲神農嘗穀處云

方輿紀要四十一隰州　按紀要隰州有隰川廢

縣注云今州治漢置蒲子縣後周改置長壽縣隋

開皇十八年改曰隰川爲州治後因之明初省據

此則紀勝縣南上當有隰川二字

石州

景物上

離石山一名胡公山又爲赤洪嶺

故離石水亦名赤洪水

方輿紀要四十二永寧州　按作紀勝時之石州

卽今之永寧州據紀要此山在州東北三十里又按元和志四十云石州離石縣離石山今名赤洪嶺在縣西五十步高歡大破爾朱兆于赤洪嶺蓋此處也寰宇記四十二云石州離石縣胡公山在邑界離石山今名赤洪嶺在縣西五十步又云離石水今名赤洪水東北從方山縣界流入北齊高歡大破爾朱兆於赤洪嶺卽此水之岸也與此條可以互證

蔚州

景物上

隘門山壁立直上極險隘後魏於此設義倉未設關防以譏禁行旅又三山在縣東二十五里有三峯聳峙

方輿紀要四十四蔚州　按據紀要隘門山在蔚州靈邱縣東南二十里則三山在縣東亦在靈邱縣東可知　又按元和志十四云蔚州靈邱縣隘門山亦曰隘口在縣東南十五里壁立直上層崖刺天有石道極險隘後魏明元帝置義倉之所寰宇記五十一在上有今呼為龍門五字十上有一字隘作隘置上有於此二字與此條可以互證

輿地紀勝補闕卷十終

姪鎔
男詮
長垕
校刊

跋

輿地紀勝爲南宋王氏象之所作象之宋史無傳今以本書及他書參互考之象之字儀父據本書李埴序婺州金華縣人婺州卽東陽郡故自序及各卷標題皆稱東陽李序亦稱東陽陳氏振孫直齋書錄解題則稱金華紀勝婺州久闕據方輿勝覽方輿紀要婺州在梁陳時曾名金華郡前乎此者吳晉劉宋南齊後乎此者隋唐趙宋皆稱東陽郡其屬邑則東陽縣在州治東其名始於唐垂拱二年金華縣卽州治附郭其名始於隋開皇十八年而前此開皇十二年曾名東陽縣是郡縣之名東陽皆在金華之先南宋時婺郡仍名東陽不名金華首邑自名金華不名東陽王氏稱東陽指郡名而言陳氏稱金華指縣名而言與當時制度正合若謂東陽指縣名而言則陳氏與王氏同時不至誤改其鄉貫若謂金華指郡名而言則金華郡之名既不若東陽郡之古且非當日官書

公牘所用之名進退兩無所 其父名師亶紹興末爲

據陳氏斷不若是之誤也

宜春主簿 袁州官吏門王師亶注云郡志云袁州月椿歲額八萬八千餘貫紹興末年先君子爲宜春簿嘗作文誌月椿之苦今減二萬五千餘貫自先君子啟之今按此條兩言先君子蓋師亶即象之之父也原本師字闕筆作師亶字闕筆一作亣蓋本作亶訛作亣也他卷師字不闕筆蓋因上一字與伯叔相同而亶字必闕筆如安吉州官吏門夏侯亶慶元府景物下渡母橋注引舒亶詩人物門舒亶仙釋門亶洲山廬州沿革門引通鑑夏侯亶江陵府府沿革門引楚世家句亶王岳州岳陽樓詩門引丁亶詩皆作亶宋代不諱亶字其爲象之家諱無疑辰州景物上溆口注引楚詞邅迴邅字闕筆作邅亦因此也錢氏養新錄言象之父名無考蓋偶未檢及此條耳

其後曾知江州 江州古迹門濂溪書院注云先生所居名濂溪及先生隱居廬山有水經所居之前亦以濂溪名之後百餘年象之先君子守九江爲建拙堂及愛蓮堂於祠之側今考濂溪卒於熙寧六年歲在癸丑下距乾道九年癸巳適滿百年

之數師亶之知江州當在是年以後又按漳州官吏門朱子注云象之紹熙辛亥遊廬山親見晦翁所作西原庵記辛亥係紹熙二年上距熙寧癸丑一百一十八年與百餘年之數亦相符合象之自序云余少侍先君宦遊四方江淮荆閩靡國不到廬山既在江州境內則象之游廬山或即在師亶守江州時亦未可知也

仲兄名益之字行甫官大理司直嘗至成都著有職源及漢官總錄自序言仲兄行甫西至錦城養新錄云予又記一書稱王益之字行甫金華人蓋即儀父之仲兄今考直齋書錄解題云職源五十卷大理司直金華王益之行甫撰漢官總錄十卷王益之撰錢氏所謂又記一書當即是此書也

叔兄字中甫嘗至武興渝瀘季弟名觀之曾知德化縣後爲夔州路漕使自序言叔兄中甫北趨武興南渡渝瀘養新錄云陳直齋亦稱其兄觀之爲夔路漕則中甫疑即觀之字按直齋書錄解題云輿地圖十六卷王象之撰至西蜀諸郡尤詳其兄觀之漕夔門時所得也此錢說所

本今考輿地圖久佚紀勝夔州亦闕輿地碑目夔州碑記晉桓溫隸字碑注云嘉定癸未漕使王觀之并黃太史跋徙置漕廨此條但舉觀之之名未言其爲兄爲弟紀勝江州古迹門濂溪書院注云又其後象之季足觀之爲德化宰新造祠宇書院講堂足字之形與兄字弟字均屬相似然季乃最幼之稱弟可稱季弟而兄不可稱季兄則季足必季弟之訛觀之爲季弟中甫爲叔兄則觀之與中甫本非一人不得謂中甫卽觀之矣且宋時瀘州屬潼川府路沔州卽北魏之武興郡屬利川西路重慶府卽唐之渝州屬夔州路三地分屬三路且有南北之殊則夔州漕使不必定至武興瀘州況自序作於嘉定辛巳言行甫中甫歸來道梁益事皆袞袞可聽而碑記則言嘉定癸未漕使王觀之癸未在辛巳後二年是中甫北趨武興南渡渝瀘與觀之官夔路漕使本不同時未可牽合爲一矣自序言仲兄行甫叔兄中甫皆稱其字夔州碑記言王觀之江州古迹言季弟觀之則稱其名蓋稱字稱名之異卽爲兄爲弟之分耳至於中甫之名觀之之字則闕疑以待考可也

象之曾官長寧軍文學長寧軍卷末附載長

寧縣志一條並載象之案語云寶慶乙酉太守孫公若蒙作長寧續志時象之備員郡文學遂得以考訂本末附見知分寧縣隆興府官吏下陳敏識注云象之出宰分寧相望百年而陳公之英風遺烈今猶未泯今考縣沿革分寧縣注敏識由知分寧縣遷官在建炎四年是年歲在庚戌下距紹定三年庚寅適滿百年之數象之爲分寧縣宰當在是年前後紀勝目錄之前載曾鳴鳳與象之書劄云示所著紀勝之書作邑而有餘力及此豈俗吏所能爲哉其書末鳴鳳結銜稱江西運副新除知廣州按分寧縣爲隆興府屬邑正江南西路所轄所謂作邑者當即指分寧而言惟其書末但題七月日其爲何年之七月則尚待考矣知江寧縣直齋書錄解題稱象之之官如此按景定建康志江寧縣壁記無象之之名或疑直齋誤記分寧爲江寧然陳氏與王氏同時似不應誤述其所治之邑今考書錄解題易林條下有嘉熙庚子之語庚子係嘉熙四年次年即改元淳祐陳氏書中所述南宋年號至嘉熙止而淳祐以後未嘗言及則其成書似即在嘉熙末年嘉熙以前爲端平端平以前爲紹定自紹定戊子至嘉熙庚

子首尾共十三年象之知江寧縣當不出此十三年之內江寧縣壁記載紹定端平嘉熙諸縣令在任去任年月皆前後相接惟周大昌以端平三年七月二十八日任滿惠孔時以端平三年十月十七日到任按壁記上下文凡言任滿者皆指去任之日而言自七月二十九日至十月十六日相隔數十日斷無曠職待人之理意者象之知江寧縣卽在此時而壁記偶失載耳宋時江寧爲次赤縣分寧爲望縣象之官江西時運副曾鳴鳳與書云久欲與諸公薦敭於朝近方得與大師言之亦不過在鳴鳳未行之前然則象之由望縣而遷赤縣殆亦薦達之力歟

其終於何官則不可考矣

養新錄云象之不審終於何官今考象之以紹熙辛亥游廬山卽使其年至少亦當將近弱冠至嘉熙庚子首尾正五十年已及懸車之歲此後卽有遷擢亦未必至顯位矣

象之出自望族

景定建康志安撫司僉廳壁記載淳熙間「將之爲參議嘉定間王觀之爲主管機宜文字總領所題名記載嘉泰二年太府卿王補之轉運司題名記載淳熙五年運判王師愈簽判題名記載嘉定七年承事郎王師閔諸人

皆未注籍貫核其時代觀之似卽象之季弟至於將
之補之疑亦象之昆弟輩師愈師閔疑是象之父師
亶昆**由科第起家**通考學校門云紹聖元年三省立
弟輩格侍從臺諫國子長貳歲舉堪任
諸州學官一員須嘗中進士或制科或從太學上舍
得第於是內外見學官非制科進士出身及由上舍
生入官者並罷又云高宗建炎初復教官試凡有出
身許應分兩場試之據此則宋時文學教授之官必
由科第象之曾爲長寧軍**於掌故夙所留心生平勤**
文學則必有科名可知
於咨訪廣州古迹門大奚山注云象之嘗聞發之士
友鄭岳云云思州風俗形勝門云此據涪州
夏判官**尤好表揚前哲**歸州官吏門趙誠注云象之
說云云竊謂沿泝無易舟之苦皆趙
史君誠之功而祀典不及失其旨矣隆慶府古迹門
李杜祠堂注云按劍門題詩以太白子美爲重因爲
建祠刻二詩於前榜其堂曰文焰輿地碑目夔州碑
記張巡許遠雙廟辯注云嘉泰甲子余謁郡侯南康
李公景和見其追逮土偶械繫於庭及余之郊外聽
輿人之頌曰此廟非他卽唐張許之祠也後余繙閱

故書見唐張巡傳載許遠子玫爲婺州司馬柳子厚南公廟碑載南霽雲子承嗣爲婺州別駕今婺之雙廟與倅廨鄰意者南許二子之所立乎自李翰作傳以表其事而當時之異論始息余不量其譾薄欲强引史傳以證其廟食之始末賅李翰爲難矣其編輯此書用力最深自序云余因暇日搜括天下地理之書及諸郡圖經參訂會粹李序云今儀父所著第得首卷所紀行在所以下觀之則知其論矣積日而成致力非淺淺者自序作於嘉定辛巳孟夏嘉定乃寧宗年號故其言聖天子者卽係寧宗英德府古迹門天子闍注云紹聖五年聖天子登寶位英爲潛藩此山蓋兆於千百載之前一統志二百七十七所引作寧宗自英王入位蓋兆於此今考南宋光宗紹熙五年傳位寧宗紀勝聖字乃熙字之誤蓋紹聖乃北宋哲宗年號距寧宗卽位之年甚遠也然辛巳係嘉定十四年而書中所載有嘉定十五年之事鄂州州沿革云嘉定十五年割武昌縣爲軍壽昌軍軍沿革云

嘉定十五年正月武昌縣陞作壽昌軍　且慶稱寧宗之廟號是自序雖作於寧宗末年而全書則成於理宗初年揅經室外集輿地紀勝提要云前有象之自序今考其成書之年在南宋嘉定十四年故其所指在所以臨安府爲首而一切沿革亦準是時又宮闕殿門壽康宮下引朝野雜記云寧宗始受禪云云則是作序在嘉定全書之成又在理宗時矣今按紀勝言寧宗者頗多行在所宮觀廟宇門開元觀注云寧宗舊邸嘉王之府也安慶府府沿革云又以寧宗潛邸陞舒州爲安慶府郴州州沿革云寧宗時溪峒擾攘縣沿革貴興縣注云寧宗開禧嘉定間湖南溪峒李元勵平貴州州沿革榮州景物上潛藩注並引朝野雜記云寧宗自英國公出就傅建寧府人物門朱子注云寧宗朝仕至待　理宗制皆可爲證提要蓋舉其最先見之一條耳

登極改元寶慶故其書述寶慶時事言今皇上者乃係理宗寶慶府府沿革云今皇上登極以潛藩陞寶慶府順慶府府沿革云近以主上潛邸陞順

慶府言御諱者亦係理宗宋之瑞州本名筠州紀勝瑞州州沿革云寶慶初以州名犯今御諱改為瑞州臨江軍景物下瑞竹山注云中一字犯御諱故更曰瑞竹山蓋此山原名瑞筠山也

蓋理宗諱昀當時以筠字及馴巡等字俱為嫌名故此書於筠字則改為均嘉興府人物門徐岱注云觀察使李栖均欽其賢嚴州詩門載溫庭均桐廬舊居詩台州官吏門王均注云見梁書南安軍詩門引談苑云劉均送章南安詩楊文公嘗以為警句今按梁之王筠唐之李栖筠溫庭筠宋之劉筠紀勝皆改筠為均其為避諱無疑於馴字巡字則改為循臨安府景物下徑山寺注引蘇軾游徑山詩云雪窗循兔元不死今考東坡集循作馴建康府歷代詩門載李白詠王東循歌今考太白集詠作永循作巡他卷改馴巡為循者仿此

書中屢及寶慶時事或言寶慶中行在所臺閣門注云寶章閣寶慶中置或言寶慶初年行在所學校門宗學注云寶慶初年宗室始陳乞依

太學例上舍內舍人並注教授或言寶慶元年寶慶府府沿革注云寶慶元年或言寶慶二年安吉州州沿革云寶慶二年從臣集議請改湖州爲安吉州或言寶慶三年順慶府府沿革注云寶慶三年李𡌴之序作於寶慶丁亥季秋胡氏通鑑注卷三引李𡌴輿地紀勝曰丹陽在今歸州秭歸縣東八里屈沱楚王城是也今考紀勝歸州古迹門丹陽城注云在秭歸東三里今屈沱楚王城是也輿地志秭歸縣東八里有丹陽城與通鑑注大畧相同胡氏不言王象之而言李𡌴蓋誤記作序之人爲著書之人耳丁亥係寶慶三年則此書所述沿革自當以是年爲斷養新錄云此所載寶慶以前沿革詳贍分明然楚州之改淮安軍寶應縣之升寶應州皆在是年六月方輿勝覽寶應州沿革敘升州之事皆寶慶三年六月淮安軍沿革敘改軍之事但言寶慶未載年月今以宋史紀事本末續通鑑等書考之亦在是年六月而此書仍

稱楚州寶應縣者蓋書成於四五月之間故事在二三月以前者皆可載入如朱子之贈太師史彌遠之封魯公是其證也建寧府人物門朱子注云今贈太師文公慶元府人物門史浩注云子丞相魯公彌遠今以宋史紀事本末續通鑑等書考之朱子之贈太師在是年正月史彌遠之封魯公在是年三月至六七月以後則不及載矣惟書中述及紹定年號紹定在寶慶之後而得附載之者蓋因象之過重慶時與人辨證夏禹之塗山故備列其考訂之語重慶府景物上塗山注云紹定丁亥象之過重慶憲使黎伯巽方類次圖經謂重慶之塗山上有禹廟則其爲古之塗山也明甚象之荅云山名之同者多矣云云坐客大笑始知重慶之塗山非古之塗山也今考紹定元年係戊子若丁亥仍係寶慶三年是年十一月南郊後大赦改明年爲紹定元年象之過

重慶疑在下詔改元之後故誤以寶慶爲紹定耳卽其爲分甯縣宰亦在紹定年間而陳敏識之祠實其在任時所立故亦紀其始末附載於此書象之以寶慶元年官長甯軍文學三年過重慶府長甯與重慶皆屬四川是寶慶年間未曾離蜀其宰江西分甯必在紹定元年以後或疑當在寶慶元年以前不知宋時諸州縣令係從八品而文學教授則從九品其時入仕者大抵先任文學教授後遷縣令史傳所載班班可考象之知分甯縣豈得在官長甯文學之前乎蓋以其與已事有關特續補於成書之後爾

道光己酉孟冬儀徵劉毓崧跋

續跋

古人之作志乘於人物一門或節取其長或記以垂戒故地理家編輯人物至太平寰宇記而始詳其中載及小人者不一而足許州有褚彥回鄭州有鄭愔亳州有桓溫雍州有牛僧孺鳳翔府有王世充元載并州有喬琳蒲州有楊國忠魏州有路巖博州有華歆瀛州桂州皆有李義府杭州有朱异許敬宗泰州有李逢吉洮州有董卓蓋但言人物而不特標先賢耆舊烈士之名則美惡雖殊不嫌同列猶之記官吏者未立循吏之稱則其所收亦不必皆爲名宦也王儀父作輿地紀勝其官吏人物兩門所錄頗寬實仿寰宇記之例就中如李宗閔見封州官吏韋保衡見賀州官吏

盧多遜見吉陽軍官吏王欽若見臨江軍鄂州人物丁謂見雷州吉陽軍官吏馮拯見肇慶府德慶府官吏夏竦見隆興府官吏江州人物陳執中見梧州官吏鄧綰見瀘州官吏舒亶見慶元府人物蒲宗孟見平江府官吏閬州人物章子厚見雷州官吏曾布見鎮江府廉州賀州官吏張商英見峽州人物滁州蘄州歸州隨州重慶府官吏耿南仲見南雄州官吏孫覿見象州官吏其生平行事不齒於君子之林載之者非節取其長卽記以垂戒其爲志存彰癉本屬顯然而建康府人物門列秦檜於末則尤有深意其注云中興相高宗主和議收諸將兵柄蓋欲著其主和弭兵之誤國故據事直書而罪狀自明其上文景物下華陽觀注載檜子熺之事而目

爲罪魁華陽觀注引繫年錄云秦熺遊茅山因留詩華陽觀有家山福地古云魁一日三峯秀氣回留宋睍即鐫板揭梁間熺再來見碑側有白字隱然提梯視之乃曰富貴而驕是罪魁朱顏綠鬢幾時回詰其所自了不可得則其深惡痛絕於檜可知他卷官吏人物等門於南宋賢臣爲檜所傾陷者如趙忠簡見潮州吉陽軍泉州官吏岳忠武見岳州州沿革李莊簡見郴州藤州瓊州昌化軍官吏洪忠宣見饒州人物英德府官吏胡忠簡見吉州人物衡州新州昭州吉陽軍官吏皆備舉其本末以見檜之陰邪其波及株連爲檜所遷怒誣謫者如段拂見興國軍官吏折彥質見郴州官吏王趯見全州雷州官吏又辰州官吏門亦記其貸錢與李莊簡因其親厚趙忠簡知浹見袁州人物趙士㒓見建甯府官吏因其救解岳忠武楊煒見紹興府人物台州萬安軍吉

陽軍官吏邵大受沈長卿皆見化州官吏因其羽翼李莊簡白謗見萬安軍官吏因其稱道洪忠宣方公美見紹興府人物陳剛中見贛州官吏王庭珪見衡州官吏辰州人物方疇見永州官吏因其推重胡忠簡凡此諸人必歷叙其由以見檜之羅織善類若夫觸檜得禍者如解潛見南安軍官吏王庶見道州官吏韓紃見循州官吏胡寅見新州官吏及建甯府人物胡安國注馮時行見重慶府人物蓬州官吏則以不願議和邵隆見辰州叙州官吏則以不樂割地劉紹先見廉州官吏則以上用兵之策胡甯見建甯府人物胡安國注則以盡規戒之言黃龜年見福州官吏張阜見昌州人物則以條奏其奸張九成見臨安府人物南安軍官吏僧宗杲見臨安府仙釋則以評

論其失金安節見嚴州官吏則以彈其宗族辛次膺見臨安府官吏又衢州官吏門亦記其不附和議則以劾其姻親忤檜見排者如高閌見慶元府人物魏良臣見池州官吏許訢見撫州人物淩景夏見均州官吏則以異議爲其所銜張闡見泉州官吏則以名望爲其所忌李若谷見江州官吏則以耿直爲其所怒鄭剛中見桂陽軍官吏韓京見循州官吏則以才畧爲其所疑呂摭見梧州官吏則以有頤浩之舊怨爲其所讐何兌見英德府官吏則以訟馬伸之功爲其所嫉諷檜被斥者如芮燁見武岡軍官吏則以吟詩吳元美見南雄州容州官吏則以作賦張伯麟見吉陽軍官吏則以題壁趙令衿見泉州汀州官吏則以誦書並一一具

陳以見檜之始終怙惡至於張守見常州人物向子忞見江陵府下官吏下令佐胡安國注則以名臣而幸免於檜之傾陷張淵道見靜江府官吏及吉陽軍官吏趙鼎注汪應辰見信州人物及靜江府官吏則以善類而幸免於檜之詆誣石公揆見紹興府人物石公弼注則觸檜而幸免於禍廖剛見南劍州人物方滋見廣州官吏下則忤檜而幸免於排趙逵見資州人物趙性見合州人物則譏檜而幸免於斥亦述其事跡以見當檜擅權之日士大夫防身遠患之甚難他如章元振見肇慶府官吏馬孝友見閬州官吏則不欲由檜以進汪澈見沅州官吏則未嘗爲檜所知劉芮李燮羅博文皆見靜江府古迹門秦城驛注則不賦秦城王氣之詩

左鄞見台州人物則有過秦氏舊宅之咏陳俊卿見興化軍人物則首攻檜之殘黨馮方見普州人物王十朋見普州人物馮方注則始滌檜之餘汚莫不加意表章以見不肯附檜者爲難能而可貴甚至馮檝見瀘州官吏助檜而亦遠出范同見瑞州官吏附檜而亦見疎万俟卨見歸州人物諂檜而亦被黜沅州官吏門載卨守城事亦節取其長此等無足比數之人而猶登諸簡牘以見檜之險賊卽其黨亦隙末凶終故合計全書刺檜之惡者多至百有餘處不啻檮杌之遺風矣書中有稱檜爲秦公者特沿襲舊志之文未經刊削黃州景物下臨皐亭注云元名瑞慶堂以故相秦公檜之父欟舟其下秦公於是乎生而儀

父之於檜固有貶而無褒也檜之改謚繆醜在開禧二年其復初謚在嘉定元年其再改謚繆狠在寶祐二年儀父之成紀勝在復初謚之後再改謚之前當是之時朝局是非未定而著書者欲誅奸諛於既死俾清議獲伸豈非直道之士哉余慮閱是書者疑官吏人物之有濫也因詳爲辨證以釋其疑焉

道光己酉季冬儀徵劉毓崧跋

輿地紀勝斠勘記五十二卷

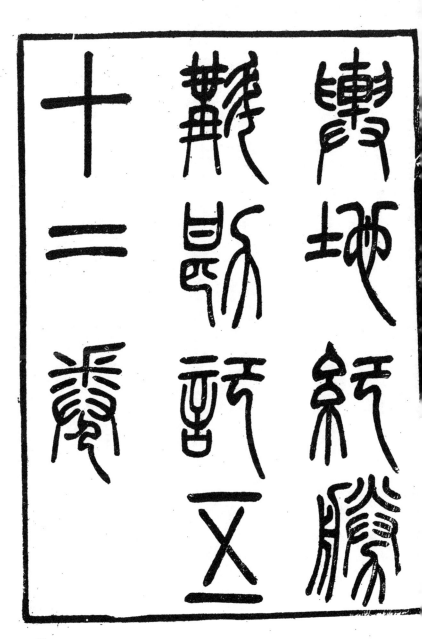

序

文選樓影宋鈔本輿地紀勝張氏鑑所校頗詳岑君紹周建功重刻此書延文淇及子毓崧纂輯校勘記成書五十二卷於張氏之說採錄無遺其是者則加以引申嘉興府人物門陸抗注云字紡節張氏云紡當作幼今按三國志陸抗傳正作幼鎮江府人物門有吳俶張氏云俶當作淑今按以注中所言事跡及宋史東都事略證之張說是也其非者則加以駁正安吉州人物門徐氏注云弟齊聃聃之子堅張氏云齊疑是徐之訛今按上文有唐徐聃據唐書徐齊聃傳聃上當有齊字張氏反欲改齊爲徐非也平江府人物門顧少連注云元友直在坐歡解之張氏云歡似當作勸今按唐書顧少連傳正作歡不必改爲勸也其有疑者則爲之剖析臨安府景物上杭印注云白樂天詩序云余去年脫杭杭印張氏云杭印一

條不可通似有脫誤今按樂天集此句下云今年佩蘇印蓋言先爲杭州刺史後爲蘇州刺史杭印蘇印郎二州刺史之印非有脫誤也安吉州人物門劉述注云貶琦顗監當張氏云監當二字疑誤今按東都事略劉述傳王作監當蓋監當乃宋時監稅之稱非有誤也其未詳者則爲之證明平江府官吏門鄧攸注云吳人歌之曰況如打五鼓張氏云兇如二字不可解今按據晉書鄧攸傳況乃紞之誤紞如者打鼓之音也臨江軍人物門謝舉廉注云後預上書邪等云張氏云邪字未解今按以東都事略及宋史考之徽宗時凡以熙甯元豐紹聖之政爲非者皆目爲上書邪等與元祐黨人相埒至南宋時槩與昭雪故預其列者世以爲榮此處邪字並非誤也其論之不定者則參考以折衷紹興府古迹門秦望山注云其碑尚乃存張氏云乃字疑衍否則尚乃二字文倒今按據上文此句係十道志之語下文碑記門秦望山碑注引十道志云其碑尚存此句乃字係衍文張氏前一說是也其說之互岐者則援據以決斷揚州古迹門章武殿

注云遣使奉安於遂州神御殿張氏云遂字誤滁州景物上原廟注云於是命工寫三聖御容癸亥遣使奉安於遂州神御殿而遂州立原廟張氏云前數卷中有遂州字疑其誤以此觀之遂其訓每耶今按兩條上文皆引通略云太祖擒皇甫暉于滁州太宗下劉繼元于并州眞宗禦契丹于澶州宜立原廟三州以昭遺烈據此則遂州係指滁并澶三州而言遂字不誤張氏後一說訓遂爲每是也　吳氏蘭

修所加條記之語足與張說相輔則亟爲搜羅嘉興府縣沿革嘉興縣注云表以惡名曰囚拳張氏云觀第六頁景物由拳條作囚倦未知孰是吳氏云按寰宇記作囚倦是也

車氏持謙許氏瀚所校碑目之書皆與紀勝有關則並爲登載顧氏千里序車氏所刻碑目云予嘗得孫淵翁趙晉齋兩家寫本又據殘闕紀勝原書就所存之卷逐一讐校乃始補其脫者共若干行正其誤者幾不勝枚數上元車明經秋舲從予傳其副復屬其同邑友陳君仲虎覆勘再三以付棃氏許氏跋鈔本碑目云此袁壽階傳鈔錢

竹汀校本以贈黃小松者也近有刻本其譌誤轉多須持此校之今按刻本與鈔本不同者甚多茲全載於校勘記中其是非得失閱者當自識之其諸家按語所未及則核以羣書凡地志在紀勝以前者如元和志寰宇記九域志輿地廣記之類實紀勝所本在紀勝以後者如方輿勝覽多沿襲紀勝之說一統志方輿紀要每引用紀勝之文其詳略異同足資校訂以及史傳說部詩文集可以補脫正譌者並爲條舉臚陳其未有顯據者則存以待考亦疑事毋質之義爾紀勝原書之體例最爲謹嚴每卷分十有二門而亦時有增益故縣沿革之後間有載羈縻溪洞州縣城塲者柳州雅州黔州皆有羈縻

州邑州州有溪洞州州縣瀘州州有樂共城融州有沛溪場樂善州亦有載監司宗司軍帥沿革者福州泉州皆有監司宗司沿革鎮江府建康府江州鄂州上利州皆有監司軍帥沿革臨安府紹興府池州饒州隆興府撫州贛州眞州泰州衡州常德府廣州韶州靜江府象州梧州建寧府嘉定府潼川府遂寧府資州重慶府興元府皆有監司沿革江陵府上金州皆有軍帥沿革今按嘉興府慶元府皆有市舶司安慶府有淮西提刑司蘄州有榷茶場和州有提舉司依全書之例各條之前皆當有一監司沿革一行風俗形勝之前有載歷代宮苑殿閣制度者建康府在南宋時爲陪都之地置行都留守故特設此一門亦猶臨安府在當時爲行在所其宮闕殿等門皆他卷所無也四六之後有載續志攷訂境土故疆者長寧軍修續志時象之爲郡文學故備述己所攷訂者列於卷末是皆因地制宜爲此變通之法固非自紊其例也若夫縣沿革門或附

鎮茶陵軍縣鎮門載永安鎮霞陽鎮茶陵鎮鎮舡場鎮注云縣沿革與軍沿革同官吏門或分上下或分牧守令佐臨安府鎮江府隆興府揚州廣州官吏皆分上下江陵府下官吏牧守爲一門令佐爲一門紹興府建康府甯國府徽州襄陽府官吏亦分上下官吏下皆注令佐或附封建或附遷客避地寓客過客永州官吏門注云封建附袁州官吏門注云封建遷客附新州官吏門注云皆遷客也潯州高州合州官吏門皆注云遷客附昭州官吏門注云遷客避地附柳州官吏門注云遷客寓客附德安府金州官吏注云寓客附藤州官吏注云遷客過客附人物門或附遷客南康軍辰州或附耆老昌化軍或附烈女江陰軍仙釋門或附神徽州隨州福州邵武軍普州重慶府南平軍或附神異廣德軍德安府或附隱士滁州或改仙釋爲道釋昌化軍長甯軍或有仙而無釋萬安軍碑記門或改稱碑碣建康府或

改稱碑刻房州或改稱記錄文長甯軍詩門或分上下揚州岳州峽州漢陽軍郢州廣州靜江府梧州潼川府興元府利州閬州洋州劍門關或分各類揚州岳州峽州廣州詩各分上下之外揚州又有懷古詩岳州又有岳陽樓詩洞庭湖青草湖詩君山詩峽州又有楚塞樓詩廣州又有越王臺詩五羊菖蒲澗仙詩峽山寺詩他如臨安府嘉興府等卷之詩不分上下而別立門目者其類甚多若泉州洛陽橋詩注云諸橋附則是分類之中仍有附錄更變例之尤者矣古迹與仙釋或併爲一門大安軍官吏與人物或併爲一門德慶府茂州大甯監大安軍亦不過偶有參差未能畫一於大體究無損也至於所載事跡有不合列於景物者常州神君紹興府一邱二元皆當列於官吏瑞州八行科江州三隱揚州三魁五雋高郵軍四學士皆當列於人物建康府青溪姑南康軍窮神皆當列於仙釋有不合列於古迹者

池州宋齊邱增賦當列於風俗形勝撫州杯山三聖當列於仙釋有不合列於官吏者信州麗籍楊億當列於人物池州三賢壁記當列於壁記有不合列於人物者南康軍五賢堂當列於古迹常州豐稷賀州岳飛金州裴瑾季康張仲方皆當列於官吏有不合列於仙釋者隆興府葛仙壇葛仙山王喬壇應聖宮十二眞君宅麻姑觀建昌軍麻源郴州武丁岡茶陵軍赤松壇彌勒山大悲山辰州鬼葬山皆當列於古迹有不合於碑記者歙州折絹本末當列於風俗形勝澧州柹木成太平字當列於景物有不合列於詩者瓊州詩門引虞衡志翠尖浮半空當列於風俗形勝且有前後重出者未盡刪除嘉興府仙釋門有師夏氏又有寶安禪師有朱涇船子禪師又有船子和尚核其事跡彼此全同其爲重出無疑餘仿此彼此互見者未盡符合廣州景物下觀音院注云盧肇有詩詳見詩門今考詩門未載盧肇此詩建寧府風俗形勝門西山之爽注云見紫霞洲注今考景物下紫霞

洲注未言西山漳州景物上湯泉浮山注云見西江下景物下瑞泉堂注云見閩中道院下今考景物上西江注未言湯泉浮山風俗形勝門閩中道院注未言瑞泉堂瀘州景物下觀音巖注云詳見崇德廟記今考景物古迹仙釋碑記等門皆未載崇德廟記

欵式懸殊者未盡更正

撫州監司沿革提舉茶鹽常平司條下象之謹按云云衡州監司沿革荊湖南路提點刑獄司提舉常平茶鹽司條下皆有按國史云云金州軍帥沿革金州都統司條下朝野雜記云云俱係單行大字依全書之例當作雙行小字思州碑記門縉紳馮先生作夏總幹墓誌云云亦係單行大字車氏持謙云與通篇體例不符疑原本有誤

時代錯雜者未盡清釐

按全書之例官吏皆序時代臨安府官吏下陳渾上當有漢字虞翻上當有吳字房琯上當有唐字秦少游上當有國朝二字他皆仿此又按全書之例人物叙時代而仙釋不叙時代蓋仙釋之時代多荒邈難稽其可考者甚少故不復細爲分析其有叙及時代者蓋沿地志之舊文未經刊削耳

此則百密之一疎不無遺

慽自序所謂書品浩繁非一家所有隨假隨閱故編次之序未能盡歸律度者亦自覺其有未安耳然而校勘古人之書者當識其大綱而不必苛求小失今於細故之無關體要者第就初見發其凡俾由此可以類推而其餘則不復毛舉臨安府風俗形勝門兩引白樂天冷泉亭記其中末間以它篇依全書之例次條當言同上而亦重述人名題目者蓋刪掇地志舊文未及審覈耳又景物上上湖下湖注云餘杭縣南五里有丨丨西二里有下湖依全書之例注中下湖二字亦當作丨丨此蓋編輯時偶失檢耳後凡類是者當以此意求之以免繁瑣之弊焉

道光丁未十二月儀徵劉文淇識

輿地紀勝校勘記目錄

輿地紀勝校勘記卷一　兩浙西路

卷一　行在所

行在所

爲中興駐驆之地　按下文引中興小歷云可移蹕臨安府又云駐蹕建康又云至臨安府駐蹕則此句驆字亦當作蹕至於驆字始見於字彙補注云見釋典而於古書無徵蓋後出之俗字也下文云州治駐驆越州驆字皆當作蹕

既已申固邊圉　按書禹貢西傾朱圉漢書地理志所引圉作圄注云圄讀與圉同此句之邊圄卽邊

圍之異文耳

宮闕殿

大內　茅屋才三楹　按說文云才艸木之初也據此則才有初義故古人言才者與後人言纔相同此句才三楹猶言纔三楹耳

德壽宮　係年錄云　按李心傳之書名繫年錄紀勝引繫年錄者甚多此句係字乃繫字之誤下文太學注待漏院注御營司注六部架閣庫注同文館注引係年錄者仿此卷三官吏門洪皓注引系年錄系字亦繫字之誤○有金林擒　按上文云

有古柏有荷花下文云有郁李有木犀所言皆係花木則此句林擒當作林檎爲是

宗廟

景靈宮　曹寶臣　按寶臣卽曹瑋之字上文趙普曹彬諸功臣並稱其名瑋爲彬之子而獨稱其字者避孝宗舊諱後凡稱曹瑋爲曹寶者仿此

郊社

圜壇、言者爲南渡以來　按爲當作謂

臺閣

國史院　紹興中秦檜以監修兼提舉二十六年五

月並命沈該万俟卨二相始領焉　按以上下文義考之領上當有分字

宮觀廟宇

顯應觀　則東漢之字不稱名而玉亦不同者避孝宗諱後凡稱崔瑗爲崔子玉者仿此　按子玉卽崔瑗

院

待漏院　於行宮南宮外　按下宮字當是門字之誤

所

玉牒所　奉安於天禧殿聖相天尊大帝之西　按宋代尊軒轅爲聖祖天尊此句聖相當是聖祖之誤

三衙

侍衞步軍司　見必執挺趨庭　按挺當作梃

館驛

都亭驛　大凡到闕朝見射射朝辭密賜　按上文云赴玉津園燕射此句射射當是燕射之誤

卷二　臨安府

府沿革

守杭州　按此句以上原本闕三頁以下文所言及他卷之例推之當是臨安府沿革

縣沿革

錢塘縣　陳正明中置錢唐郡　按禎明本陳後主年號此作正明者避仁宗諱後凡改禎明爲正明者仿此○又元和志引劉道眞錢唐記云昔邑境遍近江流　按元和志二十五作昔州境逼近海縣此句遍字當是逼字之誤

於潛縣　闞駰十二州志　按闞駰之書係十三州志此句三字乃二字之誤

鹽官縣　正觀四年　按貞觀乃唐太宗年號此作

正觀者避仁宗嫌名後凡改貞觀爲正觀者仿此

風俗形勝

白樂天冷泉亭記　按上下文兩引白樂天冷泉亭

記其中未閒以它篇於例當言同上而此重述者

蓋刪掇地志舊文未及審覈耳後凡類是者當以

此意求之

然於吳爲一都會　按吳下當有越字

景物上

鼇亭　唐正元初　按貞元乃德宗年號此作正元

者避仁宗嫌名後凡改貞元爲正元者仿此○縣合盧鵬創亭　張氏鑑云宋本作鵬影抄者誤作鵩然鵩字似不宜爲名姑俟考

上湖下湖　餘杭縣南五里有｜｜西二里有下湖　按以全書之例推之下湖亦當作｜｜此蓋編輯時偶失檢耳後凡類是者當以此意求之

西湖　出北山達於大拂頭　按方輿勝覽卷一蘇公隄注拂作佛是也

西巖　洞有水一日潮再至　一統志一百七十三洞有作其○與江潮候相應　一統志江作海無候字

○白樂天詩云　一統志作白居易詩

杭印　白樂天詩序云余去年脫杭印　張氏鑑云杭印一條不可通似有脫誤　按以樂天集考之此句下云今年佩蘇印蓋言先爲蘇州刺史後爲杭州刺史杭印蘇印卽二州刺史之印非有脫誤也

吳山　寰宇記云有吳山泉在吳山北寒泉　按寰宇記九十三下泉字下有逆溢二字是也

浙江　浙江出黝縣南率中　張氏鑑云黝疑是黟之誤　按據上文此句係山海經注之文今本正

作黟與張說合率作蠻下同○取其曲淅爲名

按淅當作折

海潮　故所以一日午時　張氏鑑云故所故字當

作此字

物下

虛白堂　羅隱虛白堂牡丹詩云莫背闌竿便相笑

張氏鑑云竿字乃宋本原誤

四照閣　羣山繞湖　百里　張氏鑑云十疑千之

誤○碧筍四插明鏡緣　張氏鑑云緣疑綠之誤

上天　往上天竺焚香是以爲例　按方輿勝覽

是作因是也

九里第　文臺爲作｜｜｜以報之　按據上文此句係寰宇記之文寰宇記上文有孫文臺微時之語紀勝所引既有刪節則此句文上當補孫字

又按寰宇記報作貺

百尺浦　越王起百丈樓於浦上以　海因名　張氏鑑云　尺浦尺字與注中丈字疑有一誤

衣錦山　蘇軾詩云應笑武都山下土枉教明鏡徇佳人　張氏鑑云徇字疑有誤　按蘇集徇作殉是也

石鏡山　如鏡之鑑昒　張氏鑑云昒當作物宋本已誤

石屋洞　有石屋同　按同當作洞

江漲橋　東坡杭州故人信吾齊安詩云　按東坡集吾作至是也

虎跑泉　在廣福金書院　張氏鑑云句疑有誤○東坡有詩見後　按東坡集有虎跑泉詩下文詩門有闕頁此詩未載當在闕頁之中

龍蛻洞　獲龍骨數檐　張氏鑑云檐當是擔宋本原誤

楊梅塢　百韻有丨丨丨詩　按下文總臨安府詩注云錢塘百韻楊蟠作東南百韻王化基作此條所言百韻當在二者之中

靈隱寺　本號稽留山又有女兒山　按據上文此二句係寰宇記之文寰宇記又有作俗謂之

徑山寺　雪窗循兎元不死　按據上文此句係蘇詩之語東坡集循作馴此作循者避理宗嫌名

陽陂湖　唐志在富陽正觀十二年縣令郝其開　按唐志其作某是也

仙姥岩　以千錢與餘杭姥求古酒　張氏鑑云古

字疑有誤　按據上文此句係神仙傳之語神仙傳及方輿勝覽引神仙傳古皆作沽是也○又郡有黎花酒　張氏鑑云黎當作棃

古迹

夢謝亭　按謝靈運晉時會稽人也出不宜子息　按據上文此二句係晏公類要之語方輿勝覽出作世是也

伍子胥廟　解劒以折漁父　按折當作祈○措國疆盛　按疆當作彊

羅隱墓　丞相沈菘誌其墓　按下文碑記門菘作

崧

官吏上

袁仁敬　詔諸王御史以上　張氏　通鑑御

上當有及字

沈文通　名犯高宗廟諱以字行　按高宗諱構沈

文通名遘此以字行者蓋避嫌名而追改也

官吏下

陳渾　按全書之例官吏皆序時代此條注云後漢

熹平間爲餘杭令則陳渾上當有漢字

虞翻　按虞上當有吳字

房琯　按房上當有唐字

羅隱　說吳王鏐　按吳下當有越字○乃梁正明三年　按貞明乃後梁末帝年號此作正明者避仁宗嫌名後凡改貞明爲正明者仿此

秦少游　按秦上當有國朝二字

毛滂　澤民爲法曹椽　張氏鑑云椽當作掾

人物

褚遂良　魏證白見遂良　按魏證卽魏徵此作魏證者避仁宗嫌名後凡改魏徵爲魏證者仿此

錢鏐　石監山曰衣錦山　張氏鑑云監當作鑑或

鏡徑　按上文景物下有石鏡山注中引唐志有石徑山之名張說本此

錢惟演　任至使相　按任當作仕

潘閬　得之遂囊其骨以歸吳中　按上文云逍遥與道士馬德之居錢塘疑此句得之當作德之

徐復　賜冲晦處士　按上文林逋注云賜號和靖先生此句賜下亦當有號字文義始明

盛度　仁宗時爲參政樞度常家居圖書未嘗釋手　張氏鑑云據宋史樞下當有密字

仙釋

晉葛洪　按全書之例人物叙時代而仙釋不叙時代蓋仙釋之時代多荒邈難稽其可考者甚少故不復細爲分析其有叙及時代者蓋沿地志之舊文未經刊削耳後凡類是者當以此意求之

傅大士骨　爲善慧曰我昔嘗與汝於毗婆尸佛所發誓願　張氏鑑云爲當作謂

通慧大師　太平興國入見　按太平興國乃太宗年號國下當有脫字○奉詔撰太宗高僧傳三十卷　按太宗當在詔撰之上

辯才法師　沒而蘇轍撰碑蘇轍書　張氏鑑云下

輙字疑是輒字之誤

能萬卷　生常竊笑之　按下文言諸生者三此句生字上當有諸字

碑記

隱士郭文碑　湖州刺史孫彭立　抄本輿地碑目孫作孔

天竺靈隱二寺記　寺記陸鴻漸文僧遵式立　抄本碑目僧上有又字　按此涉文字而衍

西湖石函記　唐史長慶四年白居易文　碑目無史字抄本有

說佛尊勝陁羅尼呪　碑目說佛作佛說抄本作說佛

唐龍興寺碑　盧季詢書　抄本碑目詢作恂

華嚴元覺法師碑　抄本碑目覺作覽　按下文有元覽法師碑此碑褚廷誨書後一碑褚庭誨書庭與廷覺與覽字形皆相近蓋本一碑而重出耳

皐亭神祠碑　抄本碑目脫碑字

唐徑山禪師碑　崔元翰李吉甫詞　抄本碑目翰作輪李作季誤

前縣令李復碑　秘書郎蔣志文　抄本碑目蔣作鄭誤

唐嵩嶽大師影堂記　抄本碑目大作太誤

淨明院功業碑　錢肅王書　碑目肅上有武字抄本無

吳越王生祠碑　孝淇撰　抄本碑目淇作湛

錢塘龍王廟碑　錢塘有湖廣潤龍王廟　碑目湖作胡抄本無有字

觀音尊聖幢　抄本碑目聖作勝

貢院前橋柱　歲在辛卯造　碑目歲在卯下抄本與紀勝同○次年戊辰乃自稱年號曰天寶元年則天寶元年辛未乃梁之乾化元年也　抄本碑目元年

作四載　按戊辰爲元年則辛未當是四年上文云時天寶四年歲次辛未則元年辛未必四年辛未之誤惟唐之天寶自三年以後稱載而吳越之天寶未聞稱載不必改年字爲載矣

杜太師稜築城記　在新城縣　碑目無縣字抄本有

龍興寺華嚴經社石記　碑目社作杜　抄本碑目無社字記作紀誤

元覽法師碑　以開元二十三年　抄本碑目三作五

總臨安府詩

餘杭十絶　有石詩在靈隱寺　張氏鑑云石下疑脫刻字

餘杭形勝世　按此下原本闕一頁據方輿勝覽引白居易詩餘杭形勝世間無州傍青山縣枕湖云云紀勝所載疑卽此詩

深方干　按此上原本闕一頁據方輿勝覽引方干旅次錢塘詩此地似鄉國堪爲終日吟雲藏伍相廟樹引越山禽潮去海人散鐘遲秋寺深云云紀勝所載疑卽此詩

繚繞峯巒浮野色參差樓閣起晴煙潮光　按此下

原本闕一頁

潮東行不足綠楊陰裏白沙隄同上　按此下原本闕

一頁

潘閬億餘杭詩　按億當作憶

跬步成契闊□□　按此下原本空兩格蓋脫去撰人

環佩空□桃花源　按據上文此句係蘇詩東坡集

空格是響字

蘇軾書林逋詩後家　張氏鑑云注中家字疑誤

按東坡集此題無家字當是衍文

秖應天下有此景人間雖有難與同　張氏鑑云下

當作上

潮詩

江出正來潮　張氏鑑云出字疑誤　按據下注此句係張祜詩出字乃白字之誤

劉文房送人攝掾　張氏鑑云掾疑是篆之誤　按唐時尚未稱攝職爲攝篆此句掾字當是掾字之誤

更看銀山二十面蘇軾　按東坡集面作囘與來堆爲韻作面者傳寫之誤

萬人鼓躡懾吳儂猶似浮江小阿童蘇軾　按東坡集

躡作噪是也

涼翻簾幌潮聲過清入琴聲樽雨來　張氏鑑云清

入句疑有誤

四六

閶闔舊俗　按閶當在闔上

卷三　嘉興府

府沿革

及定公元年越及吳平　按以上下文及左傳考之

定字當是哀字之誤

吳文穆王元瓘　按吳下脫越字下文風俗形勝門

吳文穆王吳下亦脫越字

縣沿革

嘉興縣 表以惡名曰囚拳 張氏鑑云觀第六頁景物條由拳作囚倦未知孰是 吳氏蘭修云按寰宇記作囚倦是也 按寰宇記九十五云秦始皇見其山有王氣出使諸囚合死者來鑿此山其囚倦並逃走因號爲囚倦山因置囚倦縣吳說得之

風俗形勝

父老傳正吳越分疆之地 按傳上疑有脫字下文景物下永新鄉注與此條同亦疑有脫字

景物上

崑山　在華亭縣西二十三里　一統志四十西下四有北字里下有長谷之東四字○因生機雲皆負辭學　一統志作機雲兄弟皆有辭學○人以玉出崑岡　一統志以下有爲字○因而名焉　一統志作故名

柘湖　有山生柘故名　一統志山上有小字柘下有樹字

石魚　許尚百韻有詩　張氏鑑云韻當作詠　按下文百韻詩注云張堯同及許尚皆有嘉禾百詠

詩張氏蓋據此而言

景物下

橫雲山　唐天寶六年改名　一統志年作載

天星湖　舊傳亦係秦始皇掘地爲冰之所水草不生　張氏鑑云爲疑藏之誤

唳鶴亭　此事恐在晉書陸機曰華亭鶴唳可得聞乎　張氏鑑云恐字疑誤

思魯堂　以魯簡肅公宗道作邑於此　一統志一百七十五邑作宰

細林山　天寶六年改名　一統志四十四年作載

陸寶山　本陸氏山　一統志山上有家字

金城山　一統志城在山下　按注云昔周康王東遊鎮大海遂築此以爲名則城字當在山字之下

曰龍洞　下通殿山湖　一統志殿作澱

金魚池　得金鯽魚於此　一統志一百七十五無魚字

鹿苑寺　初宰此邑　一統志此作是○後竟[illegible]大政位矣　一統志作後果參大政

秦望山　又九州要云　張氏鑑云要下當有記字

學繡堰　舊傳西施學繡於此故名今名——訛也　張氏鑑云注中——疑有誤

福嚴院　賜眞覺大師志添金環磨衲袈裟一條
張氏鑑云志添二字疑有誤
淨土院　在嘉興縣三十六里　張氏鑑云縣下有
脫字
棲眞觀　二蹇子虔水　張氏鑑云蹇當作展
演教院　遂爲施水菴　張氏鑑云水字疑誤
將軍堰　晉左將軍袁崧置此　一統志四十四崧作
山松
古迹
由拳縣　其囚倦逃去因號爲囚倦山因置囚檇

縣　張氏鑑云觀此則倦又作權　吳氏蘭修云寰宇記與此說同彼正作倦　按說詳上文縣沿革

晉何后宅　晉何準居焉　一統志一百七十五焉作此○乃生女　一統志乃作準適○他日復夜啼　一統志無夜字○乃穆帝立準女爲后之日也　一統志無準字也字

顧野王讀書堆　海鹽縣東有顧亭林　按下文引東坡顧林亭詩此句亭字當在林字之下

官吏

唐蘇籥　在官簡志　張氏鑑云簡志二字疑有誤

唐李鍔　按上文蘇籥上有唐字此處唐字當是衍文

周顒　按周彥倫係齊人其初隱北山旋官海鹽令則在宋時周上當補宋字移至上文唐蘇籥之前

宋昭年　宣和二年盜發叢州之淳安　按宋宣和初年淳安屬睦州此句叢字乃睦字之誤

唐堯封　奉詔舉秀州教授——　按授下仍當有——蓋————郎唐堯封三字也

洪皓　公遣吏鎖津柵　按以上下文推之公當作

皓

人物

陸抗　字紡節　張氏鑑云紡當作幼　按三國志陸抗傳正作幼○策之外孫也　按策上當有孫字

陳顧野王　顧林亭野王所居也顧野王梁大同中爲黃門侍郎　按下顧字係衍文

唐徐岱　觀察使李栖均欽其賢　張氏鑑云均當作筠　按改筠爲均者避理宗諱後凡改李栖筠爲李栖均者倣此

邱爲　不可在喪爲異　張氏鑑云在上疑脫以字

陸贄　後爲裴延陵所譏　張氏鑑云陵當作齡

按以新舊唐書通鑑及宣公集考之張說是也○

則宣公疑華亭居　按居當在華上

仙釋

師夏氏　張氏　師夏氏當作寶安禪師下寶安條當刪　按注云自寶安禪師住北岳五臺觀親運土石以立之師夏氏蘇州常熟人壽八百一十八歲下文寶安禪師注云蘇州常熟人住五臺院壽八百一十八歲兩條事跡全同其爲重出無疑

至於注中師夏氏之語蓋謂禪師姓夏氏非此僧以師夏為號也正文自當作實安禪師不當作師夏氏張說是也○深 宋旨 按宋當作宗

船子和尚 華亭｜｜｜ 按上文朱涇船子禪師注云華亭人與此條所記地名僧名皆同顯係一僧而前後重出惟此條載其自作之偈上條載張天覺所作之詩事跡尚不複耳

碑記

秦始皇碑 九州要云 碑目要下有記字是也抄本無○在嘉興縣 碑目縣下有地字

六里山石刻　日惟壬寅朔　抄本碑目壬寅二字係空格○石簀神遺忽自開發　碑目簀作簣遺字係空格　抄本碑目簀作簣　張氏鑑云遺當作匱　按類篇集韻訓簀爲箱類與匱義相近張說得之○拾得靑玉璽蔣文　碑目蔣作篆是也

○昊直皇帝　碑目直作眞是也

秀道者塔碑　今有塔銘存焉　碑目存作在抄本作存

周氏墓碑　海鹽縣齊景鄉　碑目無縣字抄本有

齊景公廟碑　在海鹽縣齊景鄉　抄本碑目鄉下有也字○海鹽縣齊景鄉　抄本碑目景下有公

字

曹史君廟記　張氏鑑云史當作使下文高史君廟記史亦當作使

寶雲寺碑　碑目寶作法○新𢪛清雲禪院記　碑目清作法○二僧夢云　碑目二作一抄本作二○明旦求之　碑目旦作早抄本作旦○慶歷八年記云　抄本碑目六作大誤

天慶觀碑　掘得二小石刻其一北極殿記知州宋坦雍熙三年記并銘解九皐擬徐鉉茅山許長史并銘爲之　碑目其一至并銘在爲之下抄本與紀勝同

按以文義核之當從碑目爲長

石篆書三十六字　張氏鑑云六當作八　碑目六作八抄本作六　車氏持謙云此碑疑即六里山石刻因係原文不敢輒改故仍之　按上文六里山石刻注云在海鹽刻云天冊元年此條注云旲歸命侯天冊元年刻在海鹽之六里鄉時地皆同其爲一碑無疑上條載其全文確係三十八字則此條六字必八字之誤無疑張氏車氏之說皆是也

開元宮梁朝繪七寶上帝像　乾道中開齋堂掘得二小石刻其一北極殿記知州朱坦記　抄本碑

目齋作齊坦作垣　按此事已見上文天慶觀碑條下亦係重出

嘉禾志并詩　郡守張元成序　抄本碑目成作城

雲間志　華亭令楊偕編　碑目偕作潛抄本作借

詩

陽文公大年寄劉秀州　按方輿勝覽卷三陽作楊是也

張伯玉詩越假道題月波樓贈令狐史君　張氏鑑云越與史皆當作使

今而何處不荒蕪　張氏鑑云今而當作而今

四六

擬作　按但言擬作不著姓名

卷四　安吉州

州沿革

秦始皇滅越徙越人於此　張氏鑑云徙字下宋本空一字

亦爲故障郡之地　按史記漢書有鄣郡無障郡此條注引杜佑通典云鄣吳興郡之西境則障郡必鄣郡之誤

按三國志朱育對濮陽興云　按朱育之對濮陽興

見三國志虞翻傳注此句志字下有注字

令吳郡陽羨永安餘杭臨水　張氏鑑云令當作今

風俗形勝

雷澤在州東三十二里一名笠澤一名具區藪　按雷當作震

黟歙之遺愛尚在　張氏鑑云在當作存

時學者方尚辭章而湖學猶以經義時務聞　按猶當作獨

吳興新錄　張氏鑑云新錄疑雜錄之訛　按下條卞山峻極注引吳興雜錄下文碑記門有吳興雜

錄無吳興新錄張說是也

非清秋爽月不見其項　張氏鑑云觀下一條注云

非清秋爽氣不見其項則此條爽月似當作爽氣

○常有黃氣紫雲居者　按此句疑有脫誤

張元之吳興山墟銘云　張氏鑑云銘似當作名

按下文景物上顧渚金山等條注亦引山墟名張

說是也○徐陵李義寺碑云　張氏　李義當

作孝義　按下條注正作孝義寺　物上

卞山條注亦然張說是也

成韻海鏡元五百卷　張氏鑑云鏡元似當作鏡源

後亦作鑑源三百六十卷　按唐書藝文志亦作

韻海鏡源張說是也

景物上

堯市　堯市人稀紫荀多　張氏鑑云荀當作筍

卞山　周處風土記云　張氏鑑云處字宋本脫去

封山　元和志云卽家語謂封嵎之山防風氏之國

也　按元和志二十五謂作云是也

銅山　括地志云□採鄣山之銅　按寰宇記九十四

引括地志空格係吳字

桂棚　見杼山下　按下文杼山注云昔夏后杼南

遊之所則柠當作杍影寫者因形似而致訛耳
杍山　於此撰韻海鏡元　按元當作源說詳上文
風俗形勝
戍山　又梁太守張嵊與州人御史中丞沈俊　按
據梁書張嵊沈浚傳此句俊字乃浚字之訛
雷澤　即舜漁於雷者是也　按雷下脫澤字
隱塢　梁陶洪景　按陶隱居名弘景此作洪景者
避宣祖諱後凡改陶弘景爲陶宏景者仿此
五湖　東連嘉興非一溪水　按以上文考之此句
乃虞仲翔川瀆記之語指太湖而言今檢卷三嘉

興府無非一溪而有韭溪注云虞仲翔川瀆記云太湖東通嘉興韭溪水據此則此句非一兩字乃韭字之誤
青山　張元之山墟云　張氏鑑云墟下脫名字
烏亭　在烏程之昇山　一統志之作縣○王羲之所造　一統志所造作建
章浦　後果生章皇后　張氏鑑云章皇后係陳高祖之后章上當補陳字
景物下
銷暑樓　滕宗諒上范文正公書詩岳陽樓記曰

張氏鑑云書詩二字疑有誤　按文正作岳陽樓記係應滕宗諒之請此句詩字疑請字之誤

射雁堂　正撫然不樂　按撫當作憮

東林山　上有祇園寺頃有浮圖　張氏鑑云頃當是項　按下文祇園寺注正作項

獨松嶺　張氏鑑云獨松宋本作獨杜不知何人以墨筆改之　按注引繫年錄載宗弼之語證以宋史正宗弼過獨松嶺之事改獨杜爲獨松者是也

○元顏宗弼　按完顏乃金之國姓此作元顏者避欽宗嫌名後凡改完顏爲元顏者仿此

八聖寺　沈子眞居宅　一統志沈上有梁節度使四字○捨爲寺　一統志作一夕堂下有八龍升空遂捨爲寺○武帝賜今名　一統志無今字

九乳山　在西南三十一里　張氏鑑云西南上有脫字　按據方輿紀要一九十山在湖州府西南今之湖州府卽宋之安吉州此句西南之上疑脫州字

飛雲山　寰宇記在長興二十里　按寰宇記長興作縣西

明月峽　張文頳詩曰　按下文紫筍茶注云唐張

文規有詩焉疑此句文頼乃文規之誤

泛金溪　在歸安縣孔子吼寺　張氏鑑云孔當作

獅

龍目峴　寰宇記云在長興縣西北一百二里　張

氏鑑云二下似落十字　按寰宇記無十字

馬頭塢　詔遣西中郎將趙引　按以上文考之此

句係寰宇記引晉書之語趙引作趙宏

黄龍洞　蘇軾有刻　張氏鑑云此句有脱誤

孝鵜墓　長離仰天號切　按寰宇記述孝鵜事云

長雛仰天號絶此句離字必雛字之誤

邸閣水　鱗甲樞泳　按據上文此句係寰宇記之語極字乃涵字之誤

古迹

何氏書堂　山與道場山相接　一統志山與上有何字

蘇公潭　蘇瓌丁題爲烏程尉　張氏鑑云題當作頲

阮公溪　選爲乘轉采女　張氏鑑云乘轉字未解　按據上文此句係寰宇記之語彼處無乘轉二字而此獨有之必衍文也

官吏

陸納　外日宜裝幾船　按據晉書陸納傳曰當作白

袁湛　按袁上當有宋字

張岱　按張上當有齊字

蔡撙　按蔡上當有梁字

顏眞卿　著韻海鑑源三百六十卷　按鑑當作鏡說詳上文風俗形勝

唐韋承慶　按韋承慶乃唐初之人于頔薛戎顏眞卿皆在其後故姓名上加一唐字此條當移至上

文于頤之上

沈憲　按憲雖南齊人而其官烏程令則在宋時當移至上文袁湛之後下文劉秀之江秉之皆係宋人亦當仿此

孔琇之　按琇之係齊人當移至上文袁昂之後

文同　按同係宋人文上當補國朝二字

孫覺　其他刻畫皆刻於墨妙亭　張氏鑑云兩刻字有誤

趙嵎　宣和爲德清令　張氏鑑云宣和下有脫字

人物

裴子野　著諸侯略　張氏鑑云諸侯略疑宋略之誤

唐徐聃　按據唐書徐齊聃傳此句聃字上當有齊字下文徐氏注云弟齊聃是其明證

徐堅　張城人　按據唐書徐堅傳張當作長唐時湖州有長城縣無張城縣也

俞汝尚　御史員缺召至都以疾辟爲青州僉判致仕歸　張氏鑑云辟字當是辭字之譌

劉遴　貶琦顗監當　張氏鑑云監當二字疑誤

按以上文考之此句係東都事略之語今考事略

劉逖傳正作監當蓋監當乃宋時監稅之稱非有誤也

劉士英　目乙巳冬丙午秋城中食盡　張氏鑑云丙午上疑脫至字

葉夢得　築屋汴山　張氏鑑云汴字似當去水旁　按上文景物上無汴山有卞山張說是也

劉韐　其時策問神宗實錄韐對曰秉史筆者權猶將也雖君命有所不受而況其他乎史筆爲第一　張氏鑑云下史筆二字有誤

徐氏　按全書之例列女附人物之末仍各冠以朝

代此條徐上當有唐字○齊聃聃之子堅　張氏鑑云齊疑是徐之訛　按齊字不誤說詳上文

碑記

敕天下放生池碑　肅宗乾元二年　碑目二作三抄本作二○池上之碑　抄本碑目脫池字

勅書褒戰功記　唐憲宗賜刺史辛泌　碑目泌作祕抄本作秘　按以唐書辛祕傳及通鑑考之當從碑目爲是○及慰問將士詔書　碑目詔誤作諸抄本作詔

文宣王新廟碑　鄭言撰并書蓋記刺史令狐綯作

抄本碑目蓋字係空格

射堂記　碑石訛缺不可考　碑目訛作刓抄本作刻

干祿字書碑二　乃楊漢公摹□其眞本以訛缺遂不復傳　碑目摹下不空格○尤爲可惜也　碑目無也字抄本有

湖州石記　碑目石作碑抄本作石○蓋顏魯公書也　碑目無也字抄本有

石柱碑　又斷碑二亦在皆顏眞卿書　碑目在作載無皆字

吾吳興太守謝公碑　僧道銑書　抄本碑目銑作

鋭○大曆七年建　碑目七作五抄本作七

太守廳官記　自晉王逸少泊陳任忠　張氏鑑云

泊當作洎

白蘋州五亭記　馬纘書　抄本碑目纘作續

湖州紀功記　紀刺史辛泌平李錡也　碑目泌作

祕抄本作泌　按作祕者是也說詳上文

吳文皇帝廟碑　碑目文作大抄本作文　按大帝即孫

權之謚吳時更無文帝當從碑目○唐安定中胡

季良撰大和立　碑目中在和下抄本與紀勝同

袁高茶山述　高爲刺史　碑目刺上有州字抄本無州

字

胡夫人墓銘　於景休撰　碑目於作于

斷碑二　碑目斷上有唐字抄本無○于僧翰書　抄本碑目干作于

唐大光和尙神異碑　碑目大作太下同抄本作大○在烏程法華寺　碑目程下有縣字下同抄本無

唐丞相李紳墓碑　在烏程裏山　碑目裏山作山裏　按上文古跡門李紳墓注云在烏程縣南裏山碑目作山裏非是

唐吳興邱氏墓碑　在烏程縣西霅水鄉琳谷　碑

目無西字抄本有西字淋作林

唐古山索靖廟碑　在烏程本廟　碑目程下有縣字抄本無

唐重置興國寺碑　抄本碑目置作買誤

唐永興寺冥道記　在歸安縣鹿苑寺咸通四年碑目年下有立字抄本無

崔祐甫銘崔植誥　碑目崔祐上有唐字抄本無○崔即唐相祐甫之後　抄本碑目即作郎誤

陳周[宏]報德寺碑　碑目[宏]下有正字是也

吳興雜錄　唐志張文槐撰　碑目槐作規抄本作槐

按唐志與碑目同

武康土地記 沈常撰 碑目撰作擬誤抄本作撰

餘英志 慶元中進士劉瞳撰 碑目瞳作疃

吳興詩 金大亮序 抄本碑目大作天序作月誤

吳興志舊編 教授周世楠撰 碑目楠作南抄本作楠

詩

須對霜風渡泫然 張氏鑑云渡乃淚之誤

欲知歸路處葦外記風檣東坡題賈莘老水閣 張氏鑑云賈字似當作孫 按東坡集此詩係題城南縣尉水亭另有過賈收水閣詩注云賈收字耘老與此書

作莘老者不同至於孫莘老水閣則蘇集無此題

也

輿地紀勝校勘記卷一終

輿地紀勝校勘記卷二　兩浙西路

卷五　平江府

府沿革

象之切意是時吳王夫差喜越之賂　按切當作竊

越王無强伐楚　張氏鑑云强當作彊

寰宇記謂楚成王曾孫考烈王其相春申君黃歇凡

自淮北更封江東　張氏鑑云凡字疑有誤　按

寰宇記九十一凡作乃是也

南唐升爲中吳軍節度　按注云輿地廣記及九域

志並云後唐升中吳軍節度此句南字疑後字之

誤蓋宋之平江府卽五代之蘇州其時爲吳越之地未嘗屬於南唐也吳越臣事中國故中吳軍之置或請命於後唐耳

縣沿革

長洲縣　寰宇記云吳大帝封長沙王果於此　按寰宇記無果字

崑山縣　輿地廣記云　按自此以下原本脫去六頁以他卷之例推之自各縣沿革以外尙有風俗形勝門及景物上之前半

景物上

可用圬鏝潔白如粉　按此條原本脫去標目下文云故亦曰白𥗊山又云吴越春秋云越王葬夫差於秦餘杭山卑猶蓋卽此山也景物下四飛山注云一名秦餘杭山一名陽山又云故亦名白墡山今考白𥗊山及秦餘杭山皆附見於注中四飛山又已别見疑此條之標目當是陽山　又按此條以前原本脫去六頁風俗形勝門全佚此門亦脫去前半據下文有景物下故知此門爲景物上耳

○故亦曰白𥗊山　按下文四飛山注𥗊作墡據廣韻集韻皆有𥗊墡二字其義則均指圬鏝之白

土而言故可通用

曲阿　張祐築室家焉　張氏鑑云祐當作祜

福山　步帥李捧嘗請斷吳江橋入　張氏鑑云入字疑誤

景物下

畫龍柱　畫龍集集其潤　張氏鑑云字書無集字集集當作潗潗潗潗字見上林賦及海賦水沸之貌也

四照亭　春海棠夏湖石秋芙蓉冬梅　張氏鑑云湖石疑湖目之誤湖目者蓮實之異名也

七檜堂　作此堂以佚老見其子淸臣至大官　張氏鑑云見字疑誤　按下文載范文正公詩有門中駟馬新之語則見字義本可通不必疑爲誤字也

梧桐園　任助述異記曰　張氏鑑云助當作昉

洞庭山　白樂天詩云一隻畫船何處宿　張氏鑑云以卷末詩校之一隻當作十隻後舸字當作船

按以樂天集考之張說是也

彈鋏巷　有馮瑗宅卽彈長鋏而歌於孟嘗門下者

張氏鑑云瑗當作煖

鳳凰山　又長洲縣西北於北山掘得石鳳　按寰宇記云長洲縣鳳凰山晉太康二年於此掘得石鳳凰據此則於北山當是於此山之誤

虎邱山　白樂天題云東武邱寺恠石千僧坐靈池一劒沉海當亭兩面山在寺中心白樂天詩云虎邱月色爲誰好娃宮花枝應夜開　張氏鑑云上云字當移寺字下下云字上當有又字

四飛山　可用堨汙　張氏鑑云汙當作圬○故亦名白墡山　按說詳上文景物上

百口橋　因以其居以名之　張氏鑑云下以字疑

衍文

古迹

吳王城　解舞細腰何處往能歌姹女逐千回千秋萬古無消息國作荒原人作灰　張氏鑑云上千字

辟疆　郡守贈詩有辟疆東晉日竹樹名園年代多更主池塘復裔孫之句　張氏鑑云按樹下脫一字

澹臺湖　在吳縣十八里　按據寰宇記吳縣下當有南字

言偃宅　吳地記云宅有井有監洗石　張氏鑑云寰宇記引吳地志云宅有聖井旁有盟盟北百步有浣沙石監字盟字均疑有誤

龜蒙宅　與皮日休唱和號杜陵集　按據下文人物門陸龜蒙注杜當作松

三高堂　季膺知衰晉之將亂　按膺當作鷹

昭靈侯廟　廟神乃唐曹王明太宗第十四子也　張氏鑑云弟當作第

要離冢　九域志云在閶門南城　張氏鑑云閶乃閶之誤

吳孫王墓　按陳壽志追封長沙威王　按三國志孫策追封長沙桓王此作威王者避欽宗之諱後凡改桓王爲威王者仿此○壽志及裴松所補

按裴松下當有之字

將軍袁崧墓　在橫山二里　張氏鑑云橫山下有脫字

官吏

鄧攸　吳人歌之曰況如打五鼓　張氏鑑云歌第一字右缺似係況字然況如二字不可解　按據晉書鄧攸傳況乃紞之誤紞如者打鼓之音也

楊發　按楊上當有唐字

王仲舒　不擾而辨　張氏鑑云辨當作辦○又仲舒爲天下政之最　張氏鑑云又當作故

白居易　三千石祿敢言貧　張氏鑑云三當作二

張長史　下筆愈奇嘗　張氏鑑云嘗字有誤

狄仁傑　新唐書仁傑傳文宗朝爲蘇州刺史以治最召擢爲給事中　按據唐書狄兼謨傳由蘇州刺史爲給事中係兼謨事非仁傑事此條正文及小注仁傑皆兼謨之誤

王贄　按自贄以下皆宋人贄上當有國朝二字

孫冕　新塗人　按臨江軍人物門孫冕注[illegible]　塗

人其官階事跡與此全同則新塗必新淦之[illegible]也

○大書□詩於廳事之壁曰　張氏鑑云詩上[illegible]宋

本原空　按臨江軍人物門孫冕注亦有此句空

格係一字

人物

范蠡　更憐夫予得西施　張氏鑑云予當作子字

後漢陸績　歸舟取輕不可越海　張氏鑑云取字

似有誤　按據唐書陸龜蒙傳取字乃裝字之誤

張翰　爲吳王曹椽　張氏鑑云椽當作掾○季膺

眞得水中仙　張氏鑑云膺當作鷹

陸長源　字詠　按舊唐書長源傳詠作泳之是也

歸崇敬　未至而哥舒亂廣州監察御史彈之請望祀而還　張氏鑑云彈當作憚　按唐書歸崇敬傳正作憚舒下有晃字

徐岱　李栖均敬其賢　張氏鑑云均當作筠　按此亦避理宗諱

顧少連　元友直在坐歡解之　張氏鑑云歡似當作勸　按唐書顧少連傳正作歡不必改爲勸也

陸龜蒙　驚破王孫全彈丸　張氏鑑云全當作金

戴[顒] 按[顒]係劉宋時人戴上當補宋字移至上文
梁偘之前
吳孫奇妻范姬 姬採刀割耳及鼻曰 張氏鑑云
採字疑誤 按據御覽四百四十引列女傳採字乃操
字之誤

仙釋

梅福 福去妻子 按以漢書梅福傳考之當作福
棄妻子去
王遠 後漢中散大夫得道過吳——家 氏鑑
云此——當作蔡經二字

威靈丈人　張氏鑑云威靈似當作靈威　按上文景物下靈寶經注正作靈威丈人張說是也○昔吳王常命｜｜｜｜　張氏鑑云常當作嘗

丁令威　古迹門有丁令威　按古迹門作令威宅

錢忠道　全家衣食一輪竿　張氏鑑云輪當作綸○遂以女妻忠　按忠下當有道字

晉支遁　見風俗門續志序下　按風俗門今佚

西土智積菩薩像　顯親崇報祥院　張氏鑑云祥當作禪○有孫覿智菩薩殿記　張氏鑑云智下當有積字

道元　纘佛祖訖近世名臣禪語爲傳燈傳三十卷

張氏鑑云臣字疑有誤

碑記

朱氏墓碣　自平始二年　碑目始在平上抄本與紀勝同

孟郊張祜留題　抄本碑目祜作祐誤○崀山古上

方　碑目崀作崑

畫龍記　唐李紳記　碑目無唐字

楞伽寺石記　在吳縣橫山下　碑目縣作輿抄本作縣

按吳興乃安吉州舊名與平江府無涉當作吳

縣爲是○旁有巨井石欄欄側有隋人記刻　碑

目二欄字皆作闌抄本作欄

興福寺記　在常熟縣西北九里唐寺記云　碑目唐作塘抄本作唐　按下文云既是唐碑姑存之當以唐字爲是

寶積寺塔　碑目塔下有銘字抄本無

顔眞卿虎邱詩刻　抄本碑目眞作正○吳門有清遠道士周恭子　碑目周作沈抄本作周　張氏鑑云周當作沈○抑二千年來矣　碑目無抑字抄本有

寶花寺碑　子謂等　碑目謂作渴誤抄本作渭

春申君廟記　張氏鑑云春申君　碑與上城隍廟

碑疑即一碑　按注云唐趙居正撰上文城隍廟唐碑注云其初春申君也唐碑具在○以天寶十載立在蘇州　碑目在作於（抄本碑目載作年）

皇甫湜顧況集序　鈎綿秀絶　全唐文（六百八十六）鈎綿作鈎號是也○嗯鮮榮以爲詞　張氏鑑云嗯字疑惚字之訛　按碑目嗯作噓（抄本作嗯）全唐文嗯作煦○李松已死　碑目松作杜（抄本作松）　按全唐文作李白杜甫已死

松江詩集　何接撰　碑目接作按（抄本作扳）

詩

琨山積瓊玉　按據注及上下文此句乃文選潘正叔詩琨山係崐山之誤

遠水帶寒樹閶門望去州　張氏鑑云州當作舟

臺荒麋鹿爭新草空苑鳧鷖占淺沙可憐國破忠臣死日月東流生白波許渾　張氏鑑云臺荒當作荒臺沙當作莎方與波字爲韻

錢起送陸贄擢弟還蘇州　張氏鑑云弟當作第

香徑難尋古蘚中　張氏鑑云古蘚當是苔蘚　按據注此係姚合送劉禹錫赴蘇州詩原文係古字不必改爲蘚

陸世衡對晉武帝　張氏鑑云世當作士

五茸春草雉媒驕陸龜蒙詩五茸詩王獵師茸各有名　張氏鑑云詩

當作吳王師當作所

謂問姑蘇何處所　張氏鑑云謂當作爲

綠楊淺深巷　張氏鑑云淺深似當作深淺

見姚氏殘話　張氏鑑云殘當作叢

吳江大湖笠澤虹橋詩

岸傍高士陸龜蒙羌雁會徵戀釣筒　張氏鑑云羌

雁乃羔雁之誤

巨區形勝甲江東　張氏鑑云巨當作具○石處雄

張氏鑑云處雄似當作處道
震澤雲浮天　張氏鑑云雲當作欲
却自姑蘇操小艇　張氏鑑云首句有欲自荆溪泛太湖此句却自疑當作却向○范致君　張氏鑑云致君疑當作致能

懷古詩

劒池石壁灰長洲芰荷香杜甫　按據杜集灰當作仄
楊乘吳中盡懷古　張氏鑑云盡字疑誤
溪月彎彎欲効嚬　張氏鑑云効當作效

則潁川河東　張氏鑑云潁當作穎○藝文類聚梁

子範表　張氏鑑云梁下當有蕭字

布政於五湖之外　張氏鑑云布政當作政布

卷六常州

州沿革

吳公子季扎之所居　張氏鑑云扎當作札下同

則當從寰宇記謂毗立後置諱　張氏鑑云謂當作

爲

宋明帝泰始二年　按宋明帝年號係泰始非秦始

秦字乃泰字之誤○而京口南徐專領於宗室而

袁標自據晉陵　張氏鑑云上而字有誤

壽陷于輔公柘　張氏鑑云柘皆當作祏　按以隋書唐書通鑑考之張說是也

縣沿革

晉陵縣　而隋改丹陵亦曰延陵　張氏鑑云丹陵當作丹陽

宜興縣　元和郡縣志云晉惠帝時妖賊石冰寇亂楊土　張氏鑑云此楊字亦當作揚　按元和志二十五正作陽

風俗形勝

人姓吉直　張氏鑑云吉字似誤　按據下注此句
係寰宇記之文寰宇記吉作質是也
更有杜牧之水榭李幼卿王潭　張氏鑑云王潭當
作玉潭　按下文景物下玉潭注云李幼卿有
别業在常州義興日丨丨丨張説是也

景物上

劒井　其略以謂胡文恭公爲副樞修簡公爲右丞
張氏鑑云謂當作爲
荆溪　東至陽羨入海　一統志[illegible]四十海作湖
神君　按神君之稱乃陳人以譽孔奐當在下文官

吏門孔奐注中不應在景物門內蓋編次之誤也

○孔換字休文　張氏鑑云換當作奐　按以下文官吏門及陳書證之張說是也

巨區　張氏鑑云巨當作具下凡云具區者皆同

景物下

五雲亭　唐刺史李栖均　張氏鑑云均當作筠凡用栖筠名皆當作筠　按作均者皆避理宗諱

章浦亭　臧緒晉書云　按緒上當有榮字

南嶽山　故皓切取此義　按切當作竊

西蜀里　過三疊板　張氏鑑云板當作坂

小姑城　在武昌縣西南六十里　張氏鑑云昌當作進

馬跡山　世傳秦王遊幸馬所踐　一統志王作皇

椿桂坊　太傅子曰宰曰宦曰宇同登大觀三年進士第而曰守登崇甯二年進士第　張氏鑑云而字疑衍

御亭驛　梁庾肩吾詩云御亭一面望國塵千里昏卽此也　張氏鑑云國字疑誤　按寰宇記面作回國作風是也

罨畫溪　瓊林花草聞前語｜｜｜山指後期　張

氏鑑云閈當作閘

古迹

太伯瀆　元和八年孟蕳所開　張氏鑑云蕳當作簡後同　按據上文此句係唐志之語今考唐志蕳正作簡張說是也

王祥宅　今即澄清觀　按即當在今上

張公洞　子隱風土記云　按子隱即周處之字子上當有周字

李公書堂　幼隸業于惠山龍鳳院　張氏鑑云隸當作肄

衛將軍廟　少游并汾□□□間遇神堯　張氏鑑云宋本原空三字　按據上文此句係許渾集中之語今考渾集作二十七游并汾間遇神堯皇帝

○洎擒竇建德遜挾太宗顧而奇之　張氏鑑云挾字有訛　按許渾集遜挾作遜時挾鎗劍前突後翼

○武牢開下護龍旗從槊彎弓馬上飛　按許渾集開作關從作挾是也

晉右軍將散騎常侍曹橫墓　按上文景物上橫山注云晉右將軍曹橫所葬下文碑記門有晉右將軍曹橫墓碑此句右軍將當作右將軍

官吏

王猛　富商野次云以付君　張氏鑑云以付君句疑有誤　按據上文此係南史語今考南史王猛傳附王准之傳君上有王府二字是也

王安石　按自安石以下皆宋人王上當補國朝二字

人物

唐蔣儼　儼奮曰云云儼遂請行　按舊唐書蔣儼傳作儼謂人曰主上雄畧華夷畏威高麗小蕃豈敢圖其使者縱其凌虐亦是吾死所也遂出請行

此處云云上當有數語傳寫者佚去耳

崔羣　舊史云羣隱居毗陵以節操聞韋夏卿薦羣召拜左拾遺　按以舊唐書考之此係竇羣事非崔羣事崔字必竇字之誤

薛登　屬宣州鐘大眼亂　張氏鑑云鐘當作鍾按唐書薛登傳正作鍾張說是也

蔣乂　名以部分得差書二萬卷　按據下文此句係唐書之語今考唐書蔣乂傳名字乃各字之誤差字乃善字之誤

高智周　智周始與郝處俊來濟孫處約共依江都

石仲覽高智周使相工視之工語仲覽曰　張氏鑑云高智周三字疑有誤　按據下文此數句係唐書之語今考唐書高智周傳高智周三字乃仲覽二字之誤

胡宗愈　爲尚書左丞　按據東都事略及宋史宗愈官右丞非左丞上文景物上劒井注云修簡公爲右丞修簡即宗愈之謚此句左字乃右字之誤也

大觀貢士　守二教官皆旌賞焉　按二當作貳指郡之佐貳而言

碑記

陽羨山封禪碑　土八月日囷碑　碑目囷作囤○以其石圓八出如米廩云　抄本碑目八作入米作禾誤

隋陳司徒告身　果仁妻軫靜捨宅造寺　抄本碑目寺下有疏字

吳國山碑　碑目吳作亦曰此條附於上文陽羨山封禪碑注末抄本與紀勝同　許氏瀚云抄本蓋誤分一碑爲二碑一據雲麓漫鈔一據集古錄收入也此本校併雖當而非眞矣

善權寺詩靈巖瀑布記　鄭薰雪霽開講詩　抄本

碑目開作門誤

無錫銘　樵者於山下得銘云有錫兵天下爭無錫甯天下淸有錫珍天下弊無錫乂天下濟　碑目乂作文　張氏鑑云風俗形勝門引古讖云無錫甯天下平無錫兵天下爭與此銘異似有一誤而此條珍字亦似有誤　按寰宇記及方輿紀勝覽卷五引古讖並與風俗形勝門同惟無錫兵作有錫乂耳至於此條所引係銘詞與讖詞各別不必强合爲一珍字義亦可通惟文字顯係誤字耳

唐東山亭記　韋夏卿　見東山亭下　抄本碑

目亭作序誤　按上文景物下東五亭注云加置

四亭合而爲五又云故有東山之號是東山亭卽

東五亭也

唐李相家山碣　常隸業於此　張氏鑑云隸當作

肄　按碑目正作肄抄本係空格張說是也

詩

微度竹風涵浙瀝　張氏鑑云浙當作淅

四六

湖帶洞庭而橘苞充貢　張氏鑑云苞當作包

卷七 鎮江府

府沿革

元温常謂北府兵可用 張氏鑑云元當作桓 按作元者避欽宗諱後凡改桓温爲元温者仿此

又曾敂潤州集序云 張氏鑑云敂疑當作旼 按下文碑記類潤州集注云曾旼序風俗形勝門亦引曾旼潤州集序張說是也

風俗形勝

亘温常謂人曰云云 按作亘字亦避欽宗諱後凡改桓温爲亘温者仿此

知鎮江府劉甯止言見繫年錄　按方輿勝覽卷三作繫年錄知鎮江府劉甯上言云據此則止字乃上字之誤

景物上

金山　山前有三島號石牌稱郭璞墓　一統志四十六稱上有亦字

焦山　金焦二山　一統志作焦山與金山對峙○唐圖經云後漢焦光嘗隱此山　張氏鑑云光當作先　按方輿勝覽引唐圖經亦作焦光嘉定鎮江志引潤州類集舊經及皇甫謐逸士傳皆作焦

光又引魏書管甯傳及魏略皆作焦先而云光先字畧相似據此則作光作先皆有所本當並存以俟考○蘇軾詩云||何有有修行 按東坡集行作竹是也

練塘 卽練湖也在丹陽城一里 按元和志二十五云練湖在丹陽縣北百二十步寰宇記八十九百上有一字餘同此云在丹陽城一里疑有脫誤○饗沃江淮 按據上文此句係李華練塘頌方輿勝覽所引沃作飫唐文粹二十一全唐文三百十四饗沃作饜飫

相瀆　南通鶴溪　一統志鶴上有白字

景物下

萬歲樓　後又改爲月觀　一統志無後字觀下有

紹興中常新之今故址尚存十一字

中泠泉　蘇軾遊金山詩中泠南畔石盤陀古來出

沒隨波濤　按陀與濤非韻東坡集波濤作濤波

是也

伏牛山　唐亦謂之伏牛山　一統志作亦謂之伏

牛山唐貢伏牛山銅器卽此

金牛山　唐陸龜齡詩　張氏鑑云齡當作蒙

京江水　在城北六里　一統志城北作府城西北○杜□寄刁約詩云眼見京江更阻遊　張氏鑑云杜下原本空一字

丁卯港　丁卯制可因以爲名　一統志作以丁卯日制可因名○唐許渾有詩又有丁卯橋　一統志作後人構橋其上唐許渾嘗築別墅於其側

古迹

慶封井　乃見於陸龜蒙斷綆沉碑之詩　張氏鑑云碑當作缾　按上文引陸龜蒙詩曰今歌此井示吳人斷綆沉缾自茲始張說是也

唐權德輿宅　結廬嘗占練湖春　一統志嘗作長

唐亘彥範墓　按改桓爲亘者避欽宗諱後凡改桓彥範爲亘彥範者仿此

南唐沈彬墓　佳城今已開錐開不葬埋漆燈猶未滅留待沈彬來　張氏鑑云錐乃雖之誤　按至順鎮江志正作雖張說是也

官吏上

唐齊澣　舟行繞瓜步四遠六十里　張氏鑑云四遠二字疑有誤　按據上文此句係唐志之語以唐志考之四字乃回字之誤

韓滉　聞京都未平乃築石頭五城以爲朝廷有永嘉南走事然滉握彊兵而調發糧帛以濟朝廷者殭屬　張氏鑑云南走事下似有鈌　按以唐書韓滉傳核之傳南走事下尚有數行以文義考之當補置館第數十於石頭八字　又按唐書握彊兵下尚有遷延不赴難五字紀勝删去者以各卷官吏人物門皆有譽無毀故節其語以爲滉諱耳

宋齊邱　按宋上當有南唐二字

官吏下

吳顧雍　鎮江甲志　張氏鑑云當作見鎮江志

晉商仲堪　張氏鑑云此書如桓作元亘殷作商之類皆諱也　按作商者避宣祖諱後凡改殷仲堪爲商仲堪者仿此　又按上文袁喬上已有晉字此句商上晉字係衍文

齊謝朓　朓爲鎮北諮議將軍　按齊書南史朓傳但言爲鎮北諮議無將軍二字疑此句將字乃參字之訛蓋諮議本參軍之職也

梁江淹　爲南徐州從事　按淹雖梁人然其官南徐州從事則在宋時梁當作宋移至上文齊謝朓之前

梁沈嶸之　按嶸之係齊人非梁人上文謝朓上已有齊字此句上梁字須刪亦不必補齊字○復除丹陽令　按據南史循吏傳陽當作徒紀勝上文亦云爲丹徒令是其證也

程珦　祝珦右之珦弗爲撓　張氏鑑云祝疑當作祈　按張說是也　又按珦係宋人下文阮逸上國朝二字當移此句程字之上

人物

祖逖　按祖上當有晉字○爲奪威將軍　張氏鑑云奪當作奮　按晉書祖逖傳正作奮張說是也

徐廣 君爲晉朝佐命身是晉室遺老 按以通鑑考之上晉字乃宋字之誤

宋何承天 按上文檀道濟上已有宋字此句宋字當删

吳俶 張氏鑑云俶當作淑 按以注中所言事跡及宋史東都事略證之張說是也

蘇頌 凡於書無所不讀朝廷有大制作與焉 張氏鑑云與上當有皆字

仙釋

茅盈茅固茅衷 咸陽大茅盈乘雲駕龍來茅山

張氏鑑云大疑當作人

諶母　吳猛許遠詣母請傳所得之道　按據上文此句係太平廣記之語今考廣記六十二遠作遜當從之

唐劉先生　又有道士商渙然者　按至順鎭江志方外門有殷渙然無商渙然葢紀勝避宣祖之諱後凡改殷渙然爲商渙然者仿此

元素　以謂州伯執喪師之禮　張氏鑑云謂當作爲

四世界　時出緣化　張氏鑑云緣化二字疑倒或

緣字訛　按至順鎮江志亦作化緣張氏前一說是也

廣照師　以謂使服儒冠而立朝　張氏鑑云謂當作爲

法融師　雙峯信公過江顧錫曰　張氏鑑云顧錫二字亦有誤　按據下文此句係劉禹錫之語今考全唐文六百六禹錫牛頭山新塔銘顧作頓是也

惟良上人　黃帝有外臣一行　張氏鑑云黃當作皇

碑記

吳季子銘　碑目無此四字此條附於上文季札廟碑注抄本與紀勝同　許氏瀚云抄本分爲二碑一據九域志一據集古錄收入也此本亦校者併之○碑久堙埋　碑目堙作湮抄本久作文○元宗命殷仲容模搨　碑目搨作榻誤抄本作搨

梁太祖文皇帝神道碑　在丹徒縣之三城港文帝陵下　抄本碑目港作巷誤○鎮江志云　抄本碑目云作去誤○而不知其爲梁武帝之父追尊之號亦同耶　碑目無耶字

唐蔣防鹿跑泉銘　宋戴顒嘗居於此後以宅爲寺

有張祜留題詩　抄本碑目祜作裕誤

唐忠烈公新廟記　抄本碑目記作紀誤

唐戴叔倫神道碑　在金壇縣南三里　抄本碑目三作一○梁肅爲神道碑　碑目作梁肅爲文抄本與紀勝同

瘞鶴銘　往往祗得其數字云鶴壽不知其幾而已　碑目幾作紀抄本作幾　許氏瀚云此本紀字似刓刻雖與碑合恐非此書本眞○按潤州圖經以爲王羲之書　碑目以作云誤抄本作以

岑植德政碑　碑以景龍二年立　碑目無碑以二

字抄本有

太清宮鐘銘　集古錄云唐馮宿撰　抄本碑目宿作叔誤

下泊宮記　元和中薛華修以爲宮　碑目華作苹　按以舊唐書憲宗紀考之薛苹爲潤州刺史正元和中事作苹者是也○以元和九年立記　碑目無以字抄本有

練湖碑　南唐時立　碑目作立南唐時抄本與紀勝同

唐潤州圖經　唐孫處元所作也　碑目無所字也字抄本有

舊記　唐山謙之劉損之孫處元皆作　無唐字抄本有

潤州集　曾旼序　抄本碑目序作牧誤

古詩

悵望南徐登北固迢遙西塞下東關　張氏鑑云悵當作帳

覆島兼葭雲含窗橘柚煙　張氏鑑云兼當作蒹雲當作雪

本朝人詩

史君應此凭欄竿　張氏鑑云史字竿字乃使字干

字之誤

倏忽遍三吳司馬 按司馬下脫人名

金山寺詩

樹影中流見鐘聲兩岸聞 唐詩紀事張裕 張氏鑑云裕乃祜之誤

寶勢中流起香園此布金 張氏鑑云勢疑刹之誤

日月髣髴躔西東 郭祥 按據方輿勝覽此句係郭功父之詩功父係祥正之字此處祥下脫去正字

萬古波心月 張氏鑑云首句月字似誤 按此詩係五律第三句云天多剩得月此句不應又有月

字方輿勝覽月作寺是也○櫓過妨僧夢鷺濤濺

佛身　按方輿勝覽鷺濤作濤鷺與櫓過相對當

從之

四六

吳頭巨鎮京口名州告詞　按告詞無人名俟考

卷八嚴州

縣沿革

淳安縣　通鑑吳大帝建安十三年使賀齊平黟歙

縣賊權乃分其地爲新都郡　按據三國志及通

鑑孫權使賀齊平黟歙賊雖係建安十三年之事

然建安非吳之年號且是時權尚未建國吳大帝當作漢獻帝年下當補孫權二字

桐廬縣　寰宇記載耆舊相傳云桐溪側有大猗桐樹　張氏鑑云猗似當作椅　按寰宇記九十五正作椅張說是也

風俗形勝

山峻二江合會之勢　張氏鑑云句疑有誤

錢聞詩欆水疏　張氏鑑云欆乃穰之誤

劉文富重修序曰　按下文碑記新定志注云淳熙中太守陳公亮重修劉文富序此句重修下當補

志字

趙抃學進士記　張氏鑑云進士下當有題名二字

山環翠而繚繞溪練素以縈紆嚴州大體　張氏鑑云體

字疑誤

景物上

桐溪　寰宇記本桐廬縣　張氏鑑云本乃在之誤

景物下

清芬閣　有泉皆瀨石無地不生雲　張氏鑑云瀨

當作漱

千峰榭　范文正公重建　一統志一百八十四作宋范

仲淹重建方干詩窗中早月當琴榻墻上秋山入酒杯

馬目山　亦名□□山上有廟　張氏鑑云宋本原空二字

桐君山　結廬桐本下人問其姓指木示之　按方輿勝覽卷五本作木是也

古跡

吳孫韶得大鼎　按此條及上文景物上寶鼎條注皆引寰宇記而詳略微異蓋一事而重出者也

伍胥祠　在□□縣東南七十五里　張氏鑑云宋

本原空二字

官吏

孫韶　吳以封韶爲建德侯　張氏鑑云封當作孫

伏晌　張氏鑑云晌字有筆誤　按據梁書及南史

晌乃暅之誤

唐宋璟　盧懷謹亦爲相　按本當作懷愼此作懷

謹者避孝宗諱後凡改盧懷愼爲盧懷謹者仿此

林牧　會昌中爲池州刺史移鎭睦州　按以新舊

唐書杜牧傳所言歷官次第核之此處所言林牧

乃杜牧之誤

田錫　按自錫以下皆宋人田上當有國朝二字○
通義志載雍熙二年錫知睦州　張氏鑑云通義
志疑有誤
趙抃　至今人稱　張氏鑑云稱下疑有脫字
文章太守　卒多賦並見於董弅序　張氏鑑云賦
下有脫字
趙岌　与子崗同年登科　張氏鑑云与當作與後
凡作与者皆同

人物

嚴子陵　按嚴上當補漢字

宋戴顒　與父逵兄敎　按據宋書南史戴顒傳敎
當作勃敎字雖與敎同然究以勃字爲正也
皇甫湜　與李宗閔牛僧孺俱爲第一　按以舊唐
書裴垍傳考之第一當作上第
胡寅　先寅父安國以書訓寅曰　張氏鑑云先下
疑脫是字
朱夢說　乃貽書于炳不諫　張氏鑑云于字疑譏
字責字之誤
仙釋
施眞人　今其告摽曰施眞人　張氏鑑云摽當是

標宋刻木旁扌旁往往混用○後乘仙去　張氏鑑云乘當作成

碑記

睦州大廳記　皇朝刁衎撰　碑目衎作術抄本作衎

浙東觀察判官廳壁記　碑目浙作淛抄本作浙

嚴陵志　紹興間董弅編并序　碑目并作並抄本作并

嚴州詩

江水至深清見底文選沈休文詩洞徹隨深淺皎鏡無冬春文選沈約詩　按以文選考之深清作淸淺深蓋江水至淸淺深見底二語卽洞徹二句之詩題紀勝所

引未免前後錯互

千仞寫喬木百丈見游鱗沈約詩　按據文選此二句即洞徹二句之下文紀勝分爲二處前稱文選此不稱文選亦屬失檢

江山不如勝光武肯教來　張氏鑑云不如似當作如不

温庭均桐廬舊居　按本當作庭筠此作庭均者避理宗嫌名後凡改温庭筠爲温庭均者仿此

釣臺詩

鮮釣鱸魚有幾人許渾詩　張氏鑑云鮮當作解　按

方輿勝覽引許渾詩正作解張說是也

温庭均詩　張氏鑑云廟諱避匀字因亦避筠字

按理宗諱昀故當時凡涉匀字者多避非諱匀字也紀勝成於理宗時故叙筠州改瑞州之事以爲避御名是其明證張氏言避廟諱失之矣

世主本無天下量嚴陵那得釣魚磯　張氏鑑云世主當作世祖

四六

張欽夫嚴州到任謝表　按張栻字敬夫此作欽夫者避翼祖諱凡改張敬夫爲張欽夫者倣此

軍沿革

唐宋以揚行密所有　張氏鑑云揚當作楊　按宋當作末爲

風俗形勝

北淮海舶　張氏鑑云北淮疑有誤

景物上

啟山　後訛而爲啟山　一統志四十五作後訛爲啟上有善利泉

暨陽　命將軍劉遵等　按據通鑑遵下當補考字

景物下

綠均堂　張氏鑑云此均字亦當作筠

雙檜堂　在設廳後　一統志設作射

九里山　又有油理山龍王廟　按上文云又名由里山又云亦名由里山此句油理二字乃由里之誤

採香徑　吳遣美人採香于此因名香山故有｜｜｜　一統志吳下有王字無香山二字故作匕

馬鞍山　季札遜耕於此　按據上文此句係郡國志之語寰宇記九十一引郡國志遜作讓位是也紀

勝避濮安懿王之諱改讓爲遜又脫去位字耳

白鹿山　縣東五十里　一統志縣上有在字里上有五字○昔吳王出獵　一統志昔作相傳○得｜｜因名之　一統志因名之作於此

古迹

西舜城　今二鄉有舜井焉唐疑舜生於此　張氏鑑云焉唐句疑有誤

延陵季子祠　按史記太伯世家注云季子冢在既陽西　按據上文此二句係寰宇記之語今考史記注云延陵季子冢在毗陵縣暨陽鄉則既陽當

作暨陽紀勝蓋沿寰宇記之舊而未改耳

郭璞母墓　申港入 　許　一統志申上有今去二字

蕭天子墓　素號倉堆　一統志倉作蒼

官吏

庾懌　按庾上當有晉字

沈文阿　按沈上當有梁字

倪啟　按倪上當有陳字

唐趙和　按上李嘉祐上已有唐字此句唐字當刪

馮元　按自元以下皆宋人馮上當有國朝二字

人物

春申君黃歇　按春上當有楚字

郭璞　按郭上當有晉字○晉時曾僑置洪農郡按本係宏農郡此作洪農郡者避宣祖諱後凡改宏農郡爲洪農郡者仿此○併撰爾雅三卷　按爾雅下當補注字

吳欣之　按欣之劉宋時人吳上當有宋字

蔡襄　按自襄以下皆宋人蔡上當有國朝二字

葛密　退居靑陽之上湖　按下文仙釋許靑陽注云宅在靑陽市靑陽所居之地也據此則靑陽下

似當補市字

蔣氏　按蔣氏係宋人蔣上當有皇朝二字

仙釋

聖英祠　寰宇記云在縣西一百步按劉遴之伸異錄云　按寰宇記伸作神是也○子英畀俯之按寰宇記俯作怖是也

碑訂

季子墓銘　烏乎有吳延陵季子之墓　抄本碑目烏乎作嗚呼○按歐陽公集古錄云||||||相傳以爲孔子所書張從紳記云舊石湮滅開元中

元宗命殷仲容模搭其書以傳然則開元之前已有本矣　張氏鑑云搭字有誤　碑目無按歐以下五十四字抄本有搭作搨　車氏持謙云此碑已見前鎮江府　許氏瀚云其鈌者卽季子墓銘四字也此本以已見鎮江而删之謬甚須補之　按抄本碑目搭作搨是也　又按上文古跡門有季子墓人物門亦有延陵季子則碑記門自應有季子墓銘許說是也

崇聖院銅鐘銘　唐太子宏冀所置　按唐上當補南字

季子神賽兩紀石文　碑目兩作雨是也　張撝書

抄本碑目撝作僞誤

釣臺寺石幢　由里山之東堂　碑目山下有釣臺

寺三字抄本無

武烈大帝廟碑　有顧雲爲銘　碑目無爲字抄本有

招隱院鐘樓記　今在悟空院　碑目院作寺

詩

海外珠犀常入寺人間魚蟹不論錢王荆公酬朱昌之詩　按

上文有朱昌叔寄王荆公憶江陰詩方輿勝覽引

此詩亦作朱昌叔此條之字乃叔字之誤

生死不欺畱劒約興工都在審音知　張氏鑑云工當作亡

劉楃詩　張氏鑑云楃字疑誤　按方輿勝覽卷五楃作握

四六

裂地雖微去天爲近　按此二句下未注題目俟考

以上兩浙西路卷一行在所至卷九江陰軍

輿地紀勝校勘記卷二終

輿地紀勝校勘記卷三 兩浙東路

卷十 紹興府

府沿革

正與會稽郡鄰壤 按壤當作壤

後六代王無彊 張氏鑑云彊當作疆下同 按元和郡縣志二十六寰宇記九十六及史記通鑑等書皆作疆張說是也

越以此散朝服於楚 張氏鑑云散字下仍當增公族爭立或爲王或爲君濱於海上四語 按據上文此二句係通鑑之語張氏依通鑑增四語於事

之曲折較顯

晉成和元年當證蘇峻　張氏鑑云成和似當是咸和證當是徵避諱　按以晉書及通鑑考之徵蘇峻係成帝咸和元年之事張說是也○欲出王舒爲外援乃拜撫州將軍　按以晉書王舒傳考之州字乃軍字之誤

以爲國初□事　張氏鑑云宋本此處國字上當空誤空於初之下

九朝通路　張氏鑑云路當作略

縣沿革

餘姚縣　西漢志晉志宋南齊志　按宋下當有志

字

風俗形勝

千巖競秀萬壑爭流顧愷之云云草木蒙籠於上若雲興霞蔚也　張氏

鑑云愷之下當有曰字云云者卽指千巖二句而

言

東南之美非特會稽之竹箭寰宇記虞翻會稽人以所注易示孔融融曰延陵之理樂吾子之理易乃知｜者　按寰宇記注易

作著易注理樂作音樂理易作易理特作徒箭下

有也字　又按以小注｜數核之大字箭下當有

也字

其城薄以卑池狹而淺越絕書九卷陳成子問子貢曰魯之難伐何也子貢曰｜｜｜｜｜｜｜｜｜｜｜不如伐吳　按以越絕書考之九卷乃七卷之誤　又按注中多一｜當刪

大越故界浙江至檇李南姑末寫千里覲鄉北有武原　按越絕書檇作就千作干無里字

景物上

禹穴　里人以陽明洞卽是也　張氏鑑云以下當有爲字

姚江　寰宇志餘姚江在縣五十步　按志字乃記

字之誤寰宇記縣下有南字是也

龍井　千金買浙顧渚春似與越人降日注　張氏鑑云注當作鑄　按景物下日鑄嶺注云地産茶最佳歐陽公云兩浙草茶日鑄第一張說是也

龜山　越絶書云勾踐所赴游臺高四十六丈　按越絶書所赴作起怪臺下有也字丈下有五尺二寸四字

石傘　在會稽山之別峯齊杭於峯下置書堂　按舊唐書齊抗傳云抗少隱會稽剡中據此則杭字乃抗字之誤

東溪　其源來自天台之右橋　張氏鑑云右當作石

西亭　孫逖宴越府陳法曹西亭公府西岩下紅亭間白雲江南歸思逼春雁不堪聞云　按公府以下二十字乃孫逖之詩宴越府陳法曹西亭乃其詩題云字當移至亭字之下

一曲　秘監賀知章乞爲道士還勅賜鏡湖一曲　按寰宇記秘下有書字還下有鄉字

一邱　邱仲孚爲山陰令　按仲孚事已見下文官吏下不應復見於此且與景物門無涉此編次之

誤

二元　謝元爲會稽內史張元之爲吳興太守　按張元之與此郡無涉謝元已見下文官吏上此條當併入彼處不應複見於此且與景物門無涉亦係編次之誤

六山　在會稽十四里　張云鑑云會稽下有脫字

浣浦　俗傳西子浣沙之所　張氏鑑云沙當作紗按寰宇記云紵羅山山下有石跡水是西施浣紗之所方輿勝覽卷六云浣紗石相傳云西施||處其字皆作紗張說是也然周禮內司服注禮記

雜記注所言素沙卽係素紗則紗與沙亦可通用

歷山　故子孫像舜以名之耳　一統志一百七十九册

耳字

浙江　顧野王地志云　按地上脫去輿字

景物下

蓬萊閣　元微之越州詩云我是玉皇香案吏謫居猶得在蓬萊　按下文詩門在作小方輿勝覽同

白樓亭　在山陰四里　張氏鑑云山陰下有脫字

挾溪亭　亦在嵊縣之圓超寺　一統志作在嵊縣西剡山頂

宇泰閣　策名危科者相踵　張氏鑑云危字疑高
字或巍字之誤
半月泉　乃鑿開嵒上名曰蒲月　按蒲月乃滿月
之誤
五雲溪　卽若耶溪也唐徐海改名　按寰宇記云
唐吏部侍郎徐浩遊之云曾子不居勝母之閭吾
豈遊若耶之溪遂改爲五雲溪方輿勝覽約同據
唐書徐浩字季海紀勝海字上脫去季字下文人
物門徐浩字季海亦其明證
五折瀑　在諸暨三學院側　張氏鑑云句有脫誤

○雪濺雷孔聲聞數百步　按孔當作吼

萬卷堂　在新昌　一統志昌下有縣東南六里五字○石待旦始剏堂貯書又爲義學　一統志石上有宋字始剏作建又作文○舊傳杜祁公而下七十二人　一統志祁公作衍

太平山　四角各生一種木不雜他木一角擦一角純梓一角櫃　張氏鑑云擦字疑誤　按唐韻檫字訓爲木名此處擦字疑檫字之誤　又按上言四角而下所數止有三角疑有脫句

天衣寺　鞠水月在手　張氏鑑云鞠當作掬

雲門山　水經云玉笥竹林雲門天柱並疎山爲基築林裁宇割澗延流盡泉石之好　按水經下脫注字據今本水經注卷四十　桂當作柱爲當作創裁當作栽　又按今本水經注澗上無割字校者云疑脫一字當據此補之

沃洲山　晉白道猷法深支遁皆居之　張氏鑑云白當作帛　按此條所述與碑記門沃洲山禪院記相同彼記乃白香山所爲亦作白字法深作竺法潛○載詩王謝十八人與之游　按據白香山記詩當作許蓋戴謂戴逵許謂許元度王謂王洽

王敬仁王文度王蒙王羲之謝謂謝長霞謝萬石皆在十八人之列者也

沃洲院　晉白道猷竺法潛　按說詳上文○支遁林乾興淵支遁開威蘊崇實光識非又藏濟度逞印皆嘗居焉　張氏鑑云以碑記門校之非又二字乃裴字之誤且支遁林似支道林之訛　按以白香山集校之張說是也

菲飲泉　泉名怡在酒名中　張氏鑑云怡字乃恰字之誤

刻石山　晉時王彪有會稽刻石山詩　張氏鑑云

彪卜脫之字　按據晉書王彪之傳彪之嘗爲會稽太守居郡八年張說是也○其文皆風土所剗

張氏鑑云皆下當有爲字

磨鏡石　軒轅氏鑄鏡湖邊　張氏鑑云軒轅二字宋本明係缺筆不知何諱也　按十駕齋養新錄云予見宋板經籍遇軒轅二字輒缺筆初未詳其說後讀李氏通鑑長編載大中祥符五年十月戊午九天司命上卿保生天尊降於延恩殿自言吾人皇九人中一也是趙之始祖再降乃軒轅黃帝七年六月己卯朔詔內外文字不得斥用黃帝名

號故事其經典舊文不可避者闕之乃悟軒轅二字闕筆之由宋史眞宗紀亦載禁斥黃帝名號事而其文不詳據錢氏之說則紀勝之軒轅二字闕筆亦以此耳

薔薇洞　白雲他自散　按據上文此句係李白詩今考太白集他字乃還字之誤

檀燕山　又名山陰謝靈運擅宴之所亦名｜｜｜

張氏鑑云壇似當作談　按寰宇記云山陰縣壇讌山卽謝靈運遊宴之所據此則壇或當作遊

眞珠泉　齊祖之家山十詠泉其一也　張氏鑑云

齊祖之句疑有誤

樵風涇　世號樵風涇　一統志世上有其地二字

○日暮使樵風　一統志使作有

隆慶院　峯巔見滄海日出常先最　張氏鑑云先最疑當作最先

淳化寺　刻唐人以來名士詩敢多　按敢乃最之誤

覺苑寺　江淹故宅也　一統志無也字○熙甯元年沈遼爲之記　一統志作宋沈遼爲記

稱心寺　宋之問　一統志宋上有唐字

翠嶂山　出茄草　張氏鑑云茄字疑誤

白龍潭　在上虞縣南　一統志作在上虞縣西三十五里○凡請禱者　一統志請作祈○己目眩股栗　一統志栗作慄

狻猊石　所謂亭除兩狻猊一仰復一俯是也　張氏鑑云亭當作庭

鹿苑潭　歲旱投簡　一統志作歲旱禱雨投簡潭內

鳳鳴洞　洞有飛瀑濺沫嘗若風雨　按嘗當作常

雞冠山　其文若星月花獸　一統志文作紋

古跡

蕭山越王城　縣九里　張氏鑑云何有脫字

秦望山　其碑尚乃存　張氏鑑云乃字疑衍否則尚乃二字文倒　按據上文此句係十道志之語下文碑記門秦望山碑注引十道志云其碑尚存此句乃字係衍文張氏前一說是也

御史床　虞翻爲長沙亘王所禮　按據上文此句係寰宇記之語寰宇記亘作桓長沙桓王卽孫策也此作亘者避欽宗諱後凡改長沙桓王爲長沙亘王者仿此

許詢宅　築室其上蕭然自致　張氏鑑云自致二
字有誤

江淹宅　今爲范覺寺　按上文景物下覺苑寺注
云江淹故宅也此句范覺二字必是覺苑之誤

張致和隱居　張氏鑑云致當作志

武昭肅廟　吳越｜｜｜王廟　張氏鑑云武昭肅
疑當作錢武肅

官吏上

濮陽興　爲會稽太守與劉育問難　按據三國志
虞翻傳注劉當作朱

晉紀瞻　稜陵人　按據晉書紀瞻傳稜字乃秣字之誤

梁江革　山陰王鶩贓貨狼籍　按據梁書江革傳山陰下當補令字

元稹　動盈卷秩　按據舊唐書元稹傳秩字乃帙字之誤

元稹竇鞏　蘭亭絕唱遠踰元竇之名　張氏鑑云元稹已見上文蘭亭二句疑有脫誤

李大亮竇懷正薛平陸亘楊於陵李遜薛戎元稹王式王龜　按楊於陵李遜元稹王式皆已見上文

此復舉其名者據注云名見圖經者十八人此四人在其內故也然元稹一人前後三見亦删併時未及檢核耳　又按竇懷正即竇懷貞改貞爲正者避仁宗嫌名後凡改竇懷貞爲竇懷正者仿此

畢士安前有文簡范仲淹後有文正　按士安仲淹皆宋人下文燕肅上皇朝二字當移至畢字之上　又按下文有范仲淹傳其文較詳而又見於此蓋亦沿圖經之舊文未及删併也

范仲淹　寶慶元年知越民孫居中卒子幼家貧公助以俸錢百緡治巨舟差老衙校送歸　張氏鑑

云民字乃屬字或掾字之誤

趙抃　交諭富人出粟而以家貲免之　按據下文此二句係東都事畧之語今考事畧趙抃傳兌作先是也

官吏下

度尚　按度上當補漢字

傅晞　按傅晞乃傅咸之子附見晉書傅咸傳傅上當補晉字

晉傅琰　按琰未嘗仕晉其爲山陰令在宋時晉當作宋

卞延之　我以此屈卿者政以此幘耳　張氏鑑云上以此似當作所以　按卞延之乃卞彬之父南史卞彬傳以此正作所以政以作政爲張說是也

顧凱之　按據宋書及南史凱字乃覬字之誤○理繁約　按據宋書顧覬之傳約上當有以字

杜守一　按自守一以下皆宋人杜上當補國朝二字

李頴士　募鄉兵數千列旗幟悍賊　按悍當作捍

人物

晉夏方　方年十四躬自負土十有七載葬送得畢

張氏鑑云十有七載句疑有誤　按晉書夏方
傳亦作十有七載並無誤字
孫焯會稽人著天台賦　張氏鑑云焯當作綽
謝靈運　按謝上當有宋字
梁王琳　梁元帝在江陵爲西魏于謹所圍　按謹
乃瑾之誤
何季高　南朝何季山　張氏鑑云季高季山似有
一誤　按梁書南史何允傳云字子季二兄求點
世號點爲大山允爲小山亦曰東山據此則季高
季山皆子季之誤　又按不稱名而稱字者避太

祖諱後凡改何充爲何子季者仿此○勑給白衣
尚書祿不受矣　張氏鑑云矣字似有誤　按梁
書南史不受矣作又不受
唐虞世南　拜洪文館學士　按唐有宏文館此作
洪者避宣祖諱後凡改宏文館爲洪文館者仿此
○聲名甚籍　按據舊書世南傳甚籍當作藉甚
王公袞　盜刼其母墓嶽成而盜不死　按嶽乃獄
之誤○士夫及王十朋俱作王孝子詩行於世
張氏鑑云士夫句疑有脫誤

仙釋

介象　卽得緇魚作鱠　張氏鑑云緇當作鯔

「玄」明　有童子自天而下供使虎無時入室　張氏

鑑云虎無時句有脫誤

碑記

曹娥碑　會稽典錄曰　碑目無曰字○邯鄲字子

禮　碑目鄲下有淳字　按後漢書曹娥傳注引

會稽典錄亦有淳字

桐柏山金庭館碑　沈約造今碑乃重刻　碑目作

沈約造此又見台州　按台州所載係原刻之碑

此卷所載係重刻之碑非複見也

齊永明中石佛銘　石佛昔有銘云　碑目昔作背
是也
香嚴寺碑　抄本碑目自此條以前皆缺○在諸暨
之薦嚴寺　碑目薦作香
元儼禪師戒壇碑　天寶十五載徐浩書　碑目作
集古錄云唐萬齊融撰徐浩書碑以天寶十五載
立抄本與紀勝同
復禹袞冕井修廟記　碑目井作并是也抄本作拜誤
禹穴碑　元稹銘寶歷景午　抄本碑目景午作二
年　按唐敬宗寶歷二年歲在丙午元稹作碑改

丙爲景者唐人避世祖諱也

元威明陽明洞天詩　大和三年立石龍瑞宮　碑目石作在抄本大作太下同　按下文白居易陽明洞天詩亦在大和三年今考唐文宗年號係太和非大和當從抄本碑目後凡唐文宗年號誤作大和者仿此

甯賁禪師塔銘　在山陰昭福寺　許氏瀚云昭當作招

題法華寺詩　似紳白書然以端楷題名較之字體殊不類　抄本碑目端作瑞　按據上文此係歐

公集古錄之語紳指李紳而言筠州之改瑞州在理宗初年歐公時尚無瑞州且據新舊唐書李紳傳皆言紳嘗官端州未曾官筠州抄本碑目誤矣

奚獎尊聖經　抄本碑目聖作勝下同

京兆阿史那夫人墓誌　會昌二年石在府城　抄本碑目二作三

大慶寺復寺記　容齋隨筆云孫汝王記　碑目王作玉　按容齋續筆卷十一云韓莊敏公縝字玉汝

按會稽大慶寺碑咸通十一年所立云衢州孫玉汝記則汝王當是玉汝之誤

王修己書尊聖經　在禹跡寺　抄本碑目跡作迹

吳越忠懿王貽書石刻　在會稽縣南三十里之雍熙院　抄本碑目三字係空格

元儼律師碑集古錄云唐萬齊融撰徐浩書碑以天寶十五載立　碑目無此條抄本有

書戒珠寺　抄本碑目寺下有記字○貝靈該八分碑目分下有書字抄本無

法華寺詩集古錄云唐李紳撰徐浩書以大和八年刻石　碑目無此條抄本有　許氏瀚云抄本江淹碑後重出元儼律師碑引集古錄與前同書戒珠寺後重出法華寺詩引

集古錄云唐李紳撰徐浩書以大和八年刻石瀚案此刻無之蓋以重出刪去然法華寺詩前疑非李紳自書此云徐浩書確係當時編纂郎重非由傳寫之誤何得徑刪且江淹碑亦重出前據九域志後據晏公類要豈可盡刪耶

薛苹唱和詩　崔迷等凡十七首　張氏鑑云迷字誤　按碑目迷作述抄本作述是也

沃洲山禪院記　張氏鑑云沃州州字前皆作洲按此記係白樂天所作白集作洲上文景物下沃洲山沃洲院皆作洲張說是也○次有高僧竺法

潛支遁林居焉　碑目遁作道抄本作遁　按白集與碑目同○又有乾興淵支遁開威蘊崇實光識裴藏濟度逞印凡十八僧居焉　碑目遁作道威作成逞作印抄本實作寔識字係空格餘與紀勝同　按白集與紀勝同○高人名士有戴逵王洽　碑目逵作達抄本作逵　按白集亦作逵○栢彥表　按白集栢作桓○王蒙　碑目蒙作濛　按白集亦作蒙○或游焉或止焉　碑目無上焉字抄本有　按白集亦有

總紹興府詩

我是玉皇香案吏讁居猶得小蓬萊　張氏鑑云景

物門所引小作在○元徽之州宅詩　張氏鑑云微誤作徽下同

官職比君雖校小封疆與我郄爲鄰白天詩　張氏鑑云校當作較　按白集作校方輿勝覽所引作較似當以作較者爲長

李伸新樓詩　張氏鑑云伸乃紳之訛

此中久延貯　張氏鑑云貯當作佇　按據下注係李太白詩本集亦作佇張說是

謝家證故事禹穴訪遺編高適送李九赴越　張氏鑑云證當作徵　按此亦避仁宗嫌名

西子休憐解浣沙　張氏鑑云沙當作紗　按說詳

上文景物上浣浦○羅虬北紅兒詩　張氏鑑云

北當作比

剡溪縕秀異欲罷不能忘杜部壯遊　按杜集縕作蘊

是也

浣沙人泣共挨捐　張氏鑑云沙當作紗挨當作埃

越王宮裏如花人越水溪頭採白蘋後朝光越溪怨　張氏

鑑云後朝光疑有誤

更閑羅綢放鯨鯢　張氏鑑云閑當作開

總湖山詩

唐魏證沃洲山詩　樵徑謝村學學井何巖東　張氏鑑云證當作徵上學字乃北字之誤

龕交大禹穴樓倚少微星宋之問門山　張氏鑑云門山上落雲字

齊祖之題口洞　張氏鑑云題字下本空一字

王彪刻石山詩　張氏鑑云彪下脫之字　按說詳上文景物下刻石山

天下蒼生待霖雨　張氏鑑云前景物門龍泉院注所引待作望

四山環繞翠岧嶤相見凌晨雪未消　張氏鑑云相

見當作想見

浣沙曹娥詩

越王開浣沙　張氏鑑云沙當作紗下同

醉吟黃絹語李白　張氏鑑云前總紹興府詩醉吟作

沉吟　按太白集作沉

四六

齊竟陵表見藝文類聚　張氏鑑云竟陵下脫王字

剏會稽之巨鎮乃東粤之奥區呂　按呂下疑脫人

名下條呂字下亦疑脫人名

豈若秦人坐視越人之瘠旣安劉氏固知晁氏之危

翼汝文守會稽以擅

放逋賦降職謝表　按上文官吏上有翟汝文

此處翼字乃翟字之誤

卷十一　慶元府

府沿革

順帝時分會稽郡爲吳郡而會稽郡領縣十四而句

章鄞鄮三縣預焉　張氏鑑云下而字疑衍文

縣沿革

鄞縣　吳越春秋云越有赤鄞山　按吳越春秋卷二

云赤堇之山此句鄞字乃堇字之誤

昌國縣　其州周環五百里　按據上文此句係元

和郡縣志述翁洲之語今考元和志二十六州作洲是也

風俗形勝

故南則閩廣東則倭人北高句麗　按據上文此數句係四明圖經之語方輿勝覽卷七引圖經人下有國字高句作拒高

景物上

東海　土人謂之白水郎　按據上文此句係寰宇記之文今考寰宇記九十八上作土是也

嵊亭　寰宇記云自剡至此溪磧高險　按寰宇記

磧上有灘字是也○行客往來皆此裝束　按寰宇記行客作人行此上有於字○齊僕射張稷生子於此乃名嶂　按寰宇記生上有曾字

鄮山　以海人持貨鄮易於此　張氏鑑云鄮易當作貿易

靈山　在口口縣　按寰宇記靈山在鄮縣寰宇記之鄮縣卽紀勝之鄞縣此句疑當作在鄞縣○郡國志云山有石鼓臨澗若鳴則野雉翔鳴里故曰丨丨　按寰宇記引郡國志鳴在翔上無里字

四明　謝靈運山居賦曰天台丨丨相接連丨丨方

石四面自然開窗　按以宋書謝靈運傳考之賦下當補注字

景物下

九經堂　李閎高閎皆有記　張氏鑑云上閎字疑有誤　按下文人物門高閎注云中興建太學命爲司業張氏知下閎字不誤者蓋據此也

三過山　山勢孤峻臨于江濆　一統志一百七十八無于字濆字

赤堇山　在鄞縣四百里　張氏鑑云四字乃南字之誤

杜鵑花　國明祖宗遏密皆三年不榮　按明字乃朝字之誤

鮚踦亭　漢地理志鄞縣有｜｜｜顏注云鮚音結蚌也踦岸曲也　按以漢書考之正文小注踦字皆當作埼

扶桑雞　上有石井末有銅并　張氏鑑云并當作井

金峨山　州之按山也　張氏鑑云按山當作案山

能仁院　四明之望藍也　張氏鑑云藍字有誤

按藍字疑是伽藍之藍望藍猶言精藍望剎未必

定是誤字也

鎮明嶺　州之按山　張氏鑑云按山當作案山

古迹

房相公廟　邑人號曰張淸淸　張氏鑑云下淸字似有誤

釋迦如來眞身舍利塔　皇朝類苑云錢鏐曰釋迦眞身舍利塔見於明州鄞縣卽阿育王所造八萬四千塔之一也錢鏐造南塔以奉安俶在國天火屢作延燒此塔　按曰字乃日字之誤

官吏

房綰　唐開元二十六年爲慈溪縣令　按據舊唐書房琯傳綰當作琯上文古迹門房相公廟注云琯宰斯邑有遺愛亦其明證

劉綽　按自綽以下皆宋人劉上當有國朝二字

人物

賀知章　按賀上當有唐字

舒亶　按自亶以下皆宋人舒上當有國朝二字○亶執之不服而斷其首投檄而去　張氏鑑云而斷似當作乃斷

汪大猷　紹興十五年登乙科吏部權書　張氏鑑

云權書疑有誤

史浩　淳熙五年復拜相十一月以少傅在內宮觀

張氏鑑云以少傅　脫字

仙釋

亶洲山　按此條當在景物門或古迹門不應在仙釋門此編次之誤

鬼谷子　借問此是誰云是鬼谷子　按據上文此二句係郭璞詩以文選考之上是字乃何字之誤

宋智禪師　惜乎盡儉未忘僧態也　張氏鑑云盡字當是寒字之誤

僧法淵　人莫不切笑　按切乃竊之誤

蕭鍊師　千尋眞裂峰百尺倒瀉泉　張氏鑑云眞

裂疑是直裂　據上文此二句係孟東野詩以

孟集考之張說是也

僧法忠　有宗教正論十卷補寒山詩三百篇元談

漁父並行於世　張氏鑑云元談漁父疑有誤

碑記

董孝子廟記　黯後漢人　抄本碑目黯字係空格

棲霞觀碑　孫諫卿撰　抄本碑目卿作鄉

洋山廟記　唐大中間黃洽廟記　抄本碑目間作

門誤

唐刺史王密德政碑　李陽冰玉筯篆　碑目筯作筋誤抄本作筯

應天德潤寺碑　在慈溪縣　碑目溪作谿下同抄本作溪　按慈溪縣置於唐開元二十六年至明永樂中始改溪爲谿紀勝作於南宋其時仍是溪字碑目非也

小字道經小字德經　開元十七年立　抄本碑目十上有二字

詩

百粤喧華外三江指顧中　張氏鑑云華當作譁

近澤知田美俗重近澤田　魚多驗海豐　張氏鑑云魚多當作多魚

金澄沙底水龍臥井邊風金沙龍井皆在育王　按上文景物上金沙注云在阿育王山景物下育王山注云在鄞縣東三十里據此則王下當補山字

四六

眷此鄮山實臨海道鄭興裔謝表　竊以甬東之名郡實爲浙左之奧區鄭　按下二句但注鄭字者疑是蒙上而用省文下兩條但注鄭字者仿此

列戍相望盡總弋船之鋭　按弋字乃戈字之誤

狴牢婁空　張氏鑑云婁當作屢

卷十二台州

州沿革

赤城新志云事見魯洵作杜確墓碑洵乃確吏時爲德化軍判官者也　張氏鑑云吏上疑有脱字

縣沿革

臨海縣　開皇九年徙縣於舊始豐縣置　張氏鑑云置疑當作治

風俗形勝

孔靈府會稽記曰　按寰宇記九十八及太平御覽四十一引寰宇記皆作孔靈符下文景物下赤城山注亦作孔靈符此句府字乃符字之誤

赤城霞起以建摽瀑布飛流以界道孫綽天台山賦　按摽乃標之誤

惟大小台華少室蓋竹等山可以澄道　張氏鑑云澄似當作證

方千詩云積翠九層一徑開遙盤山腹列瓊塵藕花飄落嵓前去桂子流從別地來　按以此詩用韻核之塵字乃埃字之誤

皮日休文集送內大德遊天台有云夢入瓊樓寒有

月　張氏鑑云文當作詩

景物上

雙巖　峭峻巃嵸　一統志一百八十一峭峻作奇峭○

州治對焉　一統志作州治與之相對

五峯　在天台縣北一十里　一統志無一字

赤山　有銀壺盛舍利俗傳梁王詧所施　按詧即

後梁宣帝王字乃主字之誤

蒼山　按神邕山圖云其山崚映桐柏神邕以桐柏

在天台極東接甯海縣界　張氏鑑云神邕疑有

誤

玉泉 在州白雲山| 按下文云楊傑題云白雲山下泉幾年石中韞此句山|當是山下之誤

金松 李德浴||詩 張氏鑑云浴當作裕

松巖 始登石梯數百級勁直如削名曰古仙百步 張氏鑑云古仙百步句疑有誤 按方輿紀要九十二步下有衙字是也

桃源 守黃當植桃百餘 張氏鑑云當字誤疑當作嘗嘗與營同

明巖 由其北捫蘿而下 按蘿字乃蘿字之誤

台嶽　孫綽天　山賦嗟丨丨之奇拔寔神明之所
挺持　張　鑑云文選天台山賦奇拔作奇挺丨
有所字挺持作扶持

景物下

覽衆亭　有釜深極廣　張氏鑑云深當在極上
一鋒亭　以舒亶爲尉斬毆從母者　張氏鑑云毆
從母前作逐叔母　按慶元府人物門舒亶注云
民有使酒逐其叔之妻張氏所謂逐叔母者卽指
此而言東都事畧舒亶傳云有使酒逐其叔母者
當以慶元府所載爲是此條作從母者非也

紫鐔山　遂陛今名　張氏鑑云陛字疑誤

白鶴山　昔有白鶴飛入會稽雷門擊之聲振洛陽　按據上文此數句係寰宇記之語以寰宇記考之門下當有鼓中二字振當作震

白龍潭　世傳龍與茶山會見鱗甲藻瑩如玉雪然　張氏鑑云龍與茶山會疑有誤

玉峴山　有伏冀如鵰大　按據上文此句係寰宇記之語以寰宇考之冀乃翼之誤

玉霄峯　在天台縣三十五里　按據方輿勝覽卷九縣下當補北字

合旗山　有神皆丈餘　張氏鑑云皆下疑有脫字

湫水潭　三在甯海縣東南一百里　張氏鑑云三字疑衍字

景德國清寺　皮日休題云十里松門國清路飯猿臺上菩薩樹　按據方輿勝覽上字乃下字之誤

天姥峯　圖於白圓扇　按圓當作團○台山一萬八千丈對此欲側東南傾　張氏鑑云台山句前作天台四萬五千丈側字作倒　按紹興府景物下天姥山注及詩門總湖山詩引李白天姥歌東南皆作西南餘與張氏所言相同蓋修地志者各

就所見太白集書之故有異同紀勝沿其舊文未能盡一耳後凡各卷所引詩文互有異同者當以此意求之

景星巖　圖經在仙居縣五十里　按方輿紀要仙居縣有玉凡山在縣西南五十里又西五里爲景星山據此則此句縣下當有西南二字十下當有五里

松門山　按王羲之遊西郡記云　張氏鑑云西郡疑有誤

龍符山　是夸父逐月之所　張氏鑑云月當作日

按據上文此句乃寰宇記之語今考寰宇記是
作係月作日張說是也

龍鳴山　上有龍鳳舊傳龍鳴其上故名　張氏鑑
云鳳字疑誤

三童山　狀童子因以爲名　張氏鑑云狀下有脫
字

九峯山　昔王逸少與支遁林嘗遊覽焉　張氏鑑
云遁似當作

大慈寺　隋時僧智顗建蓋顗思修行之地　張氏
鑑云思字疑誤

中津橋　淳熙八年守唐仲犮建　按犮乃友之誤

東刋山　晉任神廟嫌諱葬焉　按下文古迹門任隱君墓注云在臨海東九十里東刋山南此條所言卽指任隱君也人物門有晉任次龍次龍者任旭之字也說詳任次龍條下

石新婦山　宋文帝遣書工模寫山狀　按據上文此句係寰宇記之語今考寰宇記書作畫模作摹是也

新羅山　爲道瓚屼　按方輿紀要瓚作巑是也

嘉祐院　復自刺書維摩經附焉　按刺下疑脫血

字

純熙觀　詔遣官吏建候神職乃賜號焉　張氏鑑云職字疑誤

古迹

蔡京故宅　舊名隱元梁天監五年建隱眞宮　張氏鑑云京當作經　按唐蔡京宋蔡京皆在梁以後而漢之蔡經則在梁以前張說近之

唐豐尚書墓　在天台縣二里　張氏鑑云縣下有脫字

元相國墓　今城東有元其姓者居之　張氏鑑云

其字疑衍文

官吏

王均　按注中所言皆是王鈞之事此作王均者避理宗嫌名後凡改王鈞爲王均者仿此

唐來濟　先爲同中書門下三品　按以新舊唐書來濟傳考之二字乃三字之誤

徐裕　永正元年　按永貞乃唐順宗年號此作永正避仁宗嫌名後凡改永貞爲永正者仿此○劉禹錫贈衢州徐史君詩云　張氏鑑云史當作使

鄭虔　杜甫有得台州｜｜司戶詩　按下文詩門

引杜甫得台州鄭虔司戶消息疑此句脫去消息二字

成公子安　按晉書成公綏傳云字子安當移至上文宋謝靈運之前晉王述孫綽之後

國朝畢士元　奏言錢氏所上圖諜皆張侈賦數不可信　按諜當作牒○願一用舊籍以轉新民　張氏鑑云轉字疑誤○後改名士元景德拜同中書門下平章事　按以東都事畧及宋史考之景德下當有初字或元年二字

滕膺　呂成修城記云　按方輿勝覽滕侯廟注引

東萊修城記其詞與紀勝下文所引相同呂東萊謚成公此句成下當補公字

謝克家　以朝奉大夫龍圖閣侍制知州　按侍當作待

王淮　事見靈谷雜記　張氏鑑云靈當作雲

唐仲犮　按犮當作友

人物

吴屈晃　弟韓恭爲立義都尉　按據三國志孫和傳注韓字乃幹字之誤

晉任次龍　按晉書隱逸傳云任旭字次龍不稱名

而稱字者避神宗嫌名後凡改任旭爲任次能者
仿此
鄭徵君　按自徵君以下皆唐人鄭上當補唐字
余元卿　｜｜負母而逃力强不勝　張氏鑑云强
疑弱之誤
節婦陳氏　陳氏附膺慟絕　按附當作拊○事父
母姑舅至孝　姑舅當作舅姑
仙釋
茅盈　荊公詩華陽仙伯有茆卿　張氏鑑云茆當
作茅

王遠知　老人頤領頌曰　張氏鑑云領當作領

超上人　遺身獨遺身　張氏鑑云兩遺字有一誤

智者禪師　劉長卿送楊三山往尋天台｜｜｜｜

舊居詩云　張氏鑑云據下文詩門山下當有入

字○古寺口口口春崖鳴細泉　張氏鑑云寺下

本空三字

秀禪師　幻跡示羸病　按羸字乃羸之誤

碑記

天台觀葛仙翁篆　其篆額卽仙翁親篆　碑目無

上篆字

桐柏頌　集古錄唐崔尚擢文　碑目擢作撰是也抄本作權

智者大師修禪林道場碑　唐元和二年　抄本碑目二作六

台州刺史杜雄墓碑　唐文德元年　碑目作唐乾甯四年抄本與紀勝同　許氏瀚云杜雄碑今存抄本誤此本亦未必然○碑陰有蔡大王廟記今在臨蔡王廟中　碑目臨下有海字是也

吳越錢氏用契丹會同年號　皆書曰石晉會同中建　抄本碑目中作十年　按下文會同十年凡

四見作十年者是也○恐吳越奉其正朔　抄本碑目正作眞誤

舊圖經　教授余嚞編　抄本碑嚞作嘉

詩

福庭長不死華依舊稱最孟浩然越中逢天台太一子　張氏鑑云華依乃華頂之誤

海上名山屬史君　張氏鑑云史當作使

名上仙書皆鳥迹缽中佛供薦天花　按名字乃石字之誤

張公結廬天台山赤城霞起三千丈初暐送張無夢　張氏

鑑云初字疑誤

聞說精籃近石橋　按籃當作藍

前瞻雁蕩秋最奇北山天台春更麗　張氏鑑云北山山字疑當作上

四六

剡赤城本今古之福庭在虛越爲東南之佳郡　按方輿勝覽虛作靈是也

卷十三　温州闕

卷十四　婺州闕

卷十五　處州闕

卷十六　衢州闕

以上兩浙東路卷十紹興府至卷十六衢州

輿地紀勝校勘記卷三終

輿地紀勝校勘記卷四 江南東路

卷十七 建康府

府沿革

又爲楊州大都督府武八年尋廢都爲府移楊州治江都武德九年 按以新舊唐書地理志考之都爲府之爲乃督字之誤

續志以在天祐三年非是 張氏鑑云以下疑脫爲字

僞唐爲江[甯]府開寶八年爲昇州天禧二年後爲江[甯]府 按後字乃復字之誤

縣沿革

溧陽縣　大復元年移治今所　按歷代無大復年號惟天復係唐昭宣帝年號大字乃天字之誤寰宇記九十在天復四年方輿紀要二十在天復二年雖彼此各異而其爲天復則同是其明證

監司軍帥沿革

侍御馬軍行司　按下文云中興以後置主管侍衛馬軍司一員此句御字當是衛字之誤卷一一行在所有侍衛馬軍司是其明證

歷代宮苑殿閣制度

吳京　文選矜儒徒ㄧㄧ　按據文選此句乃顏延年侍遊蒜山詩矜字乃襟字之誤

御道　府寺相屬　一統志三十九屬下有晉成帝因吳苑城築新宮正中曰宣陽門南對朱雀門相去五里餘名爲御道三十字○夾道有御溝　一統志有作開溝下有植楊柳三字

三閣　並靚粧臨檻飄若飛往　張氏鑑云往當作仙

赤烏殿　又云殿閉赤烏空留往事　按上文引吳都賦抗神龍之華殿云云此處又云當是蒙上吳

都賦然吳都賦無殿閉赤烏二句疑有脫誤俟考

玉燭殿　宋孝武懷高祖所居　張氏鑑云懷似當作壞　按以宋書南史宋高祖紀及通鑑考之張說是也

梅梁殿　時有梅水流至石頭城下因取爲梁　按水乃木之誤

昭陽殿　夷甫任散誕平子生談空　按據梁書侯景傳生字乃坐字之誤南史陶宏景傳生談作坐論亦其證也

西掖門　晉成帝修宮城南西四門最東曰東掖門

最西曰西掖門　張氏鑑云南西似當作東西

朱雀門　初名太航門　按南朝以朱雀航爲大航見於宋書南史者甚多此句太字乃大字之誤

北直宣楊門　按上文有宣陽門此句楊字乃陽字之誤

樂遊苑　江揔賦詩云上林開早霧留連　按寰宇記引江總詩霧作務是也

南郊壇　成帝二郊天郊則六十二神北郊則四十四神　按據上文此數句係宋書之語今考宋書禮志北作地是也

景陽井　一名烟脂井　張氏鑑云烟字似不可通

按方輿勝覽十四烟作胭

景陽樓　又南史齊武帝置鍾｜｜｜上應宮人聞

鍾聲並起粧飾　按南史后妃傳應下有五鼓及

三鼓五字並作早

景物上

秦淮　望氣者言金陵有天子氣仍使朱衣三千鑿

山爲瀆　按仍當作乃

蔡洲　循軍回渚｜｜　按據上文此句係元和郡

縣志之語今考元和志一十五渚作泊是也

冶城　故王州公詩云欲望鍾陵岑因知冶城路
張氏鑑云州乃荆之誤
雉場　雞明埭上梨花露　張氏鑑云按明乃鳴之
誤○彩仗鏘鏘已含圍　張氏鑑云含當作合○
綠楊紅跡未相接箭發銅牙傷彩毛　張氏鑑云
綠楊句亦似有誤
茅山　祠宇宮　張氏鑑云句疑有誤○眞宗未有
仁宗　張氏鑑云有疑當作宥
草堂　｜｜今寂寞往事翳山椒蕙帳今留鶴蘿衣
空掛貂　張氏鑑云今留今字疑誤

青溪　一一中曲每何窮盡　按據上文此二句係寰宇記之語今考寰宇記每乃復之誤

金城　去城三十五里　一統志作在縣北四十五里

艦澳　武帝門以藏船　按據上文此句係寰宇記之語今考寰宇記門作開是也

鍾山　漢末秣陵尉蔣子文死事於此吴大帝爲立廟子文祖諱鍾因改蔣山　按下子文二字當作大帝○諸葛亮一一龍盤是也　張氏鑑云亮下有脱字

長干　金陵五里有山岡　按據方輿勝覽陵下當
有南字
東山　遊賞必妓女　張氏鑑云必下有脫字
舊城　徐温改築稍迂近南　按迂字乃遷字之誤
景物下
佳麗亭　井包||入江亭　張氏鑑云井當作并
霹靂溝　在城西五里　一統志三十八城西作縣東
桃葉渡　楊脩有詩曰桃葉桃根柳岸頭獻之才調
頗風流　張氏鑑云楊脩疑有誤
栽松峴　宋時詔州刺史即太守罷官者　張氏鑑

云卽當作及

養龍池　有正白先生｜｜子於池中　按陶隱居號貞白先生此作正白者避仁宗嫌名後凡改陶貞白爲陶正白者仿此

燕雀湖　帝詔以賜太孫陳　按據上文此係窮神秘苑述昭明太子寶器之事以梁書南史通鑑考之昭明之長孫爲豫章王棟疑陳字乃棟字之訛至於棟本武帝曾孫且昭明諸子亦未曾立爲太孫此則敘事之誤耳

玉晨觀　按建康在雷平山　張氏鑑云康下疑脫

志字

烟脂井　張氏鑑云烟當作胭

迎檐湖　按注引寰宇記云衣冠席卷過江主客相迎湖側遂以｜｜爲名今考寰宇記凡檐字皆作擔於文義較合

麾扇渡　在上元東南四里　一統志三十九上元作江甯縣里下有淮河上三字○乃顧榮拒陳敏以羽扇麾其衆敗之　一統志作晉陳敏據建業出軍臨大航顧榮以羽扇揮之其軍遂潰因名

彈琴石　鍾山之山　張氏鑑云之山山字似當作

北　按下文引宋書云登鍾山北嶺張說是也

投金瀨　吳越春秋云伍子胥奔吳至溧陽有父子擊縹瀨水之上　按父子乃女子之誤

占星臺　景德中水邱濬知縣事　張氏鑑云水邱疑有誤

棲霞寺　寺居四絕　張氏鑑云絕下當有之一二字

半湯湖　在城東四十里　一統志八三十作在上元縣東北四十里

華陽觀　留宋旣卽鐫板揭梁間　張氏鑑云留宋

晲疑有誤

清涼寺　荆公有送黄吉父入題｜｜｜壁詩　張氏鑑云入下疑有脫字

佛窟寺　梁大監二年　按梁時年號有天監無大監大字乃天字之誤

古迹

廢建康縣　東晉太康三年分淮水北爲建業後改爲建康　按建業改爲建康因避西晉愍帝之諱太康乃西晉武帝年號此處東晉必西晉之誤

紀瞻宅　按晉書贍厚自棄養　按據晉書紀瞻傳

棄當作奉

江令宅　江揔陳人也仕至尚書　張氏鑑云揔當作總

謝安墩　此墩卽晉太傅謝安與右軍王羲之問登　按據方輿勝覽問當作同

昇元寺劉仁瞻像　見壁間有繪一金紫大夫　張氏鑑云大當作丈　按據上文此句係隱居詩話之語今考隱居詩話正作丈張說是也○陳前金瑋生無愧鼓下蠻奴死合羞　按隱居詩話金作仙此句係用梁書馬仙瑋事金字乃仙字之誤○

歸示其父子安國平甫　張氏鑑云子字係衍文

按上文云王斿遊金陵據東都事略斿乃安國

之子安國字平甫張說是也

晉卞公祠堂　有晉卞忠正公墓公諱壼　按卞壼

本謚忠貞此作忠正者避仁宗嫌名後凡改卞忠

貞爲卞忠正者仿此

青溪姑祠　舊係隋平陳張麗華孔貴嬪死於此

按係字疑傳字之誤

褒忠廟　通判楊邦義不降　按據宋史及宋史紀

事本末義字乃乂字之誤下文官吏下有楊邦乂

是其明證○邦義吉州人也　按吉州人物門有楊邦乂此句義字亦當作乂

江瀆廟　能令敵不待渡者　按據上文此句係容齋隨筆之語今考隨筆卷十待作得是也

吳大帝陵　丹陽記蔣陵因爲名　按寰宇記引丹陽記因下有山字是也○荆公詩方爲孫陵弔神謀　按神謀乃仲謀之誤

王導墓　在上元縣北十四里幕府山對　按據元和郡縣志北上當有西字對亦當作西

官吏上

王導　按王上當補晉字○字茂洪　按王導字茂宏此作洪者避宣祖諱後凡改王茂宏爲王茂洪者仿此

商浩字深源　按深源乃殷浩之字此作商浩者避宣祖諱後凡改殷浩爲商浩者仿此

王儉　按儉雖曾仕於宋然其官丹陽尹則在齊時王上當補齊字

唐顏眞卿　按自王導以下眞卿以上但列人名而無官階事跡疑有脫誤

官吏下

孟郊　按孟上當補唐字

蘇易簡　按自易簡至楊邦乂凡十一人除顧憲之一人之外其餘十人皆係宋人蘇上當補國朝二字

蕭楚才　公曰蕭弟一字之師也　張氏鑑云弟字疑誤

顧憲之　按憲之梁人其官建康令則在宋時顧上當補宋字移至上文孟郊之前

人物

陶洪景　按陶上當補梁字移下文周彥倫後

南金五儁　薛兼清素有守與紀瞻等齊名入洛張華見而奇之曰皆南金也　按以晉書薛兼傳及紀勝體例核之南金五儁四字當改作晉薛兼三字齊名下當補號爲五儁四字蓋五儁之中惟紀瞻與兼同郡故見於下文餘三人則非同郡既不列於此卷則不必標五儁爲總名矣

羊左　按羊角哀左伯桃皆周人羊上當補周字移上文南金五儁之前

周彥倫　按周上當補齊字

樊若水　按自若水以下七人除陳喬一人餘皆宋

人樊上當補國朝二字

陳喬　按陳上當補南唐二字移上文樊若水上

仙釋

胡人康僧會　吴赤烏十年胡人康僧會入境　張氏鑑云前景物門建初寺下作僧康僧會似是二人

婁約法師　僧傳慧約姓婁　張氏鑑云僧上似當有高字

碑碣

吴紀功三段石碑　天璽元年皇象之書　抄本碑

目無之字○集古錄謂之皇象碑　抄本碑目脫

碑字

晉王祥墓碑　在江甯縣之城西南何城寺之北

碑目何字係方匡抄本與紀勝同

謝安墓碑　漢晉紀事云　抄本碑目漢字紀字係

空格○惟立一白碑　碑目白下有石字抄本無

顏公大宗碑　碑目公作舍抄本作舍誤

顏府君碑　並在府學　碑目並作并抄本作並

卞壺墓碣　碑目碣作碑抄本作碣○南唐徐鍇書在忠

烈公墓下　抄本碑目書在二字係空格　按據

上文古迹門晉卞公祠堂注忠烈當作忠正

陶隱居墓磚　碑目居作君抄本磚作碑　許氏瀚云據注乃因得磚而刻石校者遂改爲磚謬甚賴抄本作碑正之　按刻磚在前刻碑在後碑即據磚而刻作碑與作磚均屬可通而作磚者尤得事從其朔之義且下文有陶隱居自撰墓銘梁昭明太子所撰陶隱居墓誌邵陵王綸所撰陶隱居碑銘則此條自當以作磚爲是校碑目者據紀勝以改抄本未可以爲謬也○知山中宰相陶隱居墓也碑目居作君抄本作居○王荆公因書遺金陵天慶觀

黃冠　碑目遺作逹抄本作遺

陳景陽宮井欄石刻　今在行宮　碑目行上有舊字抄本行上有空格○象之觀書擒虎則去虎字書世字則作廿皆避　碑目去上有缺字抄本去作夫世字作世民誤○以唐諱知其爲唐碑　碑目知其作則知碑下有也字抄本無也字

吳太極左仙公葛公碑　碑目仙公作仙翁○唐調露二年重建　抄本碑目露作路　按調露係唐高宗年號作路者誤

梁許長史舊館碑　陶洪景立天監十七年立　碑

目上立字作文抄本作立　按兩立字詞意重複當從

碑目爲是○在玉晨觀　碑目晨作宸下同

華陽頌　唐天寶九年立　碑目年作載抄本作年

唐崇禧觀碑　太極元年立　抄本碑目太作大無

立字　按太極係唐睿宗年號作大者誤

唐玉清觀四等碑　開元十五年　碑目五作一抄本

作五

唐元静先生碑　大曆二年　碑目二上有十字抄本

無

元素先生碑　徐鉉撰在玉晨觀　抄本碑目無此

七字但有空格

唐紫陽觀碑　徐鉉文在玉晨觀　抄本碑目徐上有同上并三字

故元傅太師王君碑　碑目傅太作博大○已上並在句容縣界　碑目並作并抄本作並無在字下同

溧陽長潘元卓碑後漢光和四年今在尉廳　碑目脫去此條

校官之碑　後漢元和四年立　碑目元作光　按元和係漢章帝年號光和係漢靈帝年號以碑文考之當從碑目爲是○葺置廳事之側　抄本碑目無之字○蓋相距六百九十二年　抄本碑目

二作三　按上文有紹興十三年之語今考是年歲在癸亥後漢光和四年歲在辛酉前後相距凡九百六十二年此句九六二字當上下互易

晉建安太守史公神道碑　景龍四年立　抄本碑目無立字

唐宣州溧陽縣永仙觀元宗先生碑銘　碑目元作主　許氏瀚云主當作元

重換司空廟殿記　唐會昌六年　抄本碑目六作三

齊海陵王墓誌　南齊謝朓立石　碑目朓作脁

按作眺者避僖祖諱後凡改謝朓爲謝眺者倣此

王法主碑　道士江旻撰　許氏瀚云旻當作是

按全唐文九百二十三載此碑亦作旻○徐碩隸書

碑目隸作頴抄本作隸

陳尼慧仙碑　以天嘉元年立　碑目天作大抄本作天

按陳文帝年號係天嘉非大嘉碑目非是

梁智藏法師碑　王澤撰銘　碑目王澤作蕭繹抄本王澤作王繹　許氏瀚云繹當作擇

梁茅君碑　道士張澤集　碑目澤作繹抄本作澤

王法主碑　唐劉禕之書齊懷壽書　碑目上書字

作撰抄本作書○碑目昇眞　抄本碑目碑作勢

張常洧碑　承瓌撰　抄本碑目瓌作壞誤

王師乾神道碑　唐湯涫撰　抄本碑目涫作綰

華陽頌　梁陶洪景撰　碑目洪作宏抄本作洪○游山

題記附　碑目附上有郎字抄本無

司空殿記　在溧陽　碑目陽下有縣字抄本無

副元師廳階記　唐嚴倓撰　抄本碑目倓作仍○

大歷四年刻在金陵　抄本碑目月歷字係空格

三茅山記　大和三年題　碑目題作立抄本作題

賜李練師詩詔　唐道士任艮友書元宗所賜詩凡

三百　碑目百作首

仙壇山銘　已上并見集古錄　碑目並作并抄本作並

江南秦淮石志　乃轉入公祏反江東時年號　抄本碑目反作及誤

徐鍇篆字題名　徇在當年墨法存　張氏鑑云徇在之在當作有　按碑目在作有墨法作法墨抄本作墨法張說是也○抵恐終隨嶧碑盡　碑目抵作秖

建康續志　朱□編　碑目□作舜庸抄本與紀勝同

歷代詩

春風試暖昭陽殿明月還過鳷鵲樓李白詠王東循歌 按

太白集詠作永循作巡是也作循者避理宗嫌名

金陵夜寂涼風發獨上高樓望吳越金陵口樓月下吟 張

氏[redacted]云陵字下原缺 按據太白集樓上有城北

二字

吳時花草埋幽徑晉國衣冠成古邱 張氏鑑云時

當作宮國當作代

王濬樓船下益州金陵王氣黯難收 張氏鑑云難

當作然

煙籠寒水月籠沙夜泊秦淮賣酒家 張氏鑑云賣

當作近

本朝人詩

峯多巧障日江遠欲浮天東坡至儀眞和蔣山詩寄金陵中王益柔　按以東坡詩注考之中字乃守字之誤

四六

尋烏衣清溪之故里　張氏鑑云清當作青

諸生[redacted]業無非講學之鄉　張氏鑑云隸當作肆

余元一賀錢書知建康　張氏鑑云錢書疑有脫誤

洪景柏賀葉左丞知建康啟　按柏乃伯之誤景伯者洪适之字也

卷十八　太平州

州沿革

又左傳昭公十二年楚靈王曰昔我先君熊繹　按據左傳君當作王

自晉宋以後史書雜用陽揚二字　按下文云漢丹陽郡北有赭山丹赤故名丹陽又云丹陽山多赤柳故名丹楊此句揚字當是楊字之誤

縣沿革

當塗縣　以江北之當塗流人過江橋立當塗縣　按下文云乃東晉因流人僑立此句橋字乃僑字

之誤

風俗形勝

自孫英以迄于陳嘗爲巨屏　張氏鑑云嘗當作常

自伶倫採竹解谷　張氏鑑云解當作嶰

連宇高甍阡陌如繡陳宣帝詔　按陳書宣帝紀甍作甍

是也

六代英雄迭居於此斯爲上游金陵記姑孰之南淮曲之陽置南豫州

丨丨丨丨丨

丨丨丨丨丨丨　按以正文字數核之注中尚少一

丨

景物上

道院　太守吳芾名　一統志六十名作所書也

黃山　出傳浮邱翁牧雞于此山　張氏鑑云出字疑世字之誤

青山　晉書袁宏爲桓温府記室嘗以游｜｜飲歸命桓同載　按據晉書袁宏傳桓字當作宏

靈山　昔桓温城豬圻懼爲掩襲宿烏宵驚温謂官軍至一時驚潰　按甯國府景物下戰烏山注引元和郡縣志云昔桓温於豬圻討賊屯軍山下夜聞衆烏鳴賊謂官軍已至一時驚潰與此條迴異平寰宇記三一百甯國府戰烏山條引輿地志云

肯桓温駐赭圻恆懼掩襲此圻宿烏所栖中宵鳴驚温謂官軍至一時驚潰與此條相同蓋紀勝前後卷各據所引也後凡類是者當以此意求之

蒲山 在當塗縣六里 按據寰宇記一百五[illegible]縣下當有南字○九域志云宋武帝大明七年 按宋有武帝又有孝武帝大明乃孝武帝年號武上當補孝字

七磯 陳周文育率兵襲盆城 按據陳書周文育傳盆當作湓

景物下

賞詠亭　聲旣淸會辭又藻拔　張氏鑑云會字疑誤　按此二句係晉書袁宏傳語會字不誤

似閑亭　一統志閑作閒○太守楊倓建　一統志倓作掞○草生官舍｜｜居之詩　一統志詩作句

升老亭　郭祥正題化城寺新老淸風亭唐時｜｜｜剪棘令重開　張氏鑑云新老疑當作新修令疑當作今○新公將家子爲僧亦多才或彈玉軫琴傾耳濯纓與淸風不知處泠洌時時來　按以此詩用韻核之與當作埃

玩鞭亭 乃使五騎追帝 按據晉書明帝紀及方
輿勝覽五十迫字乃追字之誤○晉祚襄微鼎欲遷
按襄當作衰
縹緲臺 在繁昌縣治後山絕頂下瞰大江 一統
志作縣治後山巔築屋曰縹緲下瞰大江○對濡
須津 一統志須作塢○隱映左右 一統志作
相爲映發宋熙甯間改名表裏江山臺
采石磯浮梁 并下郎州所造黃黑龍船於采石磯
按郎州本朗州此作郎者避聖祖諱後凡改朗
州爲郎州者仿此○或謂江闊水深古未有浮梁

於采石磯繫纜三日而成不差尺寸　張氏鑑云於上有脫字

翰辟山　寰宇記云　按寰宇記辟作壁

吉祥院　又言江南李昪初爲徐温乞子　按南唐烈祖名昪不名昇此條昇字乃昪字之誤

石城寺　郭祥正懷當塗｜｜｜詩城東寺十里寺有古石城　張氏鑑云上寺字疑誤　按上文石城山注云在當塗縣東二十里此處寺十里疑當作二十里

牛渚磯　又名採石　張氏鑑云採當作采

虎檻州　在繁昌縣東五十里　一統志東下有北字○宋沈攸之王休仁屯軍于此　一統志作宋泰始二年以沈攸之爲尋陽太守將屯兵虎檻按以宋書南史沈攸之傳建安王休仁傳及通鑑考之王休仁上當補建安二字○陳侯瑱進軍虎檻洲與齊王琳合戰　一統志作陳天嘉元年侯瑱拒王琳自蕪湖進軍虎檻洲

慈湖峽　故應管蒯知心腹弱纜能爭萬里風　張氏鑑云管似當作菅　按據上文此句係東坡詩今考蘇集正作菅張說是也

慈湖水　元和郡縣志云在當塗縣北六十五里具將笮融於此屯兵　按元和志二十八具作吳

古迹

楚干將墓　在宜春縣即蕪湖也　按寰宇記宜春作宜城今考蕪湖本割宜城當塗三縣所置與宜春無涉當從寰宇記

吳陶基及諸陶氏墓　地名陶墓岡墓碑見在而陶享陶璜等墓皆在焉　按據晉書陶璜傳基即璜之父而無陶享之名疑享字乃基字之誤

晉畢卓墓　在當塗縣南東龍山　按據元和郡縣

志龍山在當塗縣東南此句南東當作東南

官吏

郭偉　知太平州｜｜率將士拒敵敗之翌日又敗金人退攻磁湖偉又敗之　張氏鑑云磁當作慈按上文景物下有慈湖峽慈湖水張說是也

調民伐木爲慢道　張氏鑑云慢當作幔下同

人物

吳陶基　子璜亦爲交州刺史姪回自基至綏四世爲交州者五人　按據晉書陶璜傳璜下當補璜子威威弟淑子綏八字回下當補護軍將軍四字

唐陶大舉　史民思之爲立德政碑　按史當作吏

胡璞　劒蒲人　張氏鑑云蒲當作浦○一杯蟬蛻此江頭　張氏鑑云杯似當作坏

詹氏　女遂隨賊皆行　按皆當作偕

仙釋

梁杯渡禪師　詳見靜勝山下　張氏鑑云或據前景物門改靜勝爲隱靜茲仍改從舊蓋前後不同亦未知孰是也　按下文仙釋門杯渡注云今隱靜山卽其處也卷中此地三見而兩作隱靜似當以隱靜爲是

羅浮尊者　以竹代繩取水則凊冷可飲　按冷似當作泠

碑記

晉楊府君墓碑　亮策杖來歸　碑目策杖作杖策　抄本來字係空格○一在泊山一在河澗　抄本作澗碑目澗作間

慈姥磯唐刻　磯上有界牌二字乃唐刻也　碑目無字字　抄本有許氏瀚云此字連下讀不必刪　按上文景物下慈姥磯注云磯上刻界牌二字注云北澗州上元界南宣州當塗界乃唐刻也據此

則字字屬上讀不連下讀

陶府君大舉德政碑　碑今存　碑目存作在抄本作存

演教院碑　上有長慶二字　許氏瀚云字當作年

太平州詩南州集　林桷序　抄本碑目桷作補誤

詩

採石月下逢謫仙　張氏鑑云採當作采

石磧廢井謝公宅記仆斷碣長庚碑　張氏鑑云磧疑磧之誤

嬴得工夫弄簡編　按嬴當作贏

蕪湖縣詩

除地誅茅懸左偏　張氏鑑云懸似當作縣

四六

當塗重鎮姑孰名區呂　按呂下脫人名俟考

卷十九甯國府

府沿革

又恐宣城雖置於順帝而旋卽廢於威帝時　按威帝卽桓帝此改作威者避欽宗諱後凡改桓帝爲威帝者仿此

齊州郡志云梁承聖元年復置江南南豫州郡不廢

張氏鑑云上言齊下言梁疑有誤　按寰宇記

一百三無齊州二字是也

縣沿革

□□□緊　張氏鑑云此處落旌德縣名白文當補　按以下文所引元和郡縣志二十八及寰宇記核之張說是也

□□□中　張氏鑑云此處落太平縣名白文當補　按以下文所引寰宇記核之張說是也

風俗形勝

宣州秦故鄣之地　按上文府沿革云秦王翦悉定荆江南之地置鄣郡又云漢改故鄣郡爲丹陽郡

此句障字乃鄣字之誤

景物上

響山　在宣城縣南五里　方輿紀要二十八作在城南二里

木瓜　舊不知所出今處處有之宣城者爲佳又云宣州人種蒔尤謹　按又云二字上無所承疑有脫誤

魁峯　昔有諺云｜｜項秀石女峯高入仕路者紫綬金章　張氏鑑云諺語不用韻疑有脫誤

獨山　在宣州溧水縣距建康屬耳　張氏鑑云句

有脫誤

景物下

陵峰堂　舊曰重梅梅公聖俞所名也[illegible]氏鑑云重梅二字疑有誤

環波亭　在城上　一統志五十九城上有府字

賞溪樓　在涇縣治　一統志治下有前字

沃洲亭　在宣城縣東　一統志作在府治東

坐嘯堂　唐鄭刺史董　按據唐書鄭薰傳薰嘗爲宣歙觀察使唐時官制凡節度觀察所治之州必兼領其刺史此句董字必薰字之誤下文碑記門

有鄭薰祭敬亭山文是其明證

六勸亭　作文以勸斯民其畫一曰行孝弟務農桑向儒學興廉遜崇信行近醫藥爲條有六　張氏鑑云畫一二字有誤

謝公亭　謝元暉送范雲零陵內史此其處也　張氏鑑云零上疑脫官字

天門山　李白望天門山詩云天門中斷楚江開碧水東流直北迴　張氏鑑云直北當作去不　按方輿勝覽十五所引作至此

梅根監　元和郡縣志在南陵縣西一百三十五里

梅根併宛陵監歲共鑄錢五萬貫　按今考元和志併作并歲上有每字是也

銅井山　元和郡縣志云在南陵縣八十餘里　按今考元和志縣下有西南二字餘作里是也

鵲頭鎮　元和郡縣志云在南陵縣百里　按今考元和志百里作西一百一十里是也

九龍觀　在太平縣西六十里　一統志作在九龍山下

麻姑山　在宣城縣三十五里　按據方輿勝覽縣下當補東字

紫毫筆　謹勿空將彈失儀謹勿空將錄制詞　按
據上文此二句係白居易詩兩謹字白集皆作愼
此作謹者避孝宗諱

古迹

元彝廟　按元彝卽桓彝改桓爲元者避欽宗諱後
凡改桓彝爲元彝者倣此

晉桓彝墓　在宣城縣北八十里焦村　一統志八
作四

靈惠廟　在涇縣之湖山　一統志之作西

官吏上

桓彝　按桓上當補晉字

范曄　按范上當補宋字

謝元暉　按謝上當補齊字　又按元暉卽謝朓之字不稱名而稱字避僖祖諱後凡稱謝朓爲謝元暉者仿此

裴耀卿　按裴上當補唐字

范傳正　樂天集｜｜｜制云況黟歙之遺愛尚在吳興之新政方播　張氏鑑云在當作存

賈黃中　按自黃中以下皆宋人賈上當補國朝二字

官吏下

晉郭璞　爲宣州參軍　按晉時尚無宣州之名據晉書郭璞[illegible]州字乃城字之誤

李陽冰　按李上當補唐字○字元温　按元字乃少字之誤

田錫　按自錫以下皆宋人田上當補國朝二字

人物

紀騭　按騭係吳人紀上當補吳字

甘卓　按卓係晉人甘上當補晉字○不附王厚　按王厚卽王敦改敦爲厚者避光宗嫌名後凡改

王敦爲王厚者倣此

元處士　按元上當補唐字

邵拙　按自拙以下皆宋人郃上當補國朝二字

梅詢　眞宗過殿廬中一見召試李沆以其躁競仁宗朝累遷至給事中　按據下文此數句係東都事略之語今考事略梅詢傳躁競下有不可乃已四字○嘗撫其足詈之曰是中有鬼不全我至兩府者汝也　張氏鑑云全當作令　按事略梅詢傳正作令張說是也

周紫芝　後居江之廬山　張氏鑑云江下當有州

字

仙釋

劉九經　名士執經授業者數十人　張氏鑑云授當作受

宋杲　張魏公請住徑山張橫渠問格物　按宗杲與魏公同時不與橫渠同時張橫渠句疑有脫誤

碑記

艮吏記　陳蕳甫題開元艮吏六人　碑目蕳作簡　按上文風俗形勝門引唐陳簡甫艮吏記作簡者是也

祭敬亭山文　鄭薰　抄本碑目薰作董　按作董者誤說詳文景物下坐嘯堂

禪定寺通公碑　碑目通作道抄本作通

新興寺新條流勑　抄本碑目流作劉誤

魯府君廟碑　載武德六年魯知嵓以宣城降　碑目知作之抄本嵓作峉誤

徐知證墓碑　在宣城西四十里　碑目西上有縣字抄本無

新興寺藏記　已上並在宣城縣界　碑目並作并抄本作並下同

東峯亭記序　在涇縣西二里　碑目二作十（抄本作二）○季廣琛將兵　碑目季作李（抄本作季）　按唐書通鑑有季廣琛無李廣琛碑目非是○討石埭寇　抄本碑目埭字係空格○劉太眞爲之序　碑目太作大誤（抄本作太）

唐宣州響山新亭新營記　權載之撰云元和二年冬宣城長帥路應造　碑目冬作今路上有空格（抄本冬作令路上無空格）　按全唐文（四百九十四）冬下有十月二字路應造作中執法襄陽郡王路公作新亭新營

詩

李白贈從弟昭宣州長史　張氏鑑云昭字當在長史下

江城如畫裏山晚望晴空　張氏鑑云晚當作曉

按太白集正作曉張說是也

人行明鏡中鳥度屏風裏前人宣城清溪　張氏鑑云清當作青　按上文景物上青溪注引李白宣城青溪詩有此二句張說是也

忽驚歌雪今朝至必恐文星昨夜還　張氏鑑云必字疑誤

敬亭暮色晴臨道句山寒流澹不波劉長卿行至宣州　張

氏鑑云山疑水之誤　按上文景物上有句溪寰宇記亦載句溪水源張說是也

江中謝守高吟地風月朱公故里情晏元獻公送凌侍郎　按方輿勝覽引此詩中作山是也

卷二十　徽州

州沿革

吳地斗分野漢書地理志丨丨丨丨丨丨　按漢書地理志野下有也字注中末一丨當作也

縣沿革

績溪縣　蘇公豈有無據而云　張氏鑑云而云疑

有誤

風俗形勝

崇山峻流爽秀尤異　張氏鑑云流疑當作嶺

景物上

岐山　古藤蘿絡花時如錦屏　張氏鑑云古藤蘿絡疑有脱誤

湯泉　寰宇記在歙縣北北黟山東峯下　按據寰宇記一百四歙縣當作休甯縣

景物下

楊之水　寰宇記在歙縣　按據寰宇記楊作揚在

休寧縣○寰宇記從[redacted]東南流　按寰宇記作
北從績溪縣東南六十里
林歷山　齊使以戈帖山而升　張氏鑑云帖字疑
誤　按據三國志賀齊傳元和郡縣志二十八帖字
乃拓字之誤
朱砂湯　寺人謂之朱砂發見　按寺疑時之誤
烏聊山　元和縣志　按縣上脫郡字○後漢末賊
萬戶毛甘屯於此　按元和志毛甘在萬戶之上
又按寰宇記云按吳記歙帥毛甘領萬人屯烏
聊方輿勝覽十六歙人毛甘以萬戶屯此山敘事尤

爲明析毛甘亦在萬戶之上

梅源山　山產楊梅梁任約爲太守罷不復采　按據下文官吏上任昉注及方輿紀要二十八約當作昉且據梁書南史任昉嘗　太守若任約乃侯景之黨未嘗官新安也

大鄣山　舊名障郡者由此　障當作鄣

東松菴　元豐中王純甫汪　皆有詩　按據宋史及東都事略元豐時宰執無姓汪者此言汪丞相疑誤

三天子都山　寰宇記在績溪縣東南八十里一名

玉山　按據寰宇記玉乃王之誤下文云今謂之王山亦其明證

主簿山　寰宇記云主簿山在祁門縣西北昔有黟縣主簿循鄉到此　按寰宇記循作巡改巡爲循者避理宗嫌名

天王院　唐天寶初大石康居等五國寇安西　按據唐書通鑑西域有大食國此言大石乃大食之誤

祥符院　一統志七五十　院作寺○院有桂石爲魚其聲清越　張氏鑑云句疑有誤

古迹

孔靈村 按晉書云孔愉會稽人永康之亂避地入新安山谷中 按據晉書孔愉傳康字乃嘉字之誤

呂公灘 刺史呂重 按下文官吏上呂季重注云鑿車輪灘成安流至今人號呂公灘云此句重上脱去季字寰宇記亦有季字是其證矣

張公洞 以繩鎚下 張氏鑑云鎚當作縋下同

廣德王國 立洪客爲王 張氏鑑云洪當作雲按漢書成帝紀諸侯王表中山靖王傳皆作雲張

說是也

官吏上

吳賀齊　齊作鐵戈柘塹爲緣道　按以三國志賀齊傳考之柘塹當作拓斬山

蕭復　父尚新昌公主復生戚里　按以新舊唐書蕭復傳考之父下當有衡字

崔淙　遂甯蹝險之俗　張氏鑑云蹝似當作蹤豈古本左傳有異耶　按蹝字於字書無考蓋卽蹤字傳寫之誤

范傳正　白居易掌制詞云黟歙之遺愛尚在吳興

之新政方播　張氏鑑云在當作存

盧肇　肇令日遙望漁舟不闊尺八　張氏鑑云日字乃曰字之誤○有姚嚴傑者　按據下文此係唐摭言之語今考摭言嚴作巖

官吏下

唐薩稷　稱其贊賊平而邑里有華苦竄息而山谷知謹　張氏鑑云贊似當作鷙

鮮于侁　按自侁以下皆宋人鮮上當補國朝二字

崔鶠　元符末以日食詔求直言鶠上書辨司馬温公力抵時相　按抵當作詆

毛臬　臬坐府城陷上　張氏鑑云府上疑有誤

人物

謝泌　按目泌以下皆宋人謝上當補國朝二字

查道　乃引春秋會吳于祖以對乃莊加反　按祖乃柤之誤

汪廷美　子姪諸孫有過未嘗形言

淩唐佐　豫殺之李横囚其妻田氏于潁昌府其後李横下潁昌田氏訟其事以聞　張氏鑑云上李横有誤　按張氏知下李横不誤者以横爲宋臣非劉豫黨也

仙釋

方儲　嘗遺雙履於牖下母命藏去　張氏鑑云雙似當作隻　按下文云唯有隻履取前履合之良是張說是也

碑記

越國公廟記　唐汪台符文　抄本碑目汪作江　按全唐文八百六十九載此記係汪台符所作抄本作江乃傳寫之誤

問政先生碑記　吳順義中方訥文　碑目訥作詘

漢洞院碑　新安志云今院有南唐保大中碑　抄

本碑目保作錄　按保大係南唐元宗年號作錄

大者誤

婺源縣古縣記　見新安志本縣沿革下　抄本碑

目沿誤作治革上空一格

州縣牌額　抄本碑目牌作碑　按注引容齋續筆

所言係隸字扁榜自應作牌字爲是○添差通判

盧瑢　抄本碑目瑢作璐誤○凡亭榭臺觀之類

抄本碑目榭作樹誤○次年四月　抄本碑目

次作決誤○官舍民廬一空　抄本碑目廬作盧

誤

歙州折絹本末　車氏持謙云此條與碑記均無涉不知當時何以錄入　按此條似當在風俗形勝門内今列於此亦編次之誤○又陳居仁言行錄云　碑目陳作原○特鐫其二　抄本碑目特作符

新安志　羅願編　抄本碑目無編字

詩

千載人傳舊史君　張氏鑑云史當作使

鼓角喧京口山江盡汝墳　張氏鑑云江當在山上

輿地紀勝校勘記卷四終

輿地紀勝校勘記卷五 江南東路

卷二十一 信州

縣沿革

弋陽縣 輿地廣記云有寶豐縣慶歷省入弋陽縣

按輿地廣記二十四慶歷下有三年又三字是也

風俗形勝

鄱陽記云界內之山出銅及鉛鐵者有玉山及懷玉

石 按下文景物上有玉山景物下有懷玉山此

處懷玉石乃懷玉山之誤寰宇記一百七引鄱陽記

正作山是其明證

景物上

鉛山　建中時封禁正元年置永平監　按據上文此係寰宇記之語今考寰宇記時作元年年作間

水亭　張祐有題弋陽徐明甫水亭詩　張氏鑑云祐當作祜甫當作府

石巖　在玉山縣二十餘里　張氏鑑云縣下有脫字

洞巖　在玉山三十餘里　張氏鑑云山下有脫字

南巖　寰宇記云在上饒縣十餘里　按寰宇記十餘里作西南一十里

葛陂　長房化去已千年鬼谷紛紛不畏天　張氏鑑云鬼谷疑鬼怪之誤

鶴山　方輿紀要卷八十五山作峯○下有天井　方輿紀要下作左○廣二丈　方輿紀要作廣丈許深莫測溉田數百頃蓋卽龍井矣

景物下

鬼谷山　又按晉泰康秦地記　按泰康當作太康

仙人城　南有屈曲而上絕頂平坦　按南有下有脫字

黃石山　出黃黕石　張氏鑑云黕字疑誤

宋氏水　唐天寶敕改　按天寶下有脫字

古迹

葛元仙翁冢　神仙傳云——指蝦蟇使節皆應絃節使止乃止　張氏鑑云上節字疑誤　按神仙傳上節字作舞

官吏

胡則　按自則以下皆宋人胡上當有國朝二字

龎籍　嘗隷業于觀音山之崇壽院　按隷當作肄

人物

葉虞仲　按自虞仲以下皆宋人葉上當補國朝二

字○吾貧甚不能辦也此請以二十櫃書當之可乎　按此當在也上

仙釋

草衣禪師　乃就延茲地三十年矣　按據上文此句係權載之集中之詩今考全唐文四百九十四權德輿信州南巖草衣禪師宴坐記就延作延就是也

○口不嚐味　按全唐文嚐作嘗是也

碑記

唐元和碑　蔣穎叔詩云　碑目潁作穎抄本作頴

南唐欽道觀記　舊名玉陽觀　抄本碑目玉作王

誤

龍紀中雄石鎮請僧帖　陸九淵子靜有跋語辨其眞爲唐龍紀時帖　碑目爲作僞誤

王謝公信州興造記　夏六月乙亥大水水降於是募八城水之所入垣郡府之缺　碑目無下水字抄本有下水字垣上有空格　按下文云自七月甲午卒九月丙戌蓋大水在六月乙亥水降興工在七月甲午首尾凡二十日非一時之事下水字斷不可刪〇考監軍之室司理之獄　碑目司上有立字抄本無

〇亢爽之墟　抄本碑目墟作虛〇宅曰回車〇

碑目同作廻抄本作囘○梁四十二舟于兩亭之間以通車徒之道 抄本碑目梁作築誤○築一亭于州門之左曰宴月言所以屬賓也 碑目月言作曰吉誤抄本作月言

洪蒭遊洞記 張氏鑑云蒭當作芻 按碑目正作芻

唐曹君墓碑 上饒尉陳莊發土得唐碑 碑目莊作壯 按據上文此係容齋五筆之語今考五筆卷二亦作莊○肖形天地間範圍陰陽內 碑目間上內上有之字 按容齋五筆無兩之字○予

姓周氏　碑目無姓字抄本作子姓周　按容齋五筆與

紀勝同

上饒志　王自中序　碑目作白上中序抄本作上中序

詩

水精製盤盂去聲水瑩產郊甸　張氏鑑云下水字似

當作氷

卷二十二池州

州沿革

其後李芃請於秋浦仍舊置州　張氏鑑云芃當作

芃　按據注此數語本於寰宇記今考寰宇記正

作芃新舊唐書李芃傳均載此事張說是也

縣沿革

貴池縣　永泰初李芃請於秋浦置池州　按芃亦當作芃

石埭縣　元和郡縣志云唐永泰中李勉奏置於吳所置陵陽縣南五里置縣　按今本元和志二十八於上無置字置下無縣字是也　又按今本元和志縣作城脫南字

風俗形勝

北望陵陽竇眞人飛昇之所南瞻孫子費徵君棲隱

之鄉　按據上文此係徐鉉天慶觀記今考全唐文（八百八十四）載此文（全唐文作紫極宮碑者宋之天慶觀卽唐之紫極宮也）孫作子紀勝下文景物下九華山注云舊名九子山人物費冠卿注云遂隱池州九華山當以作子者爲是

有洞五曰翠微曰寄隱曰子招曰妙峯曰紫微　按下文景物上半巖注招作昭方輿勝覽（十六）亦作昭

成紀白苛之陂　按下文景物下有白（引李太白詩亦作白笴陂）此句苛字乃笴字之誤方輿勝覽亦作笴是其證矣

景物上

蓋山　遠望如蓋　一統志十六作屹立　濱望之如蓋故名○文選｜｜舒氏伐薪忽坐　挽不起

張氏鑑云文選下脫注字

堯城　元和郡縣志云帝堯南循至此城　張氏鑑云循當作巡　按此避理宗嫌名

景物下

獅子峯　遠望有類｜｜遠望淮南皆在極目　張氏鑑云兩遠望疑有一誤

雁汊口　在東流縣有循檢寨　按循檢卽巡檢此

亦避理宗嫌名

臥龍庵　李維揚人　張氏鑑云維揚有誤○江南李民召之爲相不起　張氏鑑云民當作氏

石牌口　生摛八百餘人　張氏鑑云摛當作擒

五松山　在銅陵　一統志作山在銅官西南有松一本五枝黛色參天○李太白名曰｜｜因作詩以美令｜｜｜有寶雲院及李翰林祠堂　一統志作李白詩云我來五松下置酒窮躋攀徵古絕遺老因名五松山山下有寶雲院及太白祠堂今銅陵號曰五松本此山也

九華山　劉禹錫云疑是九龍夭矯欲攀天忽逢霹靂一聲化爲石　張氏鑑云錫下脱詩字

金碧洞　在貴池廢林寺　張氏鑑云林上疑有脱字

古迹

陵陽縣城　晉太康二年置州城時帝杜皇后諱陽遂改爲南陵縣　按太康乃西晉武帝年號杜皇后乃東晉成帝之后據晉書成帝紀及杜皇后傳改后改縣事在咸康二年此處太字乃咸字之誤

宋齊邱增賦　且如上田貴池每畝八勝而靑陽一

斛九勝七合中田貴池每畝六勝而青陽一斗五勝一合　按四勝字皆當作升

官吏

唐蕭復 字　張氏鑑云自蕭復至竇滴共五人下文自包拯至陳規共六人皆名下但注一字字疑有脫文

魏良臣　偶思得一事非晚郊祀如遷客之久在遐方者可因赦內徙　張氏鑑云非晚字疑誤

人物

漢高獲　二公爭辟不應遂循江南卒于石城　按

據上文此數句係後漢書之語今考後漢書高獲傳循作遠遁是也

顧雲　同隸業九華　按隸當作肄

靑陽孝子　何澄粹事親孝　按何澄粹三字宜列于正文不當列於注中

元證君　皮日休移ㄧㄧㄧ書云　按全唐文七百九十六載日休此書作元徵君此作元證君者避仁宗嫌名後凡改徵君爲證君者仿此

劉處士　滕子京寄九華山劉處士詩云　按處士與滕子京同時其爲宋人無疑劉上當補國朝二

字

仙釋

妙空禪師　訥嗣法於雪峯卯一齋　張氏鑑云句疑有誤

碑記

大廳壁記　元和八年齊映爲守日建　碑目映作暎誤○又韓贄文　抄本碑目贄作贊　按上文官吏上有韓贄三賢壁記注亦有韓贄作贊者非也

夫子廟麟臺碑　韋表物文　碑目物作微抄本表作應

按全唐文六百三十三亦以此碑爲韋表微作碑目是也

昭惠廟墨勑　嘗仕晉爲晉陽太守　碑目無嘗字抄本嘗仕晉作嘗任〇今三勑俱存　抄本碑目存下有丨丨係誤衍

開講詩　集古錄鞏疇爲講老子而作　抄本碑目爲作錄誤〇楊巖刻石立於九華疇之所居　抄本碑目華作鞏誤

馬當山銘　合二險之爲一　抄本碑目一字係宜格〇摧牙折檣　抄本碑目摧作推誤〇仗忠信

者通乎呂梁　抄本碑目仗作伏誤○使舟檝而
行乎馬當　碑目而作者　按全唐文八百載陸
龜蒙馬當山銘使作便而作者○合是三險而爲
末敵小人方寸之苞藏　碑目爲下有一字苞作
包　按全唐文同
題元宗御筆記　集古錄唐張說題元宗所書碑御
製書字并年月記及模勒刻字人姓名　碑目製
下無書字抄本有○李崈書　張氏鑑云崈字誤
按碑目崈作宗○杜牧題名者牧爲池州刺史立
左史洞之名而題之　碑目左作在抄本作左　按據

新舊唐書杜牧傳其爲池州刺史之前曾任史官當以作左史者爲是○張祜書　張氏鑑云祜當作祜

池陽前集　矣蔚張古序　碑目蔚作尉抄本作蔚

池陽前記　政和八年范致明編　碑目致作敏抄本作政

總池州詩

九子峰前閑未得五溪橋上坐多時冷然　張氏鑑云冷然疑有脫誤

秋浦詩

秋浦多白猿超騰若飛雲牽引條上兒飲弄水中月

按雲乃雪之誤雪與月爲韻

蕭相樓詩

兩翰林爲滕公甫錢公勰也　按爲當作謂

山詩

謝守風流爲勝事杜郎吟詠屬多才夏噩　張氏鑑云

噩字疑誤

陳迹俯仰問登臨感今昨□□　張氏鑑云原本失

名

爰考唐朝有杜牧把麾之舊其臨秋浦亦齊侯解組之餘東萊　按方輿勝覽有作乃其作共

卷二十三　饒州

州沿革

寰宇記云唐武德四年平江左置饒州新圖經以爲武德　按原本此下脫去一頁蓋州沿革之後半縣沿革之前半也

縣沿革

在州東一百六十里　按原本此上脫去一頁以下文所引元和郡縣志及唐志考之係餘干縣之沿

革

監司沿革

提刑司　東軒筆錄云王安石罷相以會陵觀使居于金陵神宗以呂嘉問爲守王安石提點江東刑獄俾遷提刑治所于金陵　按據東軒筆錄卷五會陵乃會靈之誤下安石乃安上之誤

都大提點坑冶司　太平興國二年二月壬辰朔轉運使樊若冰請置於昇鄂饒等州　張氏鑑云冰似當作水○部郡邑四五百所分提封半臨制莫盛焉洪邁與造記　張氏鑑云臨疑壁之誤

風俗形勝

餘干有畝鍾之地武林有千章之材唐劉禹錫荅元微之使君書

張氏鑑云餘千似當作餘干　按全唐文六百四方輿勝覽十八正作干餘干乃饒州縣名張説是也

饒爲沃野而鄱有鎔銀擷茗之利唐元積齊照饒州刺史制　按方輿勝覽積作稹全唐文六百四十九鄱下有陽字照作炅係元稹之文此作元積誤

孝廉才茂歲貢大庭　張氏鑑云才茂當作茂才

景物上

楚東　地名也范文正公守饒日建楚東樓　張氏

鑑云曰當作日

盤洲 在𩔖州門外 按上文蠙州注云在鄱陽縣西多蚌此句𩔖字當是蠙字之訛

堯山 傳堯時洚水避難者居之 按方輿勝覽傳上有相字是也

芝山 刺史薛振上素山之巓山產芝草三莖刺史薛振因改爲一一 張氏鑑云下刺史薛振疑是衍文

景物下

識山堂 最爲楚東勝絶 一統志一百九十勝絶作絶

勝

觀魚臺　世傳番居故迹　張氏鑑云居疑當作君

按寰宇記一百七觀魚臺下云番君至此觀魚張

說是也

乘風亭　熙甯中建　一統志熙作康　按熙甯乃

宋神宗年號而康甯之年號無考當以熙字爲是

三賢堂　畢士安范仲淹而下六人呂頤浩凡七人

張氏鑑云呂上疑有脫字

九賢堂　晉虞博　按據下文官吏門及晉　字

乃溥字之誤

聚遠亭　樸樸山川銀粉薄　張氏鑑云樸樸二字有誤

綵衣堂　安仁周氏之居也　一統志安仁作在安仁縣○五世同時　一統志時作居

延賓坊　世傳爲陶侃所居　一統志世作相所作故○孝廉范逵嘗過侃　一統志孝廉作侃友○倉卒無以待　一統志待上有爲字○其母乃截髮　一統志其作侃無乃字

臙脂橋　在州永甯寺東世傳蕭王粧樓之地　張氏鑑云蕭王疑有誤

山谷寺　郭祥正詩云乃知梁僧挈刀尺來此幽棲

聊脫樅　張氏鑑云樅字疑誤

楊子巖　在安仁縣六十里　按以方輿紀要八十五考之縣下當有東南二字

仙人城　中有鐵冶鹽敖倉廪棓㯳之屬　張氏鑑云敖當作鏉

古迹

吳芮宅　有馬迹石　一統志迹作跡○有龍泉寺泉出石壁中　一統志無寺字中字

游公樓　去廬山三百里參然在望　張氏鑑云參

字疑誤

姚公樓　唐刺史蕭陵男克濟建　張氏鑑

脫誤

官吏

梁陸襄　人作歌曰鮮于抄後善惡分　按上文云郡人鮮于琮作亂此句抄字義不可通梁書陸襄傳抄作平是也

柳惲　舊經云郡有柳樓　按上文古迹門柳公樓注云梁柳惲爲鄱陽相所刱此句柳下脫去公字

蔡冠卿　莫嗟天驥逐嬴羊　張氏鑑云嬴當作羸

按據上文此句係東坡送蔡冠卿知饒州詩今

考蘇集羸羊作羸牛

韓琚　仕至司封五雲次舊聞　張氏鑑云五雲以

下疑有脫誤

人物

文翁　按文上當補漢字

陶侃　按陶上當補晉字

彭汝礪　按自汝礪以下皆宋人彭上當補國朝二

字

程氏女　陳忠壯公靈洗五世孫　張氏鑑云程陳

二字似有一誤　按程靈洗係陳人程陳二字皆不誤惟陳下尚當有一程字耳

仙釋

丁行者　萬法堂空滅　張氏鑑云堂乃當之誤

碑記

饒州刺史碑　自吳至今以政績著者有九賢　抄本碑目績作續誤〇此外知名者蓋鮮　抄本碑目鮮作詳誤

唐饒娥碑　黿魚鼉蛟浮死萬數　抄本碑目數作類　按據上文饒娥碑係柳宗元所作今考柳集

亦作數抄本碑目誤

南唐雙溪觀記　葉宗文　碑目宗係空格抄本宗作宷誤

唐自鳴山記　唐咸通十年歐陽證　碑目證下有文字抄本無

羅漢讚　碑目讚作贊

玉石寺記　唐逢汝舟　碑目舟下有文字抄本舟作周無文字

都頡七談　抄本碑目七作亡誤○餘干進士丨丨抄本碑目干作于誤○其敍土風人物云　抄本云作六誤

鄱陽舊志　按此書未注撰人姓名葢有脫文

詩

太守能兼詩愛靜　張氏鑑云兼詩二字疑倒　按方輿勝覽詩在兼上張說是也

唐朱餘慶送張饒州詩　張氏鑑云餘慶當作慶餘

史君去後堪思處　張氏鑑云史當作使

韓滮詩　張氏鑑云滮當作淲

四六

文獻相續有曾范之遺風呂　按呂下脫去人名

卷二十四　廣德軍

軍沿革

故障縣屬焉 按西漢地理丹陽郡郡領縣十七故鄣預焉 按障乃鄣之誤元和郡縣志二十八太平寰宇記一百三皆言故鄣縣與漢志相合

而何承天宋志稱廣德漢舊縣與元和郡縣志同

張氏鑑云一疑當作亦

元和志云仁壽二年屬湖州 按元和志二作三下文縣沿革廣德縣注引元和志亦作三此句二字乃三字之誤

景物上

靈山　在薰風門外七十里　一統志六十八薰風門外作廣德縣南

橫山　在城外橫山五里　按方輿勝覽十八作城外五里紀勝注中橫山二字疑衍文○四望望之其形皆橫　按下文詩門注云四面望之皆橫此句上望字乃面字之誤

景物下

東亭湖　在朝陽門外三十里　一統志朝陽門外作州東南○張王興跡之所王先開一池曰浴兵池　一統志作張王所開一名浴兵池

荆山洞　今東泉寺北近有馮家洞　張氏鑑云北

近疑當作近北

大溪山　即桐水也　一統志作桐水所經

大巖山　冬夏不竭　一統志竭作涸下有又南十

里爲六磊山八字

伍牙山　伍員伐楚　一統志作相傳伍胥伐楚

獅子橋　在清霜門外　一統志在下有州字

劉相[illegible]　捨宅[illegible]　一統志寺作

[illegible]逕

[illegible]吏

范仲淹　按自仲淹以下皆宋人范上當補國朝二字

官卓　元和初除監察御史　按據下文此係東都事畧之語今考事畧上官均傳元和作元祐是也○論事多同異俱不罷　按事畧不作求是也

錢觀復　任内蔵[illegible]常平倉提舉官屢仰觀復觀復手書論已振[illegible]民目曰[illegible]命在朝夕吾能不獨任擅發之責耶　按仰乃抑之誤

入輸

張[illegible]　[illegible]上當補國朝二字

碑記

顏眞卿橫山廟碑　始贈水部員外郎　抄本碑目無郎字

廣德軍桐汭志　郡守趙亮夫序　碑目夫作天抄本作夫

詩

我有集仙經始在勞君一到爲重修亭在橫山乃天聖中翰林學士梅詢所建　按上文景物下集仙臺注云有臺曰集仙乃天聖中郡守梅詢所建此注亭字乃臺字之誤

蕭蕭獄曹椽有亭名范公　按椽乃掾之誤○殆公

三年歸字滿無所容　按殆乃迨之誤

四六

維是桐原實臨江滸張扞　張氏鑑云扞字疑誤下同

卷二十五南康軍

軍沿革

按禹貢揚州之域曰彭蠡既潴　按潴當作豬

縣沿革

都昌縣　是都昌爲五代亦屬江州也　張氏鑑云爲五代當作在五代

風俗形勝

改鎭爲星子星　張氏鑑云下星字似當作縣　按

據上文此係寰宇記之語今考寰宇記一百一十一下

星字正作縣張說是也

十大禪刹廬山｜｜｜｜而山南居其大日歸宗開先萬杉棲賢羅漢慧日是也　按

注中大字乃六字之誤方輿勝覽十七正作六

景物上

珠溪　在都昌縣東五里溪章帝時出明月珠　一

統志一百九十三溪作漢

廬山有康俗兄弟七人皆有道術　按匡山本因匡

俗得名此作康俗者避太祖諱後凡改匡俗爲康

俗者仿此○韓文送惠師詩 按文下當補公字

蓮池 亘伊爲江州刺史 按亘伊本當作桓伊改亘爲桓者避欽宗諱後凡改桓伊爲亘伊者仿此

景物下

折桂亭 昔倚五老峯面對大江 一統志昔作背

○千島萬湫 張氏鑑云湫當作漵 按一統志正作漵張說是也

遠明閣 在建昌尉廳前揖西山俯瞰脩水 一統志尉上有縣字前下仍有前字脩作修

淸輝閣 一統志輝閣作暉樓○取山水含淸輝之

句　一統志作取謝靈運山水含淸暉之義

玉淵亭　試向欄干敲柱杖　張氏鑑云柱當作拄

蛇骨洲　時吳猛有神術弟子往殺之　按寰宇記弟上有與字是也

臥龍庵　怒瀑中瀉　一統志瀑作濤○若欲蜿螟飛舞　一統志無欲字螟作蜒○故名臥龍　一統志名作曰○郡守朱熹繪諸葛武侯於庵中且爲之記　一統志作朱子作庵其旁欲以休隱乃繪諸葛亮像於中自爲記

黃龍山　有黃龍之像故名下有黃龍像　張氏鑑

云下像字疑誤

白鶴觀　白鶴觀記云　一統志作蘇轍記云

青牛谷　相傳云老君陽見之所　張氏鑑云陽字疑降字之誤

屏風山　縈繞磅礴　張氏鑑云礴當作礡　按方輿勝覽正作礡張說是也

瀑布水　一統志水作泉○廬山南瀑布無慮十數一統志無慮作以○徐疑詩云古今常如白練飛一條界破青山色　張氏鑑云古今當作今古按疑當作凝下文歸宗　賢開先寺詩門載徐

疑詩亦作今古○李白詩云飛流直下三千尺疑是銀河落九天　一統志作李白詩掛流三百尺噴壑數百里

石姥宮　晏公類要云在建昌縣按雷次宗豫章記云上遼西五里有——　張氏鑑云上遼疑有誤　按建昌縣在漢時本海昏縣之地吳志太史慈傳注引江表傳云近自海昏有上繚壁此處之上遼必是上繚之誤

淩霄峰　有朋眞尼院　張氏鑑云朋疑當作明

七星井　在建昌縣之上靖觀　張氏鑑云靖疑當

作淸

萬杉院　仁宗賜御篆金僊寶殿及揭于殿　張氏鑑云及字疑誤

棠棣里　唐都督吳兢表所居曰｜｜｜也　按據新舊唐書吳兢傳兢嘗官洪州刺史唐時洪州即宋時南康軍洪州本都督府刺史兼都督此句兢字必兢字之誤

延眞觀　唐女眞李騰空所剏　一統志剏作創○騰空宰相李林甫之女　一統志之女作女也○李白送李女眞歸廬山詩曰　一統志送上有有

字詩曰作隱詩

尋眞觀　李騰空居屏峯疊北蔡尋眞居屏風疊南　一統志峯作風

古迹

左里故城　南唐張洎過湖感夢　按南唐有張洎無張洎此句洎字乃洎字之誤

康廬二山　李衞公有望康廬賦序云　按全唐文六百九十七康作匡此作康者亦避太祖諱○北連青漢　按全唐文青作淸是也

白鹿洞書堂　乞賜九經使之肄習　張氏鑑云肄

當作肆

陶威公廟　按陶侃謚桓公此作威公者避欽宗諱後凡改陶桓公爲陶威公者仿此

陶母墓　侃貧爲縣吏　張氏鑑云吏似當作吏

按以晉書陶侃傳考之張說是也

官吏

何易于　按上文韋應物上已有唐字此句唐字係衍文

陳可大　唐志云都昌縣上一里有陳令塘　按唐志上下有南字蓋上者言其爲上縣上字自爲一

句不與南字連文唐志之通例本如是也○咸通
元中令|||築以阻潦水　按唐志中作年是
也
周頤字茂叔　按茂叔名敦頤此無敦字者避光宗嫌
名後凡但言周頤者倣此
人物
廬君　張氏鑑云廬似當作康凡康皆避匡字之諱
按下文云結廬於此山今廬尚在故曰廬山漢
武帝時封俗爲大明公稱　焉則作廬者義亦
可通惟人物當書姓氏爲正張說固至當之論

又按注引郡國志以　君爲周人則盧上當補周

字

翟道　按翟上當補晉字

謝靈運　按謝上當補宋字

李白　按李上當補唐字

周續　按據宋書南史周續之傳續下當補之字

又按續之係宋人當移至上文謝靈運之前○字

之道　按宋書南史之道作道祖

楊繖之　按自繖之以下皆宋人楊上當補國朝二

字

圓□立山前望後山　張氏鑑云山前似當作前山

法大猷　淳熙中知隆興府坐賈和仲討賊敗師罷師南康軍居住　張氏鑑云下師字似當作謫按南宋時知隆興府者乃江南西路之帥下師字當作帥○有言公者公笑曰大猷年踰五十若以恩科入官得尉星子不賀我乎　按言當作信

仙釋

順菩提　一日元與東坡游某寺讀某碑順在旁及歸東乃問左右能記憶所讀碑否　按下東字下

脫去坡字

碑記

簡寂觀碑改修靈寶殿并記　抄本碑目改作政誤

唐處士顏君碣　黃太史記海昏縣齋觀智顯寺竹林中所得顏家壟斷碑　抄本碑目得作德誤

龍紀道碑　抄本碑目紀作絶誤

永安縣記　並在都昌縣　碑目並作并抄本作並

靈溪觀碑　今名祥觀　碑目祥上有□抄本無　按方輿勝覽符祥觀注引觀記云溪中磐石上有玉簡天篆曰神化靈溪據此則祥上方匡當是符字

眞風觀碑　碑目眞作貞

李仁宗嫌諱右書堂記　車氏持謙云按宋仁宗諱禎嫌諱葢徵字也　按下文云南唐時爲江州刺史據南唐書及通鑑南唐時有李徵古車說是也○南唐時李古爲江州刺史　碑目古上有□抄本無

按方匡亦係徵字

廬山續記　紹聖中太守馬玗　碑目玗作玗○出陳舜俞令舉廬山記以閱之　抄本碑目令作今

按上文人物門陳舜俞注云字令舉方輿勝覽亦同作今者非是

總山南詩

秪疑香霧窟猶有六朝僧錢起江行詩　張氏鑑云香當作雲

他時畫出廬山郭便是香爐峯上人白居易上香爐峯　按白集郭作障是也

蔡肇送守南康　張氏鑑云送下疑有脫字

未窮黃石巖但逢赤眼禪洪芻登文殊臺　張氏鑑云但逢仙釋門作但聞

銀山大浪獨孤險比干一片崔嵬心黃口題題大孤　張氏鑑云黃下原本鈌　按兩題字有一誤

玉籤無復蕭粱統像設空餘譚紫霄　張氏鑑云蕭粱似當作梁蕭

落星寺詩

海日出如鼇島嶼江波生似蜃樓臺槐京　張氏鑑云槐京疑誤

棄官淸頴尾買田落星灣　按頴當作潁

五老峯及廬山詩寺詩

僧菩權　張氏鑑云上文有僧善權此處菩字疑善字之誤

萬杉寺詩

五老峰排連戸色萬杉寒聳入雲株范擁 張氏鑑云

擁當作雍

歸宗棲賢開先寺詩

巨靈擘峽飛粱過仙老排峯坐閣窺李傾遊棲賢寺 張氏

鑑云傾疑當作頎

擘開清玉峽飛出兩白龍 按據下文此係東坡開

先寺詩今考蘇集凊作青是也

今古長如白練飛一條解破青山色徐凝廬山瀑布 張氏

鑑云解當作界

簡寂觀詩

建昌江水縣前門立馬教人喚渡船　張氏鑑云前門二字倒　按據下文此二句係白香山詩以白集考之張說是也

官亭湖詩

必有重遺君勿取獨求所願耳　按上文云敢當爲公乞如願下文云乃求如願又云如願者青洪君之婢也此處所字乃如字之誤

四六

誰賡六乙之新詩　按乙當作一

以上江南東路卷十七建康府至卷二十五南康軍

輿地紀勝校勘記卷五終

輿地紀勝校勘記卷六 江南西路

卷二十六 隆興府

府沿革

又漢書云文志江湖牽牛揚州　按以漢書考之云當作天牛下當有婺女二字

分江南西道爲採訪使治所在開元二十二年　張氏鑑云下二字當作一　按據新舊唐書地理志及通鑑分析各道係開元二十一年事張說是也

風俗形勝

帥題名記　張氏鑑云帥下疑脫守字

景物上

墨池　在南昌縣治梅福故宅基中　按治乃治之誤

海昏　呂溫裴氏集序初平節公裴氏某　按據全唐文六百二十八平節當作正平郡○迴翔于康溢流眄于丨丨　按全唐文作徘徊乎溢流眄仰乎海昏○陽溪之遂陽泉之靈　按全唐文遂作遂下陽字作湯是也

景物下

滕王閣　三王注王勃字子安爲滕王閣序王緒爲

賦正元元年王仲舒爲連州司戶爲修閣記　按上文引韓昌黎滕王閣記所謂注者卽指韓文之注而言三王二字當在注字之下

五賢堂　祠梅福子眞陳蕃仲舉徐穉孺子晉范甯武子唐韋丹文明　按梅福上當有漢字方輿晉范甯唐韋丹一例

精忠堂　趙子湎記　張氏鑑云湎字疑有誤

雲堂院　羅漢十六軸江僧寄此山　張氏鑑云江僧疑有誤

雲溪院　今爲西山勝慶　按方輿勝覽十九慶作處

是也

雙井　爲草茶第一出日注上　按注當作鑄說詳紹興府景物上龍井條

寶峯院　唐宋詩篇不可勝載裴休李商老徐東湖洪玉父余襄公皆有詩　張氏鑑云老疑當作隱

玉隆觀　錦帷飛還故宅俄復昇天晉故立遊帷觀　按方輿勝覽故作遂是也

盤龍　寺藏唐光化中勑牒尾有崔嗣陸扆裴樞王溥書字　按崔嗣卽崔[允]作嗣者避宋太祖諱後凡改崔[允]爲崔嗣者仿此

龍山觀　胡天師惠超嘗按五龍之地立祠爲祈禱之所惠超道見出塵時謁之胡長仙　按謁當作謂

魯溪洞　龕像交列　一統志一百八十八像作象

上籃院　按五代史補卷一云上藍和尚失其名居於洪州上藍院此句籃字乃藍字之誤

上嶅寺　鍾傳微時有高僧令超識之及貴置上籃寺以居超　按五代史補亦言上藍和尚大爲鍾傳所禮蓋卽紀勝所言之令超也上籃寺之籃亦當作藍

行林院　張氏鑑云行疑當作竹

洪崖山　寰宇記云南昌亦名丨丨丨　按據寰宇記一百六昌下當有山字名當作號○有鸞岡鶴嶺及簫史峯　按簫當作蕭

始豐山　寰宇記在豐城南七十里即神仙三十七福地之一也　按寰宇記十下有五字無也字又按三十七似當作七十二然寰宇記及方輿勝覽皆作三十七俟考

薦福院　又有雙泉堂謂馬跑泉乃沙泉也　張氏鑑云乃當作金

旌陽觀　自吟空向夕誰謂例秋缸　張氏鑑云謂當作爲

相公石　嘗憩於此　一統志憩作憇

古迹

孫慮城　孫權第二子築　按據三國志孫慮傳慮乃權之次子弟與第古雖通用然當以作第者爲是

在艾城　寰宇記在分甯縣　按以寰宇記考之在作古

太史慈廟　子在西掖常制其詞云　按據上文此

係容齋續筆之語今考續筆卷三常作當是也

官吏上

徐之潔矩　張氏鑑云潔當作絜注同

凡處八座者一歷中司者三尙書司轄者口建隼旟者九冠獬豸者十一　張氏鑑云者下本空一字

按據上文此數句係獨孤及豫章冠蓋盛集記今考全唐文三百八十九■載及此文其空格係二字

雷煥　按煥與范甯皆晉人雷上當補晉字

張九齡　按自九齡至張休凡九人除殷羨外餘皆唐人張上當補唐字

沈傳師　其僚佐如杜牧李敏中輩　按新唐書李中敏傳云沈傳師觀察江西辟爲判官此句敏中乃中敏之誤

殷羨　按羨爲晉人當在上文雷煥范甯之後

張休　一之日二之日三之日纔三日而政成　張氏鑑云三日之日似當作月　按據下文此數句係崔祐甫張公遺愛頌今考全唐文四百九載祐甫此文纔三日而政成作從三月張氏謂三日當作三月是也

李諮　按諮爲宋人李上當補國朝二字　又按此

卷官吏上自諮以外皆唐以前人官吏下皆係宋
人疑諮亦當列於彼處傳寫者誤置於此耳

官吏下

國朝王明　至圖其像於上精廬以祠之　張氏鑑
云上精廬疑有脫誤

人物

唐烈女謝小娥　唐書烈女傳謝小娥豫章人嫁歷
陽段居正　按唐書云段居貞妻謝字小娥洪州
豫章人居貞本歷陽俠少年紀勝蓋隱括其語其
改貞爲正者亦避仁宗嫌名後凡改段居貞爲段

居正者仿此○居正與小娥同作賈江湖並爲盜所殺小娥赴江以免　張氏鑑云同作上當有父字　按唐書作與謝父同賈江湖上並爲盜所殺小娥赴江流傷腦折足人救以免張說是也

陳恕　按自恕以下皆宋人陳上當補國朝二字

袁陟　祥正嘗曰教載汲引袁之力也　張氏鑑云教載疑有誤

徐禧　故居來蘇有羡魚亭　張氏鑑云來蘇疑有誤

仙釋

甘眞人　其昇仙邑人卽其居爲甘仙觀　張氏鑑
云其下疑脫後字
洪崖先生　郭璞詩左揖浮邱袂　按揖當作挹
干大妻　許旌陽之從者與妻俱隱西山　張氏鑑
云其下當有干大二字
干大　不是藏名混時浴賣柴沽酒貴安心　按浴
當作俗
僧修演　參東山寺道謙禪師言下賴悟　按賴當
作頓
白石道者　眞宗嘗召至京師欲留之懇求還山

張氏鑑云來似當作求

碑記

舊石柱記　巖譔記　抄本碑目譔作撰

新石柱記　來某撰　碑目某作集抄本作某

韋公遺愛碑　抄本碑目碑作記

滕王閣記　抄本碑目王作黃誤

延慶寺碑　碑目慶作壽○徐騎省嘗爲寺碑　碑目嘗作常誤

李司空廟碑　李神福之長子也　碑目神作紳無之字抄本與紀勝同　按以唐書五代史通鑑等書考之

李神福乃楊吳名將作紳者非是

總持寺碑　有一碑乃乾符三年牒　抄本碑目無乃字

梅仙觀碑　今名陽靈觀　抄本碑目今作余陽作揚誤○後人立觀以奉之　碑目人作又誤抄本作人

法正禪師碑　在奉新之大智院　碑目奉新作新奉大作石抄本作奉新　按隆興府有奉新縣無新奉縣當以奉新爲是

寶雲寺碑　在奉新縣東百五十步　碑目奉新作新奉誤抄本作奉新○今碑具在　抄本碑目在作焉

｜｜誤

昭德觀碑　在奉新之昭德觀　碑目奉新作新奉誤抄本作奉新○今碑尚存　碑目存作在抄本作存

後漢證君徐君碣銘　張九齡撰　抄本碑目九作力誤

宋海陵王墓碑　洪州江岸擢　抄本碑目擢作權誤○得謝朓撰并書宋海陵王墓銘石朓文固奇　碑目無石字抄本石作謝○類鍾繇書　抄本碑目繇字係空格○今不知所在　碑目無今字

江西使院小史記　集古錄云唐崔祐甫撰　碑目

祐作林誤抄本作祐○開元二十二年始分江南十七州爲西道碑目下二字作一抄本作二按說詳上文府沿革○宣州至于此凡十八使抄本碑目此字係空格○此碑以長慶三年立抄本碑目碑作石

文宣王廟碑　唐齊抗文權載之集云　碑目無云字抄本抗字係空格云作之誤　按全唐文四百九十九權德輿齊成公神道碑述抗所撰文有洪州文宣王廟碑與紀勝正合

豫章舊志一卷　晉會稽太守熊默撰　碑目太守

在會稽上抄本與紀勝同　按隋書經籍志亦與紀勝同

碑目非是

豫章古今誌　碑目誌作志○同上見隋書經籍志

碑目無同上二字抄本　按上文豫章事實注

云雷次宗撰所謂同上者蓋亦雷次宗所撰也隋書經籍志無豫章古今誌而有豫章記一卷注云雷次宗撰紀勝所引疑即此書

豫章記三卷　抄本碑目記作紀○南唐涂廙撰

碑目涂作抄本作除誤

洪州圖經　季宗諤編　碑目季作李抄本作季　按據

直齋書錄解題祥符圖經係李宗諤所編作季者

非是

總隆興詩

張九齡酬洪州江上見贈監察御史翊詩　張氏鑑

云翊上有脫字

南昌城郭枕江煙漳水悠悠浪拍天　按漳水乃章

水之誤

梅仙調步縣庾樓拂橐韃杜牧送中丞姊夫儔鎮江西　張氏鑑

云樓當作嶺橐當作櫜儔上有脫字

水下漳江氣色麁　按漳江乃章江之誤

焉高覽章貢登樓見吳楚　張氏鑑云焉當作憑

四六

八洲遺愛炳炳如存　按洲當作州

令修於庭戶數月之間而人自得於湖山千里之外

王仲舒觀察江南西道八州人前所不便及所願欲而不得者公至之日皆罷行之大者驛聞小者立變春施秋殺陽開陰閉云　按正文令修以下小注八州以下皆述王仲舒觀察江南西道之事其詞則韓昌黎新修滕王閣記之文也云下當更有云字且須注明韓文所謂云云者卽令修以下二十字也

卷二十七　瑞州

縣沿革

高安縣　雷次宗豫章記云漢高帝六年置建成縣宋書地理志云中平中析建成分置上蔡縣　按以宋書地理志考之兩建成皆當作建城上文州沿革云漢爲豫章之建城縣下文上高縣注云分建城置上蔡縣皆其證也　又按上文州沿革云又以隱太子諱改建城曰高安隱太子名建成城字嫌名原可不諱然建城二字連言則與其名相近故特改爲高安非縣名本作建成也漢書地理志及元和郡縣志二十八寰宇記一百六方輿勝覽二十一皆作建城是也方輿紀要八十四作建成非也

風俗形勝

有泰伯虞仲季子之風故處士有巖穴之雍容　按方輿勝覽孝作季是也

江漢之俗多禨鬼故其民尊巫而淫祀　按說文魕字下云鬼俗也淮南傳曰吳人鬼越人魕據此則禨字乃魕字之誤

景物上

劒池　山谷所謂製丨丨之萏菡以爲裳者是也　張氏鑑云菡萏似不可倒　按方輿勝覽作菡萏張說是也

琴嶺　形如茶　按茶乃琴之誤

景物下

無訟堂　欒城行詩又有毛維瞻詩二十首　按行當作有

淨覺院　在新昌縣西北百十里　按方輿紀要無十字

玉晨觀　晉黃仁覽胡斗煉丹淬劒之地俗呼黃仙觀　按胡斗係朝斗之誤

鷲峰山　上人云有異僧自西北來　按上當作土

大愚山　又冷齋夜話云余還自宋崖　按方輿勝

覽宋作朱是也

蒙山祠　上洞不可遊歷　一統志作二百遊歷作游○其深不可究　一統志無其字○石獅子坐羅漢坐之類　一統志兩坐字皆作座之作等

逍遙山　在縣北古二十里　張氏鑑云古當作百

古迹

劉凝之讀書堂　併其子道原壯輿塑像祀之　按壯輿名義仲乃道原之子凝之之孫壯上當補孫字

官吏

陳承昭　按承招及王顏皆南唐時人陳上當補南唐二字

張亢　按自亢以下皆宋人張上當補國朝二字

呂鎮公　呂吉用父鎮國公嘗爲新昌尉　按下文云丞相生於新昌廨舍焉所謂丞相指呂惠卿而言惠卿字吉甫此言吉用乃吉甫之誤

人物

隋應智頊　武五年歸唐高祖以爲靖州刺史

按智頊既仕[illegible]唐則應上隋字當改作唐下文廖

洪上唐字當[illegible]

易延慶　按自延慶以下皆宋人易上當補國朝二字

劉恕　温公奏其修書嘗曰光之得道原猶瞽者之得相師也　張氏鑑云奏其似當作奏共〇王安石與恕有舊欲引見修三司條例　按東都事略劉恕傳見作恕是也

仙釋

黄仁覽　後同父母家屬同許遜昇天　張氏鑑云下同字當作隨

敖眞君　按方輿詔上高縣北五里有敖嶺　按詔

當作記

滕甫　有道人贈藥方名雲遇丹　按據下文此條本於文昌雜錄今考文昌雜錄卷五敘此事雲作筠

紀勝改筠爲雲者避理宗嫌名

艮价禪師　問雲巖和尚百年後忽有人問還邈得師眞如何祗對　張氏鑑云還邈以下有誤

戒禪師　子游攜兩裲候於城南建山寺　按上文言蘇子由又言子由此句游字乃由字之誤

碑記

中和二年石刻　唐二賢廟　碑目二作三抄本作二

按下文云應智頊幸南容之詞當以二字爲是○
應智頊幸南容之祠　抄本碑目頊作頓　按上
文人物門有應智頊作頓者非是
普濟院碑　院在上高北十里武泉山　碑目北上
有縣字抄本無○南唐保大中僧義從再築有同光
中記　按同光乃後唐莊宗年號其時筠州屬於
楊吳碑記當用順義年號不得用同光年號此處
必有脫誤
五代楊溥浮橋記　載僞吳楊溥乾正二年浮橋記
云云　按楊吳讓皇年號係乾貞此作乾正者避

仁宗嫌名後凡改乾貞爲乾正者仿此

高安志　郡博士幸元龍編　碑目幸作辛

詩

遍入僧房花照眼細看芳草蝶隨行　張氏鑑云遍當作

卷二十八袁州

州沿革

沈約宋書於富陽縣下書富陽本曰富春晉文簡鄭太后諱春　按宋書地理志文簡作簡文是也

隋末林士洪蕭銑迭有其地　按林士洪卽林士宏

改宏爲洪者皆避宣祖諱後凡改林士宏爲林士洪者仿此

風俗形勝

隨歲舉上貢刺史親付計吏晉道地記事見寰宇記 按寰宇記一百九貢作供道地作書道地

景物上

東湖 有樂遥廉堂遥堂 張氏鑑云有樂以下有脫誤

西池 在州城外西 按西當在城上

夢水 寰宇記云鍾儀欲於此村置立縣 按寰宇

記欲在村下無置字

秀水　在州北門外即袁江山　張氏鑑云山字係衍文

温泉　以生雞卵投之　一統志二百作投以雞卵

○水中有魚焉　一統志無焉字

景物下

龍成巖　有石如列仙者以百數　一統志百作萬

望夫石　晉人有詩望夫子古堰化石一眞身　按晉人疑昔人之誤子古堰疑千古恨之誤

玉女堆　天將兩有五色雲氣　按兩當作雨

宜春水　晉道地記云　按據上文此句係寰宇記之語今考寰宇記道地作書地道

廬簫洞　在縣東一百二十里洞之中有一壇曰葛仙壇洞之側有潭曰黃龍　按上文黃龍潭注云在萍鄉縣東百二十里有葛仙壇壇側有丨丨丨據此則此條縣東上當補萍鄉二字

古迹

燕王寨　鐵搶石壇迄今猶存　按搶當作槍

官吏

謝靈運　按注云襲封康樂侯今考宋書南史謝靈

運傳其襲封康樂公在晉時其降襲康樂侯則在
宋時謝上當補宋字

唐房綰　張氏鑑云綰當作琯　按注云字次律河
南人天寶五載爲宜春太守以新舊唐書房琯傳
考之張說是也

南唐劉仁贍　按贍當作瞻

張希顏　詠曰天使亦好官員也詠乃薦于朝　按
方輿勝覽九十敘此事云忠定大笑曰希顏固善矣
天使亦好官員也即日同薦于朝據此則詠乃當
是乃同之誤

王師亶　按注中兩言先君子蓋師亶即象之之父也原本師字闕筆作帀亶字闕筆作亣蓋本作亶訛作亣也他卷師字不闕筆蓋因上一字[illegible]昆弟相同而亶字必闕筆如慶元府景物下渡母橋引舒亶詩人物門舒亶仙釋門亶洲山盧州州沿革門引通鑑夏侯亶江陵府府沿革門引楚世家句亶王岳州岳陽樓詩門引丁亶詩皆作亶宋代不諱亶字其爲象之家諱無疑辰州景物上溆口注引楚詞亶迴亶字闕筆作亶亦因此耳

人物

黄頗　按自頗至鄭谷皆唐人黄上當補唐字

鄭谷　字守愚史之子也　據全唐詩話谷父官永州刺史佚其名史上當有故永州刺四字○齊己吟早梅詩曰前村昨夜數枝開　按方輿勝覽村下有深雪裏三字是也

沈彬　按自彬至王轂皆南唐人沈上當補南唐二字

王轂　作玉枝曲當時狎客盡尸素直諫犯顏無一人又云君臣猶在醉鄉中一面已無陳日月　按枝當作樹曲下當有云云字

李奇　張氏鑑云李奇以下當是宋人　按李上當補國朝二字

知浹　張氏鑑云注引繫年錄今考繫年錄知作智是也

仙釋

謝仲秋　湧泉甘絜　按絜乃潔之誤

羅昇　以屠狗爲生一日李子明遣人受道於昇　張氏鑑云受當作授

小釋迦　仰山智通大師韓圓寂　張氏鑑云韓當作諱○特來東上禮文殊卻遇｜｜｜遂出西天

貝葉梵書示師　按上當作土

碑記

唐劉禹錫碑　劉禹錫作碑銘尚存　碑目銘作石

唐黃頗文宣王廟記　頗宜春人　抄本碑目宜作宣　按袁州有宜春縣故唐時袁州有宜春郡作宣者非也○所著書千餘篇　碑目書作有抄本作者

袁州學記　柳淇書　碑目淇作洪○出號爲三絕碑　碑目出作世是也

唐相國房公銘之陰　唐之大臣以姓配公最著曰房公　抄本碑目配公作配父誤

宜春新志　郡守滕强恕序　抄本碑目滕作勝誤

詩

劉長卿送柳史君赴袁州　張氏鑑云史當作使下文凡作使君者皆同

卷二十九　撫州

州沿革

其地屬越越既滅吳地當屬楚　張氏鑑云楚字似當作越

三國時吳主孫亮分豫章之東郡南城今屬建[illegible]軍臨汝今屬撫州二縣置臨川郡沈約宋志載在太平二年　按宋書地理志及方輿勝覽二十一　方輿紀要八十六　東郡作東部

是也

縣沿革

樂安縣　與縣沿革小有不同　張氏鑑云上引國朝會要云云此句縣字下疑當有志字

監司沿革

提舉茶鹽常平司　象之謹按常平始於熙甯　按以他卷之例推之象之以下數行皆當雙行小字今作單行大字者寫定時未能畫一耳

風俗形勝

有晏元獻王文公之爲鄉人　按爲當在之上

景物上

恭軒　舒王曾公足弟來歸里閈必游息賞玩而去　按足弟當作兄弟舒王兄弟謂王介甫及其弟安國安禮曾公兄弟謂曾子固及其弟肇布也下文人物門有曾鞏王安石王安國傳是其證矣

射亭　曾南豐嘗作記云金谿尉注君爲尉之三月　按方輿勝覽注作汪是也

墨龍　忽時水黑有物出鳴蜇謂之一一　張氏鑑云蜇當作哳楚詞言啁哳哳與鳴同義○此物每見士之試于有司者得人必多卒以此爲驗　按

方輿勝覽墨池注卒作率是也

金峯　有荆公題字云皇祐庚寅自臨川始錢塘過宿此　張氏鑑云始當作如

玉田　有玉田觀在崇仁縣即晉蕭子雲種玉之地　方輿紀要作縣南三十里有玉田爲梁蕭子雲種玉處或曰即玉華山也

汝水　有臨川縣東北六里自石門通流三百里入洪州界在湍瀨三十五所　張氏鑑云有字與在字互錯　按以寰宇記一百二十一考之張說是

景物下

忠孝堂　繪王太傅祥顔魯公像于中　按據晉書王祥傳祥官至太保此句傅字乃保字之誤

金棍園　臨川郡有金棍　按方輿勝覽有上有舊字棍下有園字

綠雲橋　在臨川縣六里　張氏鑑云縣下有脫字

烏石崗　荊公烏塘詩烏塘渺渺淥平堤　按方輿勝覽淥作綠

祥符觀　觀岸溪水東南之不奄乎人家者可望也　張氏鑑云奄當作掩

崇仁山　輿地廣記在崇仁縣四十一里　按寰宇

記方輿紀要縣下有西字是也

古迹

軍山廟　後其廟屢徙今其盱水之陽者南唐昇元三年之遺址也　張氏鑑云盱上當有在字

顔魯公祠　在郡圃張拭爲記　按拭當作栻

官吏

王羲之　按羲之晉人王上當補晉字

謝靈運　按靈運宋人謝上當補宋字

何昌寓　按據南齊書南史寓當作㝢何上當補齊字

殷鈞　按鈞爲梁人殷上當補梁字○體羸多疾

張氏鑑云羸當作羸　按以梁書南史殷鈞傳考之張說是也

唐杜佑　爲政洪易　按據舊唐書杜佑傳洪當作宏此作洪者避宣祖諱○不尙繳察　按以新舊唐書杜佑傳考之繳乃皦之誤

逖遠　張氏鑑云逖疑狄之誤

蘇緘　民喜講田俗　按講當作構此亦避高宗諱

人物

樂史　按自史以下皆宋人樂上當補國朝二字○

及有慈竹詩在世　張氏鑑云句有脫誤

謝逸　後弟邁字幼槃　按方輿勝覽後作從是也

碑記

東方朔畫像贊　今碑在宜黃富民家　碑目無碑字抄本有[redacted]

謝康樂翻經臺記　顏魯公爲之今碑已經再刻　抄本碑目再刻作刻石誤

杜佑志思碑　碑目志作去是也抄本作志〇刑部侍郎

包吉文　碑目吉作佶抄本作吉　按包吉即包佶此作吉者避徽宗諱後凡改包佶爲包吉者倣此

張景倩清德碑　在州城東三十步　碑目無城字抄本有

元子哲遺愛碑　碑目哲作晢抄本作哲○在崇仁縣南五步　張氏鑑云步疑當作里○見晏公類要抄本碑目晏作宴誤

律歳院戒壇記　集古　唐顏眞卿撰并書　碑目錄下有云字抄本無

詩

如今謗起䌶成累唯有新人子細知　張氏鑑云新人疑有誤

唐詩紀事蔡京邕州遷撫州　張氏鑑云邕上當有自字

石頭城下春潮滿金棍園中綠柳繁徐鉉　張氏鑑云鋐當作鉉

卷三十江州

州沿革

通鑑後唐均王龍德元年　按龍德係後梁末帝年號末帝始封均王後唐當作後梁

降爲軍州事國朝會要在開寶八年　按上文引國朝會要云開寶八年降軍事州此處軍州事當是軍事州之

誤

縣沿革

瑞昌詩 潯陽志云以其地有茗蔌之利也 按蔌疑荈之誤

湖口縣 寰宇記云本湖口戍是南朝舊鎮上據大鍾傍臨大江 按寰宇記一百十一 鍾下有石字傍作旁

監司軍師沿革

安撫司 邵友犯臨江軍 張氏鑑云據續通鑑友當作友

風俗形勝

縈以三湖帶以九江宋支賦　張氏鑑云支字疑誤

引三江之流引三江之流而據其會出三天子都山海經云廬山出三天子都　按山海經十三廬山作廬江是也

景物上

庾樓　洪蒭記曰　張氏鑑云蒭當作芻

三宮　上宮有三石梁長十餘丈中宮下宮　張氏鑑云下宮下疑有脫句

龍泉　初慧遠至廬山結菴地無流泉　一統志一百九十四作晉慧遠結菴於此無水○師以杖剌地應

時泉湧　一統志無師字及應時二字○遠師誦

龍王經于池上　一統志遠師作慧遠池作泉○

俄有龍起上天　一統志作俄而龍起

晉輦　舊號亘帝輦貫休詩云亘元舊輦殘雲濕

按亘元即桓元改桓爲亘者避欽宗諱後凡改桓

元爲亘元者仿此

瀼溪　張氏鑑云瀼似當作讓後同　按注引元結

銘并序今考全唐文三百八十二元結瀼溪銘并序言

及溪名皆作瀼字序詞有云瀼溪可謂讓矣銘詞

有云欲不讓者慚遊瀼濱是瀼與讓義本相近而

溪名固作瀼不作讓也惟下文人物門元結注瀼

名當作讓名耳

醉石　淵明自放以酒　張氏鑑云以當作於

神泉　皇甫履紹興中賜隱於廬山　一統志作宋

紹興中皇甫履賜隱廬山○但去水差遠　一統

志無去字○乃六菴之側　一統志無乃字之字

三楚　昭王都鄂　按以左傳史記考之鄂字乃都

字之誤

景物下

白蓮亭　在縣南三十五里　一統志縣上有德化

二字三十五作五十○按廬山記云　一統志無

按字

攬秀亭　取李白詩　秀色故攬結故名｜｜｜

張氏鑑云故攬當作可攬　按下文總廬山詩

南康軍五老峯及廬山詩寺詩引太白此詩正作

可攬方輿勝覽二十　廬山注亦然張說是也

南湖堤　築堤三千五百尺高若千丈　按據下文

此係李習之集中語今考習之集若千作若干是

也

太平宮　繫年錄云紹興二十八年名太平興國宮

新建本命殿曰申殿　張氏鑑云申上當有天字

祥符觀　沼中有游魚尤爲蕃狎　張氏鑑云蕃狎疑有誤

香象崗　廬山記云在書堂源前　張氏鑑云書堂源疑有脫誤

垂魚洞　有石橋石碁局石乳　一統志有　又字碁上無石字

石鐘山　李渤謂扣而聆之南音涵湖北音清越　張氏鑑云涵湖當作函胡　按全唐文七百十二李渤辨石鐘山記正作函胡張說是也

金闕巖　李白詩云金闕前開一峯長　按太白集一作二是也

淨山院　有南唐鐵羅漢五百身　一統志唐下有時字身作軀

定心石　在天池院南下山一里視空闊萬里　張氏鑑云下山以下疑有脫字

望夫山　夫行役未回　一統志夫作昔人○輒以籐箱盛土　一統志無籐字○漸益高峻故以名焉　一統志作漸高峻故名

古迹

郭默城　後將軍郭默殺平南劉嗣　按劉嗣卽劉[允]改[允]爲嗣者避太祖諱後凡改劉[允]爲劉嗣者仿此

上甲縣　義熙中省天彭澤　按天乃入之誤

檀道濟故壘　劉禹錫經——————詩云萬里長城壞　按壞當作壞○史云當時人歌曰可憐白符鳩向殺檀江州　按南史檀道濟傳向作枉是也

澎浿磯　陳龍圖簡夫爲許日山稱獨孤字廟塑女郎形　按許乃詩之誤

遺愛草堂　疎松映嵐晚春池含苔綠　張氏鑑云苔當作苔

白公草堂　樂天集草堂即事云香爐峯北面遺愛寺西徧其下無人居終日空風煙時有沈冥子姓白字樂天　張氏鑑云徧當作偏　按樂天集王作偏與煙天爲韻張說是也

白居易宅　所居有湖大江之勝　張氏鑑云湖上有脫字

白居易祠　唐時以諫官言事宰相嫌其出位　按以新舊唐書白居易傳考之諫上當有非字蓋樂

天官右贊善大夫非諫官而好言事故宰相嫌其出位而因事貶之耳

濂溪書院　象之先君子守九江爲建拙堂及愛蓮堂於祠之側又其後象之季足觀之爲德化宰　按季足當作季弟

弔九江驛碑材文　後典州史於州之九江驛有修坯之勞　按據上文此係歐陽詹之文今考全唐文五百九十八載詹此文史作吏是也

五百鐵羅漢像　曹翰既拔江州　一統志無既字

柳莀墓　按窮怪錄曰梁山祖繹承聖三年　按賓

宇記山作世無承字今考承聖乃梁元帝年號元帝名繹廟號世祖紀勝世誤作山寰宇記聖上脫承字當互相補正○良久乃爲褒曰我生已一歲

按寰宇記爲作謂是也

官吏

晉又有庾翼亘沖　按亘沖卽桓沖此作亘沖者避欽宗嫌名後凡改桓沖爲亘沖者仿此

宗炳　雅好山水往輒忘歸圖書於室　按書當作畫

狄仁傑　按仁傑及白居易李渤皆唐人狄上當補

唐字

曹翰　按自翰以下皆宋人曹上當補國朝二字○金陵平江州軍校胡德據城拒命　張氏鑑云德當作則據前沿革條校　按以南唐書胡則傳考之張說是也

李若谷　使打殺我亦撰眼淚不出　按據上文此係容齋續筆之語今考續筆十五使作便是也

人物

盧君乀按盧君周人盧上當補周字

陶侃　按自侃至劉遺民皆晉人陶上當補晉字

謝靈運　按靈運宋人謝上當補宋字○謝靈運欲入社而遠公拒之靈運曰是子思亂將不令終　按下靈運二字係衍文

唐元結　自號曰瀼溪浪士其詩曰尤愛一溪水而能存瀼名　按據次山集瀼名當作讓名

周頤　按自此以下皆宋人周上當補國朝二字

二李　天聖中李受爲太子少保丐歸廬山治平中詔王珪司馬光呂公著等十八人餞飲於資善堂命賦詩送之　張氏鑑云治平中三字當在丐歸廬山之上○李東之去自經筵　按東都事略有李

柬之傳此句東字當是柬字之誤

周紫芝　在山谷後山派中亦受小宗　張氏鑑云受當作爲

仙釋

皇甫眞人　詔賜名漬虛菴　按上文景物下清虛菴注云淸虛皇甫眞人坦之隱居此句漬字乃淸字之誤

方及師　雲游烏龕無迹而遠　按龕疑飛之誤

慧海　紹興四年紹廬山東林寺僧慧遠題號佛心禪師　按慧遠已見上文此處遠當作海題當作

賜

碑記

慧遠法師碑銘　集古錄宋謝靈運撰張野書　抄
本碑目書作序誤

唐辯石鍾山記　碑目辯作辨鍾作鐘抄本作辯○唐太
和元年李渤記　碑目太作大抄本作太

太平觀使者靈廟記　唐開元二十年李泚撰　碑
目泚作泚

大孤山賦　集古錄云唐李德裕撰周墀篆書　碑
目墀作墀抄本作墀　按據廣韻集韻墀與墀同

東林寺碑銘　寺有晉唐以來碑刻及諸塔銘　抄本碑目諸作詩誤

唐大中題名　在道場碑文之陰　碑目陰作上

唐江州刺史裴行諷作記　在明和尚碑陰　碑目明上有齊字　抄本無　按上文有唐西林齊明和尚碑碑目蓋據此補齊字

唐興果寺湊公塔　碑目塔下有銘字　抄本無　按汪云白居易撰碑據樂天集塔下當有銘字

潯陽志　曹訓序　抄本碑目序作字誤

總江州詩

野泉當按落汀鷺入衙飛　按當按乃當桉之誤

前登香爐峰却指湓城郡大江北朝海崇岳南作鎮　張祐登香爐峯　按祐當作祜

揭來彭蠡澤載經敷淺原　張子壽循屬縣登高安南樓　按循本當作巡此亦避理宗嫌名

元和之中白司馬送客江頭明月下當時盡作廬山客林下題詩石上眠　蔡肇　張氏鑑云客與眠非韻疑有脫誤

廬山排闥參差見湓水縈城屈曲來　洪蒭　張氏鑑云蒭當作芻

琵琶亭詩

潯陽江頭夜送客楓葉荻花秋索索　張氏鑑云索索今本作瑟瑟

總廬山詩

吾將此地鏁雲松李白　張氏鑑云鏁當作巢　按南康軍五老峯及廬山諸寺詩方輿勝覽廬山注引太白詩俱作巢張說是也

竹房影占中庭月松檻聲聞半壁泉張祐洵寂觀　張氏鑑云祐當作祜洵當作簡　按紀勝引此詩列於總廬山詩內寰宇記有簡寂觀云宋陸脩靜還入

廬山此其隱處張說是也

不識廬山眞面目只緣身在此山中東坡與摠遊西林作按據東坡集摠當作總長老

栽成紅杏上青天張景題董眞人張氏鑑云眞人下有脫字

東西林蓮社詩白公所居草堂附

晉代衣冠復誰在虎溪長有白蓮風洪蒭東林寺張氏鑑云蒭當作芻下同

陶靖節祠堂詩

題詩庚子歲自爲羲皇人手持山海經頭戴漉酒巾

顏眞卿栗里 張氏鑑云爲似當作謂 按方輿勝覽引魯公詩正作謂張說是也

四六

影搖匯澤根醮湓江 張氏鑑云醮當作蘸

鄕鄰白鶴有傳公得道之巖境接赤烏有施君住宅之址 張氏鑑云傳當作傅

湓浦控咽喉廬山眞面目 中甫 按中甫無姓氏俟考

輿地紀勝校勘記卷十六終

輿地紀勝校勘記卷七 江南西路

卷三十一 吉州

州沿革

安城縣屬長沙國 按據上文此語本於漢書地理志今考漢志城作成紀勝下文引漢志及晉志宋志等書亦作成此句城字乃傳寫之誤下文引通典吳置安城郡在此城亦當作成此通典原誤故杜祐之言云耳 張氏鑑云耳當作爾

縣沿革

永新縣望在州南二百里 按據他卷縣沿革之例及此卷

諸縣沿革之例在州南二百里六字當在下一行
本漢廬陵縣地之上傳寫者誤移於此

風俗形勝

皇甫持正集吉州刺史廳壁記自江而西吉爲富州
民朋吏黠　按皇甫持正集及方輿勝覽二十黠作
嚚是也
土沃多稼散粒荊陽唐皇甫湜廬陵縣廳壁記　按皇甫持正集
陽作揚是也

景物上

西峰　在城西南備一里　張氏鑑云備疑當作隅

仁山　令有隆廣禪院　按令當作今

圓潭　後有方士詐遜入水與蛟龍鬬　按詐乃許之誤寰宇記一百九懸潭條亦有此二語潭名雖異而亦作許字是其明證

禾山　英英玉山禾乃是鳳凰食鳳凰殊未來天生亦何盡　張氏鑑云天生句疑誤　按天當作禾盡當作益

景物下

朝霞閣　舊在當遞門外後改曰澄波而閣廢應詔錄叙詩曰｜｜｜之白鷺亭也　張氏鑑云當

遞及應詔錄敘詩俱疑有誤

二友堂　太守李彌遜　一統志一百九十八太作郡

葛仙峯　壇榜有四石塔　按榜當作傍

韓相嶺　世載韓熙載嘗遊觀其上　張氏鑑云世載載字似當作傳

玉笥山　乃唐刺安吳世雲上昇之地　張氏鑑云安當作史　按世雲當作雲儲說詳臨江軍仙釋門西嶽飈御廟

石廊洞　在安福縣一百三十里　按據方輿紀要八十七縣下當補西字

四相峯　在吉水縣三十里　按縣下有脫字

七里灘　在吉水縣七里　按縣下有脫字

九曲嶺　在永豐縣二百里　按據方輿紀要縣下當補南字

百花潭　在安福院相距百里　按院當作縣

獅子嶺　在永豐縣三十里　按縣下有脫字

仙鵝池　中峯絕預　按預當作頂○水色如籃一統志籃作藍是也

盤龍岡　在龍泉縣幾百里高百仞　按幾字疑誤

青螺峯　在吉水縣五里　按縣下有脫字

烏龜山　在龍泉縣西北七溪　按溪疑里之誤

虎口石　類要云在廬陵縣北百餘里侯景之亂敗其兵於此遂方舟北濟　按以寰宇記及方輿紀要考之敗上當有陳霸先三字

鴿湖山　張氏鑑云鴿字誤　按方輿紀要鴿作鴿

永新山　舊名龍頭山　一統志舊作本○天寶中改爲｜｜｜　一統志作唐天寶六載改曰永新

通天巖　亦名聖巖有飛泉自巖而下　一統志兩巖字皆作岩

大智院　又太宗所賜磨竭提國所進釋迦眞身舍

利　按蹋當作羯

□□□在廬陵縣有保大十一年古鐘周益公爲之記　張氏鑑云原闕三字當是寺觀之名

聰明泉　古來學者多此成業　張氏鑑云此上疑脫於字

古迹

廢平都縣　寰宇記云在安福縣南吳屬安城今故縣在　按寰宇記城作成在作猶存是也

廢安福縣　寰宇記云漢時爲安城縣　按寰宇記城作成是也

廢安城郡　輿地志云在安福縣晉惠帝元年太守朱居所築　按寰宇記引輿地志與此同惟安城作安成是也

殷堪讀書臺　按注云殷仲堪爲太守此處堪上當有仲字方輿勝覽亦有仲字

楊忠襄公祠　公諱邦叉　按據宋史叉當作乂下文人物門亦作乂

六一先生祠堂　撒而爲堂　按撒乃撤之誤

牛僧孺祖母墳　在永新縣僧孺祖仕交廣罷官爲山賊所掠存止禾川母死葬於縣西南　按母上

當有祖字

歐寶墓　居父喪鄰人格虎投其廬中寶以襭衣覆之　按襭乃繈之誤寰宇記作襹亦誤

彭城王墓　寰宇記云郎義康也元嘉二十年遷安城郡　按寰宇記年上有四字遷作幽於今考宋書南史宋文帝紀及彭城王義康傳事在元嘉二十二年

官吏

劉陵　按陵係漢人劉上當補漢字

孟嘉　按嘉及殷仲堪皆晉人孟上當補晉字

殷仲堪 按安城記云晉太和中殷仲堪爲安城太守 按寰宇記兩城字皆作成是也

江革 按革及傅昭皆梁人江上當補梁字○少王行事多傾意於籤師 按以梁書南史江革傳考之師當作帥

江淹 按淹爲廬陵內史在齊永明初江上當補齊字

傅昭 郡自宋來兵亂相接 張氏鑑云來上當有脫字 按梁書傅昭傳來上有已字南史傅昭傳無

劉竺二　按竺二係陳人劉上當補陳字○或出郊按部則由鹿隨馭　按由當作白

杜審言　按自審言至段成式皆唐人杜上當補唐字

向敏中　按自敏中以下皆宋人向上當補國朝二字

謝諤　分部給粜　張氏鑑云粜當作粟

人物

歐陽廣　按自廣至蕭儼皆南唐人歐上當補南唐二字

歐陽修　按自修以下諸人除劉景洪外餘皆宋人

歐上當補國朝二字

王贄　仁宗嘗謂其有熙趙之氣　按熙當作燕

劉景洪　按景洪初爲楊行密牙將其後不仕則仍係唐人劉上當補唐字移至上文歐陽廣之前

彭醇　范祖禹卒於他州　按以東都事畧宋史范祖禹傳考之他字乃化字之誤

劉琮　後爲夔路提舉子琮爲諸王宮翊善　張氏鑑云子琮有誤

歐陽曄　轉運使令往藉大洪山僧寺　按藉當作

籍○民有爭舟相歐致死者　按歐當作毆

葛敏修　人人謂公久固當少折　按固當作困

會民聸　右者晝司晨夜司更每一辰一點則鳴鉦以告　按晨當作辰

胡銓　張巡爲爲鬼以滅賊死亦不忘　按下爲字當作厲

仙釋

元寂大師隱微　南唐中王召至建鄴　按王當作主

碑記

大業碑又謂之故州碑　故州城堞尚存半沒江中碑目半作土誤抄本半作上亦誤　○有龜趺在沙磧抄本碑目趺作砆誤　○有石碑半在江　抄本碑目在作存誤

靖居寺碑　及天寶六載大和尚碑　抄本碑目載作年　按天寶三年已改年爲載作載者是也

國慶寺經藏記　抄本碑目慶作處誤　○有唐太和四年經藏　碑目太作大

顏魯公眞卿題名　在廬陵之青原山　寺[illegible]抄本碑目青作言誤

元寂禪師塔碑　碑目寂作宋抄本作寂

朱陵觀碑　碑徐鍇所撰　碑目碑下有文抄本無文字

劉史仙壇記　唐咸通劉史撰　按據上文仙釋門

魏夫人注通下當補中字

顏魯公廬陵集十卷　見令狐峘所撰墓碑　抄本

碑目峘字係空格

詩

黃庭堅夢會于廬陵西齋記　按記當作詩

彤陂之水淸且泚屈爲印文三百里黃庭堅彤陂　張氏

鑑云彫形二字必有一誤　按據山谷集形當作
彤

四六

吉州到任謝表　按此表無人名俟考

卷三十二　贛州

州沿革

梁承聖元年復於章貢間即今城是也　按據上文
此係寰宇記之語今考寰宇記一百八復下有移字
是也

象之按通鑑五代梁乾化三□年譚全播爲百勝軍

觀察　張氏鑑云原本空一字　按通鑑觀察作
防禦使事在乾化二年紀勝年上有空格蓋傳寫
誤空
先是董德元論虔州謂之虎頭城非佳名望賜以美
稱至是擬走　按走當作定

縣沿革

雩都縣　元和郡縣志云本漢所置因雩都以爲名
按元和志二十八本漢作漢初因作因以作水
會昌縣　國朝會要云太平興國八年以九州鎮置
按據寰宇記及方輿紀要八十八州當作洲

風俗形勝

擁髦出鎮　張氏鑑云髦當作旄

晏殊撰馬亮墓記　按記當作誌

景物上

贛水　期必以貢水來自南安勢必指以爲西水

按上文云則必以章水來自雩都勢必指爲東水

此二句與上文句法相同期必當是則必之誤

武山　豈武后之族有賢德不附凶蘖而來此者

按蘖當作孽

霝巖　嵓中有木犀嵓涵虛巖桂巖　張氏鑑云兩

嵒字亦當作巖

崆山　按注引寰宇記云雖名空山而出物百倍於他山則崆山本當作空山此蓋涉下文又名崆峒山而訛

景物下

鬱孤臺　余雖不及子牟而心在魏闕也　按方輿勝覽二十子則子是也

樟潭山　寰宇記云在雩都東一百八十里南康記云漢有阿堤樹於此潭邊伐大樟樹　按寰宇記有阿堤樹作時有人是也

桃林寺　桃林之名舊矣有僧植桃以賓其實　張氏鑑云賓字疑誤　按此用莊子名者實賓之義似非有誤

虎頭城　虔與虎皆從虍俗以虔字目之　按下虔字當作虎字

化虎石　按注云昔有虎化爲石又云虎化之名蓋起於此則化虎石當是虎化石之誤○昔有虎化爲石古文人從几側虎化之名蓋起於此　按說文虎字下云虎足象人足几字下云古文奇字人也象形此處古文人從几側六字文義難通與說

文亦全不相符必有脫誤

馬祖巖 六祖禪師天下謂之馬祖 張氏鑑云馬祖乃六祖再傳弟子師下疑有脫字

金雞山 山有穴有一石正當宛口如彈丸 按寰宇記宛作穴是也

擢秀峯 我來授記開潛闔從此佳名溢世寰 張氏鑑云闔疑當作閟

皇恩巖 水中有二珠每秋霽月澄珠時出遊 一統志二百遊作游

治平觀 洞陰泠泠風佩清清仙居浩刼花木長榮

張氏鑑云浩却字有誤

景德寺　瞰檻城南　一統志二百三無檻字是也○後羅王申回祿之變所存纔十之十二耳　一統志作後被火十存一二

陸公泉　藻被召去題詩泉上　一統志二百二無去字

古迹

龔公山　有隱士龔亳　按據上文此係寰宇記之語今考寰宇記亳作毫是也方輿勝覽亦作毫

嘉濟廟　神之靈異如水清長之類是也　張氏鑑

云如水清長句疑有脫誤

玉像世尊　石城縣古城寺亦有玉像之區[illegible]

鑑云之區疑當作三軀

官吏

楊瀓　命著作佐郎一一通判虔州[illegible]

張氏鑑云分字疑誤

劉彝　久而甘露降瑞避瑞栗生　張氏鑑云避字

有誤

陳希亮　有巫民歛民財以禳火　張氏鑑云上疑

字疑衍

雷孚　偶齊術亂後緣坐三千人　按偶疑值之誤

人物

温革　按溫革以下皆宋人溫上當補國朝二字

謝陟明　慟哭臥柩上不去里人共异以免　按异當作舁

呂倚　維陽人　張氏鑑云維陽疑誤

仙釋

韜光禪師　樂天手書曰題天空寺詩云　張氏鑑云曰字疑衍

大覺禪師　有塔銘李渤作李公權書　按下文碑

記門大覺禪師塔銘注云柳公權書之此處李公權當是柳公權之誤

碑記

天竺寺白樂天詩　空詠逨珠并疊璧　抄本碑目并疊璧作升壘壁誤

大覺禪師塔銘　在顫縣東北一百二十里　碑目無一字抄本有○又有郡守唐拔銘　碑目拔字係方匡抄本有作奇拔作板誤○及大寂師塔銘　碑目寂作宋抄本作寂

崇福寺碑　郡人衷愉文　張氏鑑云衷當作袁

按碑目衷正作袁抄本郡作那袁作東誤張說是也

安國寺記 在寧都縣西八里 抄本碑目八字係空格○有五代末御史大夫愉安國寺記 張氏鑑云愉上有脫字疑卽上文崇福寺碑注之袁愉也

嘉濟廟碑 抄本碑目濟作齊誤○廟在水東五里廟有唐進士楊知新僞吳薛光範二碑 碑目有上無廟字抄本有

景德觀碑 徐鍇爲之記徐鉉篆額 碑目額下有焉字抄本無焉字鉉作篆誤 此條後有章貢舊志四大字曹

訓序三小字

詩

潁川緣左右庾嶺前嶇崎望闕址其後北向日月都

按嶇崎當作崎嶇嶇與都爲韻

卷三十三 興國軍

州沿革

三國志吳主建安二十五年自公安都鄂 按建安係漢之年號非吳之年號吳主二字當在年字之下

地歸板圖 按板當作版

縣沿革

大冶縣　按紀勝各卷之例每縣皆注緊望等字此卷永興縣下亦注望字而大冶縣未注據輿地廣記二十五縣下當注緊字

通山縣　按據輿地廣記縣下當補中字

風俗形勝

靈峯和尚實錄　張氏鑑云實錄當作語錄

景物上

犀港　在通山之西興善里　一統志二百六十山下有縣字

西山　望臺間雲起必雨　一統志雲起作有雲氣

瑤山　一統志瑤作㙇　按一統志云俗名石灰㙇山據此則當以瑤字爲是

同山　唐天寶十三年　一統志年作載　按載字是也

菁山　石上生蕪菁　一統志生作產

景物下

捲雪樓　在富池忠勇廟　一統志作在富池之黃

龍洲

桃花寺　寺中有泉甘　一統志作上有　潔

散花洲　敗曹操于赤壁　一統志作戰勝於赤壁

豐寶場　離大冶縣九十里　一統志離作去

雞籠山　湖山之巔有金雞隱伏　一統志無湖字之字○遇夜陰晦　一統志陰晦作晦暝

龍角山　唐天監四年改曰｜｜　一統志作唐天寶四年改名　按天監乃梁武帝年號天寶乃唐元宗年號當以寶字爲是

黃龍洲　在富池大江之中　一統志無大字之字○乾道新生　一統志新上有中字是也○舟楫皆夾洲而下　一統志無皆字○自是無風濤之

虞　一統志虞下有上有仙女屋五字

白雉山　在大冶縣　一統志作在武昌縣南五十里大冶縣界

石屋洞　尋流入洞二里　一統志里下有許字

西門山　山中有臺其平如掌　一統志作上有石臺平如掌

南鄉山　舊經引武昌記云南鄉山有顯宗所建精舍　張氏鑑云顯宗疑有誤

大泉洞　東洞中有仙人卧石　一統志無中字○

有石田三十六邱　一統志無有字邱作畝○常

見龍麟於洞中間　一統志無洞字

大賢洞　介于泉臺翠屏山之間　一統志山之間作二山間

雙泉院　兩泉對湧　一統志對作並

五龍山　山有五嶺　一統志嶺作峯

觀音巖　有石磬石塌石蓋石杲　張氏鑑云塌當作榻

古迹

富池甘將軍廟　詔加封吳｜｜｜爲昭毅武〔甯〕〔靈〕顯王　張氏鑑云｜｜｜當作甘將軍名否則將字

亦當作一

慕容暐廟　在□□縣西南一十里張氏鑑云縣

名本空

李王墓　此墓疑李先主知誥　按南烈祖原名知

誥此句誥字乃誥字之誤

官吏

王琪　按自琪以下皆宋人王上當補國朝二字

李宜之　卯楊繪王琪之文章事業李宜之捍難

張氏鑑云李宜之似當作李宜須考

董夢授　名敦逸　按據下文此條本於東都事畧

今考事畧董敦逸傳云字夢授紀勝稱其字注其名者蓋避光宗嫌名後凡稱董敦逸爲董夢授者仿此

周紫芝　紫芝非進士出身又爲史官前此未有故出之　張氏鑑云又當作而

陸九齡　乾道中爲任興國軍教授　張氏鑑云爲字有誤

李儀　李成徒黨退興國軍執知軍李儀奔淮南　張氏鑑云退字有誤〇有碎金十數兩　按下文云　黃金數十兩此句十數當作數十

人物

吳舉　按舉為南唐時人吳上當補南唐二字○後舉之子中復　按下文有吳中復傳此句中復下亦當有一二語傳寫者佚去耳

吳中復　仁宗以飛帛書鐵御史三字賜之　按據方輿勝覽二十帛當作白

張志和　按志和唐人張上當補唐字移上文吳舉之前

程師德　大冶人大年六子有才學善行　張氏鑑云善行二字疑當在大年之下

仙釋

唐印禪師 與其師海月問答答於講師曰福本無形道非有狀師無以對 張氏鑑云下答字疑誤

碑記

唐重巖寺記 在軍城景德年唐大和元年舒元輿撰 碑目景德年作景德寺是也

唐白巖寺記 江夏費冠卿書 抄本碑目卿作鄉誤

富川志 潘庭立序 庭作廷

詩

西塞山邊白鷺飛桃花流水鱖魚肥張志和 張氏鑑

云邊一作前

橫上清泉知我渴東坡宿石田驛詩 按據蘇集上當作道

兼懷六乙與東坡王十朋 按乙當作一

卷三十四臨江軍

縣沿革

新淦縣 唐志吉州下有新淦郡 按以唐書地理志考之郡當作縣

景物上

淦水 寰宇記云在新淦縣地一百里西流達于瀨

水　按寰宇記一百九地作北灝作顥是也

蕭洲　韓文公集郡舊名蕭灘鎮又名｜｜韓文公自袁州還京師孟簡乘舸邀我於｜｜　張氏鑑云集下當有注字

龍岡　在軍城南十里　一統志一百九十七軍作清江縣○掘之雨過則如初　一統志雨上有則雨二字

瑒岡　江西有一種小由花玉絜而幽香　氏鑑云由當作白絜當作潔

景物下

盧峯山　有院白棲隱　張氏鑑云白當作曰

黃金水　在新淦縣西南百三十里自新喻縣界東流入斷金鄉九十里達于贛江　方輿八十七無兩縣字達上有而字

黃蘗館　青楓浦上魂已銷———前心同苦　張氏鑑云同字疑誤

盤龍山　有占刹曰瑞相　按占當作古

仙女塔　黃岡有鋪有———　張氏鑑云下有字當作曰

古跡

陶祝母墓　又唐舒元輿會書陶母墓板　按板當作版

陳岳陽王墓　按通鑑開皇九年隋平江南陳岳陽叔謹自湘州起兵　按據通鑑及陳書南史叔上當有王字謹當作慎此避孝宗諱後凡改陳叔慎爲陳叔謹者仿此

官吏

王益　按自益以下皆宋人王上當補國朝二字

李潛　或爲危標曰願無以身試法潛屹然不顧

張氏鑑云標字有誤

人物

孔恂　按通典三十二敘歷代別駕事孔恂在晉王祥之後紀勝孔上當有晉字

陳喬　按喬與二鄧皆南唐時人陳上當補南唐二字

孫晃　按自晃以下諸人除謝小娥外餘皆　人孫上當補國朝二字

孔延之　延之計歲糴二十萬而足延之高估以募商販不賦糴於民云　張氏鑑云下延之二字有誤

孔武仲　未幾坐元祐　張氏鑑云黨下有脫字
按據東都事畧孔武仲傳黨下當有奪職二字

孔平仲　言者論其附會元祐知衡州　張氏鑑云
知上當有出字

蕭賀　而弟貫第貢亦同登祥符八年進士　按第
當作弟

謝舉廉　而讀書隸業其中　按隸當作肄○後預
上書邪等云　張氏鑑云邪字未解　按以東都
事畧及宋史考之徽宗時凡以熙甯元豐紹聖之
政爲非者皆目爲上書邪等與元祐黨人相埒至

南宋時輿與昭雪故預其列者世以爲榮此處邪

字並非誤也

李邈　又敵髡髮下令　張氏鑑云下當在髡上

謝小娥　按小娥唐時婦人謝上當補唐字移下文

向子諲之後○後庸於鹽商李氏家　按庸當作

傭

仙釋

吳眞君　少有孝行年及不惑始授神方　按授當

作受

西嶽飈御廟　正觀七年盧陵太守吳世雲　按士

文云乃唐吉州刺史吳雲儲廟也下文云吾是吉州前刺史吳雲儲吉州即廬陵郡此句世雲二字當是雲儲之誤

鐵佛像　漉得——五且約凱還日蓋殿宇祠之

張氏鑑云且當作具

碑記

毛玠之墓碑　郡城西有風義堡　碑目義作義抄本郡作邵誤○有——四字　按四當作五

戲魚堂帖　寓客劉次莊摹淳化禁中本而刻之

抄本碑目淳作敦誤○次莊又自爲法帖釋文十

卷　碑目無亥莊二字抄本有

詩

只有寒藤學草書玉笥山蕭子雲宅詩　張氏鑑云此詩無人名侯考

萬疊遠山靑未了一江流水意無窮　張氏鑑云上文寒字川字兩韻下文詩字肩字皆與窮字韻不叶疑此五韻本非一首紀勝蓋摘取其句耳

羽檄交馳公事了一鋪眞盡一爐香　張氏鑑云一鋪句有誤

卷三十五　建昌軍

縣沿革

廣昌縣　紹興八年有司奏請建昌軍南豐縣如南城之請遂分南豐縣剏立｜｜｜　張氏鑑云下請字疑當作例　按上文新城縣注云紹興八年有司奏建昌軍南城縣疆境闊遠乞析置一縣遂分南城縣剏立｜｜｜張氏蓋據此而言

風俗形勝

據五嶺之咽喉控三吳之襟帶胡幹化詩　按詩字疑誤

景物上

梅嶺　在廣昌有｜｜水出焉　方輿紀要八十六作

廣昌上流梅嶺之水出焉

東軒　在司理縣嘉祐中王觀文韶建仍賦詩十一韻　按下文官吏門王韶注云始爲建昌司理此處縣字疑當作廳十一疑當作十二

禪嶺　一日偏詣山下　按偏當作徧

紅泉　謝靈運詩云石橙瀉紅泉　按橙乃磴之誤

寶山　在南城縣東西百餘里　張氏鑑云西當作南

龜湖　趙鈴云——衝破狀元生　按方輿勝覽二十一鈴作鈐是也

虎巖　一在縣西南六十餘里雲山絕頂唐光化中

有ㄧㄧ　按ㄧㄧ疑有誤

響石　高踰百仞　一統志一百九十五作高百餘仞○

往來其旁者語笑高低　一統志旁作傍笑在語

上

景物下

盱江亭　南唐韓熙晟記　張氏鑑云晟當作載

按下文碑記門有南唐盱江亭記注云韓熙載撰

張說是也

碧溪軒　蕭疎華薄隱山村　張氏鑑云華薄[illegible]有

譌○後浮術門改作盱江門　按上文引陳繹詩云淸淺浮桁帶郭門此句術字乃桁之譌

識舟亭　陳和叔建　一統志和叔作叔和　按下文官吏門有陳和叔當以和叔爲是

七佛澗　世傳鴻存入山七佛見於此　張氏鑑云鴻存疑有譌

九龍潭　在新城縣四十里　張氏鑑云縣下有脫字

長慶山　在南城縣百餘里　張氏鑑　有脫字

祥符觀　即丹霞山有二十八洞天也　按有當作

第

白蓮池　居民曾延種紅藕　一統志藕作蓮○數

歲忽變爲白蓮　一統志無忽字白字○於丨丨

花中得金觀音像　一統志無丨丨像下有因捨

宅爲寺後又變白爲碧十一字

福山院　寺後有文殊臺七佛嶠乃文殊七佛所見

之地　按見當作現

淨居寺　川谷遂深　按遂當作邃

淸修觀　代傳東晉許吳二眞君游于江鄉　張氏

鑑云代當作相

落峭石　魏巽嵌崆　按據上文此係寰宇記之語

今考寰宇記一百一十崆作空是也

鑄錢巖　在南豐縣五十里　張氏鑑云縣下有脫

字

古迹

南豐縣舊治　今屬廣昌縣東十五里土屯者　張

氏鑑云者疑當作著

華子崗　｜｜｜麻山在第三谷　按據上文景物

上紅泉注及寰宇記麻姑山注此句麻山在當作

在麻源

高祖廟　每當明月之夕躍足於江　張氏鑑云躍當作濯

鄧紫陽石卿　以次年二月二十二日葬於麻姑山須甲子改葬　張氏鑑云甲子上疑有脫文

龍母墓　熙甯農夫游賤妻劉浴于溪　張氏鑑云賤字疑誤

陳高祖祖墳　謹勿回首　按謹當作愼此亦避孝宗諱

官吏

謝靈運　按謝上當補宋字

顏眞卿　按顏上當補唐字

江鎬　按自鎬以下皆宋人江上當補國朝二字○

擊豪褫徹　張氏鑑云徹當作弊

王韶　時蔡樞密挺江西提刑　張氏鑑云提刑當在江西之上

李秠　何鄉格慮不手歛有地宿姦皆膽破　張氏鑑云格慮疑猾虜之誤

陳繹　吾不以左官爲不意而榮於獲灌園先生　按下文人物門呂南公注云自號灌園先生此處

灌上疑有脫字

人物

曾致堯　按自致堯以下皆宋人曾上當補國朝二字○年十三舉禮部試賜新火詩云今節傳龍蠟

張氏鑑云今當作令

曾布　後薦陳灌龔夬張庭堅等　按灌當作

李泰伯　名犯高宗御諱以字行　按高宗諱構李泰伯名覯以字行者蓋避嫌名後凡稱李覯爲李泰伯者仿此○曾鞏鄧温伯皆其高第也　按第當作弟

王無咎　曾子固一見異之其後與歐公王臨川

遊　張氏鑑云遊當在從上

仙釋

麻姑山　是好女子年八九許　張氏鑑云八字上疑落十字　按以神仙傳考之張說是也

王方平　爲方平駕道室　按據神仙傳駕當作營

饒廷直　脩然端居如林下道人　按脩當作翛○其柩還鄉畀者覺其輕　按畀當作舁

齋禪師　按注云護國寺僧德齊齋字疑齊字之誤

○濯足龍湫中必有小龍數十蜿蜒其足上　按

蜓當作蜒

麻源　釋靈一送陳元初十居麻源　按十當作卜

碑記

唐麻姑山壇記　張氏鑑云山當作仙　按碑目作仙抄本作山〇碑以大歷六年立　抄本碑目六作九

按麻姑仙壇記係顏魯公之文以魯公集及碑本考之六字是九字非也

唐鄧先生墓誌銘　碑目無銘字抄本有

建昌軍圖經　李宗諤編　碑目編作撰抄本作編

盱江志　胡舜舉序　抄本碑目脫此四字

詩

淸歡何必笙簧助自有紅泉碧澗鄰南戎僎師道 張氏

鑑云戎疑城之誤

卷三十六南安軍

軍沿革

遣將軍姓庾討之 按據注 係元和郡縣志之語

今考元和志二十八將作監庾下有者字是也

縣沿革

南康縣 是時孫策方年十六 張氏鑑云方年當

作年方〇則分置南安等縣又當在建安五年之

可也　按也當作知○宋志云吳立南安縣晉太康中更曰南安　張氏鑑云引宋志語疑有誤　按宋志作南康公相吳立曰南安晉武帝太康元年更名據此則下安字乃康字之誤

風俗形勝

南安志與吳陵志載不同　張氏鑑云載上當有所字

景物上

窮神　令庖人作鼎羊火鼎方殷芬香暢聞有大聲忽有鷹俯首一鳴　張氏鑑云忽字當在聞字之

上

景物下

大章山　介於江湖廣三路　方輿紀要八十八江湖廣作江西湖廣廣東　按江指江西湖指湖南廣指廣東宋時無湖廣之名湖廣當　南之誤○

延數百里　方輿紀要延下有袤

古迹

横浦關　唐書地里志大庾縣下有｜｜｜　按里當作理

漢陳蕃子孫墓　嘗有發冢見大蛇纏墓即便風雨

晦冥其冢脫開　按據上文此數句係甬康記之語今考寰宇記嘗有作有人脫開作免發是也

官吏

嚴肅　按自肅以下皆宋人嚴上當補皇朝二字

周頤　按其告身以去曰如此貴可仕乎　按據上文此係東都事畧之語今考事畧本傳貴作尚是也方輿勝覽二十引事畧亦作尚

范振　繫年錄云建陽人紹興十年——上書論雇募耆戶長十事　張氏鑑云雇募以下疑有脫誤

解潛　貴居南安軍凡十九年　按下文云不肯議

和爲秦公所斥此句貴字當是責字之誤
蔡挺　挺悉令民納兵械而販黄魚鹽不及三十斤不以甲兵自隨者止輸筭勿捕　按上文言嶺鹽價賤汀虔民盜販則黄魚必廣東之誤販廣東鹽即所謂販嶺鹽也

人物

何大正　按自大正以下皆宋人何上當補皇朝二字

楊大明　按注云紹興起居注載陽大明又云有道人授陽以藥金又云陽君甚確士三舉其姓皆作

陽字此處楊字當是陽字之誤○又庚溪詩話載有道人授陽以藥金弗授　按下授字當作受

二程先生濂溪先生　而濂溪周先生爲理曹椽　按椽當作掾

碑記

碑記闕　按下文有橫浦前集橫浦後集開鑿大庾嶺路序是碑記未嘗闕也此處闕字蓋涉上文仙釋下闕字而衍

開鑿大庾嶺路序　見張子壽集有云初嶺東廢路人苦峻極　張氏鑑云有字疑衍○開元四載冬

碑目載作年

詩

嶺雲夏變梅蒸旱越賈秋藏桂蠹多談苑云劉均送章南安詩楊文公嘗以爲警句　按劉子儀名筠此作均者避理宗嫌名後凡改劉筠爲均者仿此

四六

南安軍到任謝表　按此表無人名俟考

以上江南西路卷二十六隆興府至卷三十六南安軍

輿地紀勝校勘記卷八淮南東路

卷三十七揚州

州沿革

北負淮水南自淮廣陵至於東海皆屬星紀　按據上文此係儀眞志之語而其說本於唐書天文志今以唐書考之淮上當有臨字

三國初屬魏後爲吳　按自此以下原本闕一頁

陵等十二郡以高適爲之　按自此以上原本闕一頁

方鎭表云至德二載置淮南節度使領揚楚滁和壽

廬舒光蘄安黄申沔十二州　按方鎮表楊作揚二作三是也

國朝朝會要云　張氏鑑云朝字誤重

縣沿革

江都縣　按漢書項羽傳廣陵人召平爲陳勝徇廣陵耶秦時己有爲縣也　按耶當作則有當作置

泰興縣　在州東口十里　一統志五十五口作一百

風俗形勝

重江複關之隩四會五達之莊文選云鮑昭蕪城賦　按云疑宋之誤

王觀揚州賦曰揚州古都會也與益部號爲天下繁　按以觀賦考之繁下當有盛字

江南之氣燥勁故曰揚州　張氏鑑云此卷內揚州皆當作揚州此尤其顯然者

今摘仙樓基卽迷樓之舊址　按據下文景物上迷樓注此處摘仙樓乃摘星樓之誤

春風十里杜牧贈別｜｜｜｜楊州過捲上珠簾總不如　張氏鑑云過疑路之誤

三十六陂在｜｜｜｜｜楊州□□縣　按以方輿勝覽四十四考之紀勝所空兩格乃江都二字○故荆公題西一太

一宮壁云　張氏鑑云西一一字疑誤　按方輿勝覽西下無一字

土俗輕揚孔氏六帖李濟翁嘗謂揚州者以其｜｜｜｜故名其州　張氏鑑云此亦楊當作揚之明證

駐驛州治　按注中兩言駐蹕則此句驛字亦當作蹕說詳卷一行在所

景物上

東都　南唐李昪嗣位　按昪當作昇

輿浦　朝夕常濁一朝淸澈　張氏鑑云朝夕當作潮汐

迷樓　見風俗形勝　又｜｜九曲注下　按上文風俗形勝門內有迷樓九曲之語此句又字當在見字之上

花瑞　韓魏公琦自守維揚　張氏鑑云自當作出

○時王歧公珪　按歧當作岐

浮山　去地才高三　二寸　按方輿勝覽才作纔

飛錢　黃水土乃黃尋飛錢之所　張氏鑑云黃水土疑誤

景物下

平山堂　江南諸山拱列簷下若可攀取　一統志

四十九江上有前對二字

桃花岡　寰宇記云上有吳王廟基即所置　按寰宇記一百二十三所作隋

薔薇溝　在□□縣東北六十里　一統志□□作江都　按方輿勝覽亦作江都

無雙亭　歐陽文忠公名　張氏鑑云名上疑脫命字

萬花會　按此條脫去注文

白獺河　在□□縣東六十里名龍兒港　一統志□□作江都名上有一字

壽甯寺　唐李昇舊宅　按昇當作昪

南泠水　李秀卿至維楊逢陸鴻漸　張氏鑑云秀當作季楊當作揚

古

章武殿　遣使奉安於涿州神御殿　張氏鑑云涿字誤　按上文云太祖擒皇甫暉于滁州太宗下劉繼元于幷州眞宗禦契丹于澶州宜立原廟三州以昭遺烈於是命工寫三聖御容據此則涿州係指滁幷澶三州而言涿字不誤

董仲舒宅　卽縣基　廢爲軍寨　張氏鑑云縣上

當有故字

唐李昇宅　按昇當作昪

江水祠　蓋本祭江神而子胥記食　按據上文

此係輿地廣記之語今考輿地廣記十二記作配焉

作耳是也

后土廟　今改蕃釐觀有瓊花　一統志有上有中

字花下有俗名瓊花觀五字

官吏上

何武　按武及張綱皆漢人何上當補漢字

謝安　按謝上當補晉字

崔從　楊州交易貲產奴婢有貫率餞　按據唐書

崔從傳餞當作錢

杜悰　入市看盤伶傀儡足矣　按據上文此係劉禹錫嘉話之語今考嘉話伶作鈴是也○諫官疏言三公不合入市公曰吾計中矣如自汚爾　張氏鑑云如字疑誤　按嘉話疏上有上字如自汚爾作計者即自汚耳是也

官吏下

李處耘　按自處耘以下皆宋人李上當補國朝二字

戚綸　出知揚州發運使胡則李浦惡其修潔相與捃摭徙知揚州見事略　按據事略戚綸傳上揚字當作杭李當作季

歐陽修　獨平山堂占勝蜀　按方輿勝覽蜀下有岡字是也

劉原父　其後金華｜｜｜守楊　按劉原父係臨江新喻人金華二字有誤

呂頤浩　建炎元年命知楊州｜｜｜修城池以將南循也　按南循本當作南巡此亦避理宗嫌名

人物

徐鍇　按鍇未嘗仕宋徐上當補南唐二字移上文徐鉉之前

晏孝廣女　南都尉｜｜｜　張氏鑑云下文引繫年録今考繫年録都作陽是也○孝廣曾祖硃臨川人　張氏鑑云硃當作殊

仙釋

東陵聖母廟　人有所失請問所在青鳥便飛集盜物之上以此盜無拾遺　張氏鑑云下盜字似當作道　按據上文此數句係寰宇記之語今考寰宇記此盜作故路是也

石塔長老　東坡守淮陽　張氏鑑云淮陽係維揚之誤

僧贊甯　此粦火也　張氏鑑云粦當作燐

碑記

龍興寺謹律和尚碑號四絶碑　碑目無號四絶碑四字抄本有　按注云時人謂之四絶碑碑目蓋因其見於注而刪之然非其舊矣○李華文張從申書　抄本碑目文在華上誤

姚崇立碑紀德　碑目作姚崇紀德碑注云唐書本傳中宗時姚崇爲揚州長使政條簡肅人爲立碑

紀德抄本與紀勝同無小注二十四字

淮南都梁山倉記　抄本碑目脫淮字

大觀九域志　劉彥序　張氏鑑云九域志非專記揚州疑有誤　按宋劉彥惇曾著揚州圖經九域疑揚州之誤但言劉彥者以惇字係光宗諱耳

總揚州詩上

孤帆遠影碧山盡唯見長江天際流李白送孟浩然之廣陵

按太白集山作空

爲問淮南米貴賤老夫乘興下揚州杜子美詩　按杜集下揚州作欲東遊此詩首句云商胡離別下揚州

疑涉此而誤

春風十里楊州過捲上珠簾總不知杜牧之　張氏鑑云過當作路知當作如

楊州城裏見潮生潤州與楊子橋對岸而瓜州乃江中一洲耳故潮水悉通楊州城中故李伸與李頻云｜｜｜｜｜｜以此｜｜云｜　張氏鑑云伸似當作紳按上文景物下楊子橋注引蔡寬夫詩話與此條略同李上無故字伸作紳張說是也

天下三分明月夜一分無賴是楊州徐凝之　張氏鑑云一當作二

總楊州詩下

揚州雲液却如蘇（東坡雲液酒也）張氏鑑云蘇當作酥

文章老元帥節義古諸侯（楊傑贈馮揚州詩）張氏鑑云義當作鉞

懷古詩

春風未借宣華意猶費工夫長柳條（羅隱隋堤柳）張氏鑑云借字疑誤

白浪南方吳塞雲綠楊西入隋宮路　張氏鑑云見下疑有誤

隋家文物今雖改舞館歌臺尚基在　張氏鑑云尚當在基下

夾淚分隄萬樹餘爲龍迎舸到江都　按迎當在龍
上
因高一回首還詠麥離歌許用晦廣陵道中作　按麥當作黍
紫泉玉殿鎖煙霞欲取蕪城作帝家　張氏鑑云玉
當作宮○于今腐草無螢火終日垂楊有暮鴉
張氏鑑云日當作古
蘇東坡自潁改揚次韻趙德麟西湖成有詩見焉
張氏鑑云見焉字疑誤　按據蘇集焉當作懷

四六

三代要服不及以正　按據上文此係漢武三王策

今考史記三王世家正作政是也

卷三十八 眞州

州沿革

舊經及寰宇記第云封邑與楊州同　張氏鑑云第當作弟

縣沿革

楊子縣　寰宇記云南唐李昇僞命時改爲永正縣按寰宇記一百三十無時字正作貞紀勝改貞爲正者避仁宗嫌名後凡改永貞縣爲永正縣者仿此又按昇當作昪寰宇記作昪亦傳寫之訛〇舊

治在縣南一十五里善應鄉至是徙爲眞之負郭

而以舊鎮爲縣　張氏鑑云舊鎮爲縣當作舊縣

爲鎮

六合縣　東漢廣陵郡下有棠邑又云春秋時曰堂

按後漢書郡國志棠作堂

監司沿革

發運使司　不過粂米以塞責而已　按粂乃糴之

誤

風俗形勝

壯觀記云　按下文景物下有壯觀亭此處觀下當

補亭字　又按風俗形勝門引壯觀記者前後四處皆與儀徵縣志揚州府志所載宋劉熹壯觀亭記相符觀下皆補亭字

水插記　張氏鑑云插當作牐

景物上

東園　後人固名園記爲三絕　張氏鑑云固字疑誤　按固當作因

三山　巴山麝香山盤石山　一統志三十八石山下有爲三山三字

橫山　與了山方山鼎峙　一統志四十七峙下有其

陽有昭明太子讀書堂十字

方山　隋朝六宅曾居之　按據方輿勝覽四十五宅當作宮

蜀崗　寰宇記一一屬揚州江都縣舊爲禪智寺即隋之故宮　按寰宇記一百二十三舊爲作今枕

景物下

桃葉山　在六合縣南七十五里　一統志三十七入作六

芳草澗　獨憐幽草澗邊生山上黄鸝深處鳴　張氏鑑云韋詩當以後詩門爲正　按下文詩門引

韋詩山上作上有處作樹是也

靈巖山　一統志靈有雲　按上下文言靈巖山靈巖寺者甚多當以靈字爲是一統志下文有靈巖石之語此句作雲者蓋傳刻之誤○在揚子縣西七十里　一統志西下有北字○有白龍池萬山亭　一統志作又有白龍池瑪瑙港龍鬬港

石帆堆　寰宇記曰石帆堆　按寰宇記堆作山○在小帆山　一統志山下有北字

瓦梁堰　卽滁塘也　方輿紀要十二滁作涂　按寰宇記方輿勝覽皆作滁

古迹

魏太武祠　帷昔飲馬初想見投鞍處　張氏鑑云帷當作惟

官吏

棠君尚　按棠上當補周字

唐王績　按績爲六合丞尚在隋時唐當作隋○遂出受俸錢　按據上文此係呂才王無功文集序之語今考全唐文一百六十載才此序受上有所字是也

人物

專設諸　按專上當補周字

陳吳明徹　詔具太牢令拜祠冢上　按據上文此係通鑑之語今考通鑑冢上作上冢是也

陳矯　按矯爲魏人陳上當補魏字移上文陳吳明徹之前

杜杞　按自杞以下皆宋人杜上當補國朝二字

淮南三善士　王荆處士征君墓表云　按此文見王介甫集荆下當有公字

仙釋

僧神堅　以刃加神堅不能動羣賊膜拜而去其懷

古詩云昭明曾置讀書堂後倚横山翠石崗巨盜黃巢鋒刃刺神堅終不下僧牀　按以儀徵縣志考之懷古詩係郟滂所作紀勝其字當作郟滂

杯渡師　按太平廣記云荷□蘆圖　按以廣記九十考之空格係一字

碑記

冶山祗園寺碑　有唐開元二十二年建寺碑　抄本碑目二十二作三十二　按開元止有二十九年抄本碑目誤

唐正晦先生碑　先生姓陳名融正元五年東平呂

温述　碑目述作建抄本作述　按全唐文六百三十一載呂温此碑正作貞紀勝作正者避仁宗嫌名後凡改貞晦先生爲正晦先生者倣此

詩

摽峰採虹外置嶺白雲閒沈休文早發定山　按據文選摽當作標

獨憐幽草澗邊生上有黃鸝深樹鳴韋應物知滁州過六合春潮帶雨晚來急野渡無人舟自橫韋應物知滁州過六合張氏鑑云韋詩不應分作二條詩中如此者甚多此其尤顯者

江聲六合暮楚色萬家春　張氏鑑云楚字疑誤

米芾壯觀詩　按儀徵縣志揚州府志皆載芾此詩於壯觀亭下此處觀下當補亭字說詳上文風俗形勝門

四六

天聖五年胡丨丨水插記　張氏鑑云丨丨不知當作何名　按以儀徵縣志揚州府志考之此記係胡宿所撰宿字武平官樞密謚文恭此處丨丨當不出此三者

卷三十九 楚州

縣沿革

山陽縣　通典云吳王濞反於廣陵山陽率衆於此拒之因以山陽爲名　按通典一百八十一率上有王字是也

貟應縣　隋志又云梁置陽平郡又東管郡　按隋書地理志管作莞是也

風俗形勝

其士子則挾任節氣好尚賓遊此蓋楚之風焉隋志

張氏鑑云挾似當作俠　按隋書地理志作挾方輿勝覽四十六所引隋志作俠

韓信寄食處東□志淮陰縣下南昌亭注云丨丨丨丨亅　張氏鑑云東

字下原空

唐肅宗寶應元年楚州宜安縣尼眞如恍惚登天

按宜安乃安宜之誤。因改元寶應以宜安縣爲

寶應縣　按宜安亦當作安宜

景物上

雲山　有龍潭　一統志四十九　有上有上字

臨賦在放生池上　張氏鑑云臨賦下疑有脫字

五寶　二曰王雞三曰穀壁　按寰宇記一百二十四王

作玉壁作璧是也

邦溝　自山陽至楊子入江渠廣西十步　按方輿勝覽西作四是也

山陽西征記上　按寰宇記引西征記上作山陽津名

景物下

籌邊堂　輪奐甲於鄰郡　一統志四十七奐下有壯麗二字

望楚亭　在水西南五里　張氏鑑云水上有脫字

石鼈城　輿地廣記云鄧艾築｜｜｜在寶應八十里　按以輿地廣記二十考之八上當有西字○郡國志云有｜｜｜淤因以名之　按寰宇記引郡

國志有上有山字淤作游無以字

眞如寺　在寶應縣治一百步　按據寶應縣志揚州府志治下當補南字

南昌亭　從南昌亭長寄食長患之　按據上文此係寰宇記引史記之語今考寰宇記及史記韓信傳長患之當作亭長妻患之

八里莊　令清河口去本州五十里地名｜｜｜　張氏鑑云令當作今

愽文湖　東漢志射陽縣有｜｜｜　按據後漢書郡國志文當作支

轉般倉　在神運河西岸　張氏鑑云神字疑衍○北有神堰周世宗始置滿浦閘以通水運　張氏鑑云北當在有下　按以通鑑及方輿紀要二十二考之張說是也

淸河口　雷出賢請止差鎭江一軍五千人　張氏鑑云出當作世○若無故減戍池時旋增必致敵疑　按池當作他

古迹

故淮陰縣城　今城東二家卽信與漂母冢也　按以下文古迹門東西塚注及方輿勝覽考之城下

當有北字東下當有西字信下當有母字

韓信城　寰宇記云信本淮陰縣人其家宅處竝存

按寰宇記家作冢處上有所字

劉安王城　按方輿紀要無安字

西遼城　在山陽縣東二百里者唐太宗征遼駐兵

于此　按者當作昔

劉伶臺　在縣北邊淮　張氏鑑云淮當在邊上

趙康州徐夫子廟　徐積□楚州人　張氏鑑云積

字下本空後亦空此字其諱耶　按東都事略及

宋史皆有徐積傳竝非雙名無可避諱此傳寫者

誤空耳

尉遲墓　按尉遲下無人名俟考

張左史墓　張氏鑑云此左字與前四祠堂注右字有一誤　按注云卽張耒文潛之墓也今考東都事略張耒傳耒曾官起居舍人唐宋時稱起居舍人爲右史當以右字爲是

官吏

崔侁　以宜安縣爲寶應縣　按宜安當作安宜

李聽　聽日整勒士皆奮印掩賊不虞　張氏鑑云印字疑誤　按據下文此係唐書之語今考唐書

李聽傳印當作卽

薛珏　租入羸富　按羸當作贏

國朝喬維岳　自末口至淮陰磨般口　張氏鑑云

未當作末般當作盤

元積中　嘉祐七年　張氏鑑云元積中注但有嘉

祐七年四字疑有脫文

蔣之奇　見節孝徐先生集有送蔣憲叔詩序拜山

陽太守　按詩序二字當在太守之下

曾空青　外祖卽以案櫝繳奏以聞　按櫝乃牘之

誤　又按曾空青名紆係王明清之外祖紀勝採

明清揮麈錄之語故不稱其名而稱其字耳

趙立　見係年錄　張氏鑑云係當作繫

人物

陳容　起爲紹曰　按據三國志陳容傳爲當作謂

步騭　按騭爲吳人步上當補吳字

王粲　按粲雖爲曹氏所辟然其歿在漢建安末年移至上文陳容之後

皇朝蘇師旦　按方輿勝覽蘇作趙紀勝下文所述事迹與王安石趙師旦墓誌及東都事略趙師旦傳相同蘇字乃趙字之誤

徐積□　張氏鑑云積字下本空　按此亦傳寫者誤空說詳上文古迹門趙康州徐夫子廟

劉晟　晏知事泄於晟闔門被害執晟殺之　按闔門被害四字當在執晟殺之之下

衞朴　春秋日蝕三十六諸歷通驗密者不過得二十六七唯一行得二十七　張氏鑑云下二十七疑誤　按據夢溪筆談六經天文編上七字係衍文下七字不誤

趙氏女　按女爲唐時人趙上當補唐字

北神烈婦　按婦爲宋時人北上當補國朝二字○

自恃有德意欲亂之意日益逼　張氏鑑云上意字疑當作竟○鸞鳳猶可循君身不可親　按鶩當作鸞循本當作馴此亦避理宗嫌名

仙釋

紫極宮仙人留題　題詩於壁曰宮門一閑入臨水凭欄立　張氏鑑云一閑入疑誤

碑記

碑記　按此下原本脫去一頁

詩

向新橋魚網平鋪荇葉鷺鶿閑步稻苗　李嘉祐憶史君六言

按此上脱去一頁　又按自此以下各詩或言楚州或言山陽或言寶應而上文標題脱去未知原本若何下文淮陰縣詩另立標題而鹽城縣詩未載俟考

康州義烈光千載徐老勤渠盡一身　張氏鑑云渠當作劬

吳陵志云呂舍人本中調海陵獄椽　按椽當作掾

淮陰縣詩

朝言雲夢暮南循已爲功名少退身　按改南巡爲南循亦避理宗嫌名

秦時有漂母於此饋王孫王孫初未遇寄食何難論

後爲楚王來黃金荅母恩事迹貴如此　張氏鑑云此下不知所闕多少　按以他卷之例推之詩後當有四六一門原本佚去

卷四十　泰州

州沿革

唐書地理志云淮陽道蓋古楊州之域　按據唐書地理志陽當作南楊當作揚

又按越世家云勾踐已去渡淮南以淮上地輿楚　按據越世家輿當作與

又通鑑天福四年吳人遷襄皇之族于泰州　按通

鑑襄作讓此作襄者避濮安懿王諱後凡改讓皇爲襄皇者仿此　又按通鑑吳作唐是也

周降爲團練州乾德五年降軍事恐是南唐一時躐陞而世宗爲團練　按宗下當有降字

國朝降降爲軍事　張氏鑑云下降字疑誤

監司沿革

提舉常平茶鹽司　密院計議曾緯提舉淮東茶鹽公事塡復置鈌　張氏鑑云塡字似誤　按塡復猶言塡補此宋時常語不必疑爲誤字

風俗形勝

淮東道院海陵地僻少訟故以ㄧㄧㄧㄧ名之今州治大廳之東南道院焉 按據方輿勝覽四十五東下無南字疑南字乃有字之誤

金龍玉璧國朝元豐二年發運使蔣之奇旣獲ㄧㄧㄧㄧ于天目山之井中 張氏鑑云旣字疑衍 按下文景物下集眞觀注云發運使蔣之奇旣於井中獲金龍玉璧三十六宣和中更治殿基云云此條無宣和中更治以下旣無更字則旣字可删張說是也

景物上

麋暵 咄食其草根 按寰宇記一百三十咄作掘無其字是也

景物下

資福院　覺如舉手曰恃此耳如且爲數演其義

張氏鑑云下如字係衍文數當作敷

集眞觀　發運使蔣之奇旣於井中獲金龍□玉璧

三十六　張氏鑑云玉字上本空　按據上文風

俗形勝門亦作金龍玉璧此處係傳寫者誤空

如皋港　港則有如皋村因以爲名　按則當作側

海陵監　皇朝開寶七年自海陵移置從鹽場之使

也管鹽場八　按以寰宇記考之置上當有監於

如皋縣五字使當作便

古迹

興化縣　至今未撥選　按上文云舊屬泰州又云權隸高郵軍候邊事甯息日依舊此句選字當是還字之誤

富弼讀書堂　富公侍其父征商于此與胡侍講周待制相友善在光孝寺之東　統志四十九在上有堂字是也

官吏

吳廷紹　按廷紹及皇甫暉皆南唐人吳上當補南唐二字

荆罕儒　按罕儒雖曾仕宋然其官泰州則在周時荆上當補周字

王仁贍　按仁贍以下皆宋人王上當補國朝二字

韓琦　適夢以手捧天者再不覺驚悟　按悟當作寤

張次山　又尊禮程伯醇邵堯夫　按醇當作淳

人物

查道　按查道宋人在許元之前下文許元上國朝二字當移查道之上

胡翼之　按翼之名瑗此但稱其字者避孝宗舊名

後凡稱胡瑗爲胡翼之者仿此○一坐十年不歸

按坐當作出

王覿　徽宗即位召爲中丞崇甯坐黨禍安置臨江軍　張氏鑑云崇甯下疑脫閒字

仙釋

王鹿母　王妙行李鹿女　張氏鑑云母當作女李當作本○王仙翁居山日見循鹿產女於草莽中

張氏鑑云循當作馴

徐神翁　名字信　按據王禹錫徐神翁傳字當作守

僧惠盈　夜有五道神將來請受戒云將□行東海

張氏鑑云將字下本空

碑記

東都天女寺尼性空大師塔銘　唐元和六年給事

郎于志言文　張氏鑑云郎當作中

潁川庾府君夫人徐氏墓誌　碑目潁作頳抄本作頴○

武烈帝廟　抄本碑目烈作盈誤○鍤土築牆得

石　抄本鍤作鍾誤

妙慈和尚塔銘　斷缺不見歲月云旣濟文而缺其

姓　抄本碑目旣濟二字係空格

詩

呂舍人本中調海陵獄椽詩　按椽當作掾

今歲趕堰鞭海魚　按注云至泰州捍海堰此句趕字乃捍字之誤

輿地紀勝校勘記卷八終

輿地紀勝校勘記卷九 淮南東路

卷四十一 通州

州沿革

象之謹按唐志有通州通川郡乃今夔路之達州 按夔乃虁之誤下文言夔路者三處并仿此

唐末割據存制居之爲東洲鎮遏使制卒子廷珪代之 按下文云廷珪 子彦洪又云唐靜海制置使姚洪姚洪卽姚彦洪彦洪姓姚則制及廷珪姓姚可知存字乃姚字之誤○通鑑顯德三年唐靜海制置使姚洪帥兵民萬人 按據通鑑洪上當

彥字紀勝上文云廷珪猶子彥洪下文景物上寶氣注亦言姚彥洪是其明證

風俗形勝

太守教官及考官皆轉一官以其今榜皆過有此恩

按方輿勝覽四十五今作全是也

景物上

料角　海門有｜｜昔號形勢控扼　一統志五十五作海門有料角嘴中有鹹淡二水不相混雜舟人不待汲能辨之其形勢號爲控扼

寶氣　初李王遣使收姚彥洪城陷彥洪聚俗自焚

張氏鑑云聚俗二字似誤　按俗當作族

景物下

南布洲　舊是淼然大海其中漲沙復爲布洲場今爲金沙場　方輿紀要二十三作舊亦淼然大海沙張成場卽今金沙場在州東三十里宋時煮鹽其中本場鹽額歲十八萬石

東布洲　元是海嶼沙島之地　一統志元作先

縮頭湖　繫年錄云紹興初張榮任通州　按泰州官吏門張榮注引繫年錄任作在此處任字乃在字之誤

古迹

秦皇履跡　狠山下有掴科上有鞭迹皆着石　按方輿勝覽狠山注科作窠着作著是也○而鬼神之迹尚存而六帖亦載鞭石事而齊廓狠山歌亦曰　張氏鑑云六上而字疑衍下文詩門廓作郭

按方輿勝覽狠山注亦作郭

崇明鎮　吳改顧俊爲｜｜｜　按據方輿紀要二十四俊下當有沙字

官吏

王素　按自素以下皆宋人王上當補國朝二字

人物

張日用　有郡曹椽之子鄭獬　按椽當作掾

仙釋

仙女　虞眞人會稽人　按上文自仙女洞至以爲仙去係述仙女事自此句以下述虞眞人事另爲一條與仙女無涉虞眞人三字依各條之例當作大字傳寫者誤爲小字耳　有仙仗仙童迎之曰東大帝君召子　張氏鑑云東下當有華字

碑記

與亭記鄭獬撰　碑目與作學　按上文景物上有與亭

注云在南寺鄭獬有記文據此則與字不誤不必改爲學也

詩

識者以謂甘雨過閑田雖有爲霖之志終無澤物之功　張氏鑑云謂當作爲

海角逢二月僧房見五花 元豐七年通州地藏牡丹一梗開花五朶太守鍾離景伯詩　按藏下疑脱寺字

四六

紹興十三年陸之淵撰重修通州學記　張氏鑑云淵疑是九淵

卷四十二 滁州

縣沿革

全椒縣 兩漢志云並屬九江郡 按並當在云上

風俗形勝

想望瑯琊疑在萬物之表李清臣瑯邪山記云 按瑯邪通用

紀勝或作瑯或作邪未能畫一下文仿此

曾肇二賢常祝文 按下文景物下二賢堂注引曾

肇詩此句常字乃堂字之誤方輿勝覽四十二亦引

曾子開二賢堂祝文是其明證

景物上

南樓　己上並見陳繹吳革南譙郡城十詠　張氏鑑云己當作以

滁水　元和郡縣志云在全椒縣南六十里其源出廬州梁縣　按唐時廬州愼縣卽宋之梁縣嚴氏元和郡縣補志梁作巢今考寰宇記一百二十六滁水出愼縣非出巢縣紀勝避孝宗諱追改元和志耳

豐山、唐梁載言十道四番志　張氏鑑云番當作蕃○又按晉宋齊地里志　按里當理

原廟　於是命工寫三聖御容癸亥遣使奉安於逐州神御殿而逐州立｜｜而滁州曰端命殿　張

氏鑑云前數卷中有逕州字疑其誤以此觀之逐其訓每部 按張氏[illegible]云[illegible][illegible]揚州古迹門章武殿

景物下

四賢堂 到處唯尋六乙翁 按乙當作一

寶林寺 在全椒縣之虎花山寺 張氏鑑云山寺疑當作山上

淸流關 在淸流縣西南二十餘里 一統志六十六二作三

黃道山 一統志黃作皇 按下文云秦始皇遂經是山以名焉當以皇字爲是方輿紀要二十九亦作

皇○案始皇途經是山以名焉　一統志作相傳秦始皇嘗經此○下有秦王塘　一統志王作皇

黑龍山　在全椒縣西南一里　一統志一作二

黑龍寺　黑龍山之巔下瞰井邑一覽畢見　一統志作登其巔下瞰井邑一覽皆盡

白鶴觀　在全椒西二百步　張氏鑑云西上當有縣字○唐高宗封岱宗洪道元年令諸州置道士觀　按宏道乃唐高宗年號此作洪道者避宣祖諱後凡改宏道爲洪道者仿此

臥龍山　有屋十楹有臥龍庵　按下有字當作

伏牛山　在來安縣三十里　張氏鑑云縣下有脱字

石固山　在清流縣北三十五里　一統志清流作來安○羣山連亘惟此獨高　一統志作諸山唯此獨高○紹興辛巳居民避敵其上　一統志作紹興三十一年居民多避寇其上

北隱山　在全椒縣七十里　一統志縣下有西北二字

六乙泉　按乙當作一

九鬭山　昔項羽兵敗欲東渡烏江塗經此山與漢

兵一日九鬭因名　按據方輿勝覽方輿紀要輿字乃與字之誤

天子園　在清流縣西三十里　一統志清流縣西作州西○俗傳周世宗至此因名　一統志至上有嘗字因作故

古迹

丁姑廟　着漂衣藏青蓋　按寰宇記一百二十八漂作縹是也○見兩男子覆小魚數千頭漂至岸　按寰宇記無子字小作水中有漂作風飄

高辛墓　按史記皇覽曰高陽冢在東郡廣陽里中

按以史記五帝本紀注考之辛當作陽記下當有注字

張燕公墓　象之謹按唐書張説傳説相元宗有子名垍而南唐書張垍全椒人　張氏鑑云南唐張垍似作洎　按以南唐書及東都事畧宋史考之張説是也下文三言南唐張垍又言恐因張垍之父似皆洎字傳寫之訛惟又云因有兩張垍遂訛爲兩張説此則誤指張洎爲張垍非傳寫之誤矣且下文人物門有南唐張洎是王氏非不知南唐有張洎無張垍也此處偶失檢耳

官吏

劉平　按平係漢人劉上當補漢字

李幼卿　按自幼卿至盧邁皆唐人李上當補唐字

韓思復　民爲刻石作頌其祥　按唐書韓思復傳
無石作二字

竇儀　按儀官滁州在後周時竇上當補後周二字

安友規　按自友規以下皆宋人安上當補國朝二
字

趙普　所全活者十七八人　張氏鑑云八字係衍
文

彭汝勵　按下文引事畧以東都事畧彭汝礪傳考之勵當作礪

魏安行　係年錄云　按係當作繫

人物

吳蔚　按自蔚以下皆宋人吳上當補國朝二字

仙釋隱士

逸民羅存　每同南郭先生到今俗東倅太守來

張氏鑑云倅字疑誤

禪客道摽　與禪客道摽揖有林泉之遊今東峯亭有摽揖二上人禪室　張氏鑑云兩摽字皆當作

標

碑記

李庶子泉銘　鑿井瑯邪山　抄本碑目瑯邪二字係空格○歐陽公謂學篆者皆云陽氷之跡世多矣　抄本碑目篆字係空格○中更兵燼　碑目燼作火　抄本係空格

瑯邪溪述　刺史獨孤及撰　抄本碑目獨字與及撰二字皆空格

瑯邪溪記　抄本碑目邪作琊下同

俟並寺古碑　碑目並作并下同　抄本作並

醉翁亭記　今再刻而舊本僅十數字　抄本碑目再刻二字及僅字數字皆空格

曾子開慶歷集　抄本碑目集字係空格○曾肇守滁取慶歷以前滁陽事迹之見詩文者爲慶歷前集　抄本碑目曾肇守滁取五字及見詩文者爲五字皆空格

詩

山郡多暇日社時放吏歸韋蘇州寒食日諸弟滁州作　按方輿勝覽所引無諸弟二字

欲持一瓢酒遠寄風雨夕落葉遍空山何處尋行迹

韋蘇州寄全椒道士詩 張氏鑑云遍當作徧

王元之臈月詩 按上文載此詩首句云臘月滁州始覺寒此句臈字亦當作臘

窑巖悲風夜吹林 按據下文此係歐陽公詩以本集考之窑字乃巖字之誤

君看永叔與元之坎軻一生遭口語教得滁人解吟詠至今里巷嘲輕肥蘇東坡 張氏鑑云君看詩須查校 按以東坡集考之君上有 人何似似春雨歌舞農夫怨行路二句教上有兩翁當年鬢未絲玉堂揮翰手如飛二句紀勝節録其語遂若不

叶韻耳

到處遺蹤尋六乙　按乙當作一

遯泉落石聲玲瓏富鄭公寄題醉翁亭詩　張氏鑑云遯當作

讓　按此亦避濮安懿王諱

四六

嘗授滁州法曹椽　按椽當作掾

卷四十三高郵軍

軍沿革

圖經云卽今之北阿符堅遣符彭超以兵八萬圍幽

州刺史田洛于三阿　按以晉書通鑑及方輿勝

覽四十六方輿紀要二十三考之下符字乃將字之誤紀勝下文景物下北阿鎮注云郎謝元破堅將彭超之地亦其明證

中興以來陞爲承州以興化縣來屬國朝會要建炎四年陞爲承州仍割泰州泰興縣來屬　按泰興當作興化

縣沿革

高郵縣　寰宇記云隋大業中移於樊良鎮　按寰宇記一百三十中作初良作梁

風俗形勝

崇甯元年葉宗古撰大守題名記　按大當作太

彩以文行知名一時而淮南數阡里間高郵若齋籍

按阡當作千

景物上

漱芳　在不擾堂池　按上文燕香注云在戲綵堂後下文明恕注云在不欺堂東此句池字疑北字之誤

盂城　高郡志謂地形四隅皆低　按郡字乃郵字之誤○城基特高　一統志四十九特作獨○狀鄉

覆盂　一統志盂下有故亦名盂城五字

孤山　阮勝之南兗州記曰江北三百步有丨丨

按據唐書藝文志勝當作敍

朱湖　按據方輿紀要朱當作珠

三湖　杜兖爲東京留守　按以宋史金史及宋史紀事本末考之兖當作充○驍于鼉潭湖積葵爲湖以泥傳之　按據方輿紀要下湖字當作城

南溪　范文正公天聖間來守斯邑有詠循鷗詩　按改馴爲循亦避理宗嫌名

景物下

夢草亭　在郡圖有詩云今日池塘見春草永嘉精魄獨依然　張氏鑑云有詩上疑脫人名

射陽湖　按此條脫去注語

北阿鎮　在晉爲三阿卽謝[元]破堅將彭超之地

按據上文軍沿革堅上當有符字

古跡

捍海堰　按注云詔修泰州捍海堰此處捍字亦當作捍

陳崇儀塚　在王琴村　張氏鑑云王字原本模糊

官吏

狄棐　按自棐以下皆宋人狄上當補國朝二字

范仲淹　宰興化詳見海堰下　按海上當有捍字

詳見上文古迹門埠海堰下

人物

喬康舜　按喬匡舜南唐書有傳此作康舜者避太祖諱後凡改喬匡舜爲喬康舜者仿此　又按喬上當補南唐二字

崔希甫　按自希甫以下皆宋人崔上當補國朝二字

孫正臣孫莘老　按下文有孫覺傳注云字莘老此條係孫正臣傳注中雖有孫莘老之語然究以孫正臣爲主此處孫莘老三字疑衍

孫覺　胡安定之高第　張氏鑑云第當作弟○與
東坡諸公游至相善唱和甚多　按上文云與東
坡諸公游唱和甚多前後重複必有　誤
蔡觀　貶宜州道由藤州自作哀稅　張氏鑑云稅
當作誄
陳崇儀　狄武襄責崇儀使陳□以示威首斬之
張氏鑑云本闕一字此處恐有誤　按以東都事
畧宋史考之所闕係曙字紀勝不稱其名而稱其
官者避英宗諱後凡稱陳曙爲陳崇儀者仿此
仙釋

魏景南　故景南著書論神仙事號太冲　按論當作論

售筆生　建炎初父老售筆與仙遇　按下文云顏筆子之火解也以高郵州志揚州府志考之皆有顏筆子傳則售筆生姓顏可知父老必顏老之誤

碑記

寶巖院石刻　唐大順九年置　碑目九作元抄本作九大作天　按大順皆唐昭宗年號止有二年九字必元字之誤　又按昭宗有天祐年號一作天順止有一年至於晉吳用唐年號皆係天祐而非天順

抄本碑目誤

南宮米公碑　嚁膚露筋不就有幃之子　抄本碑目就作亂幃作情誤○氏不顯于一時名可揭於萬世　碑目揭作揚抄本作揭

禪居寺五百羅漢殿記　紹興四年太歲丁丑漣水軍使米芾書　抄本碑目丁作子漣作連誤　按丁丑乃紹聖四年興當作聖蓋紹興四年歲在甲寅非丁丑且是時芾已久卒其誤無疑

掩關銘　杜門郄掃　碑目郄作郤抄本作却○以詩書自娛　抄本碑目書在詩上

詩

濛濛春雨濕邗溝蓬底安眠晝擁裘 按方輿勝覽

蓬作篷是也

池畔蕭然一史君 張氏鑑云史當作使

蒼龍脫角瑩且澤鮮爪自與風雷俱 按鮮當作鱗

四六

高凝祐乞建軍表是梁周翰軍城記 張氏鑑云是

字疑當作見

卷四十四 盱眙軍

軍沿革

江南東路安撫使張俊進屯盱眙　張氏鑑云使當

是使字之誤

縣沿革

盱眙縣　十二年後爲軍以縣屬焉　按上文云建炎二年陞爲軍後四年廢爲縣此句後字當是復字之誤

天長縣　至陳時州廢口涇城東陽二郡爲沛郡

張氏鑑云空字原本糢糊隱躍似是併字　按以隋書地理志考之張說是也

招信縣　又析置睢陵縣尋廢立爲化州　按以唐

書地理志考之尋廢二字當在化州之下

風俗形勝

章綱東南起秀記　按下文云故牓斯亭曰東南起秀此句秀下當有亭字

郡有摧場　張氏鑑云摧當作榷

晉楚之交隋志謂其地在｜｜｜｜　按隋書地理志云其在列國則楚宋及魯之交方輿勝覽四十七引隋志云其地在列國爲楚魯之交紀勝晉字必魯字之誤

景物上

魯城　吳魯肅臨淮東城人也意省因肅得名　按

省當作者

直河　詳見黃土崗下　按下文景物下有黃土岡此處崗字乃岡字之誤

曲溪　周顯德三年張永德常敗泗州兵于丨丨堰　按常當作嘗

龜山　在盱眙縣北三丨里　按據方輿勝覽方輿紀要二十一丨當在十下文景物下龜山院注云在盱眙縣北三十里亦其證

景物下

玻瓈泉　在第一都山之下　按方輿勝覽無都字

紀勝下文有第一山此句都字係衍文

玻瓈山　見山　按上文有玻瓈泉此句見山當是泉上之誤

七眼泉　在古離官之西南有流盃池　按官當作宮上文都梁山注云隋於此置都梁宮所謂離宮即指此而言古迹門都梁宮注云西有七眼泉元其明證

白水塘　按唐地理志云去宜安縣西南八十里　按據唐書地理志宜安當作安宜

石梁城　在天長縣北二十五里即後周｜｜｜

按以方輿紀要考之固當作周

石牛山　在盱眙縣南十里五道巷　按據下文望州山注巷當作港

浮山堰　元和郡縣志云在招信縣西北六十里　按元和志卷九信作義紀勝作信者宋人避太宗諱而改縣名王氏據以追改耳○梁武帝天監十二年與丨丨丨同時修築　按據元和志二當作三上丨當作荆

浮山洞　共座船中那得見　按據上文此係蘇東坡詩今考東坡集座作坐是也

臺子山　按宋書云元和二十七年宋將臧質守盱眙　按以宋書南史通鑑考之和當作嘉元嘉係宋文帝年號若元和則非宋之年號也

先福寺　有眞寂大師傳　張氏鑑云傳疑當作碑　按下文仙釋門眞寂大師注云世傳眞寂有五十二化蔣之奇嘗記其事疑卽指此而言

道人山　寰宇記天在天長縣東三十五里　按天當作云　又按寰宇記東下有南字

羅漢井　卽謂云｜｜｜　按云當作之

古跡

廢臧質城　隋大業中孟遜賊據都梁宮　按以隋書及通鑑考之據都梁宮者係孟讓此作孟遜者避濮安懿王之諱後凡改孟讓爲孟遜者仿此

都梁驛宮　寰宇記云在盱眙縣東南一十五里隋開皇六年煬帝在都梁山避暑回向揚州因此路置向東一百里入揚州界　按寰宇記十六十上無一字年下有置字置作至向下有陽字百下有一字州下有高郵二字

介子推廟□□□　按此條空格係脫去注文

張元伯墓　去郡東二十里在張范村　一統志七十

作在城東二里范張村○將窆而柩不昔進　按據上文此係後漢書范式傳之語今以後漢書考之昔字乃肯字之誤

官吏

孫堅　按孫上當補漢字

顧非熊　按非熊唐人顧上當補唐字

陶令　按陶令係宋徽宗時人當移至下文包拯之後沈該之前

江夢孫　按夢孫係南唐時人江上當補南唐二字

包拯　按自拯以下皆宋人包上當補國朝二字○

有訴盜割牛舌耳者　按據東　事畧包拯傳及方輿勝覽耳字係衍文

夏俊　詔俊乃就知泗州　張氏鑑云乃當作可

史說　上日昇珍天物誠可禁　按日當作日昇當作暴

人物

魏相陳矯　張氏鑑云相字疑衍○矯跪曰陛干欲何之　按據三國志陳矯傳干字乃下字之誤

宋王彭　貧無營以葬　按據上文此係宋書之語今考宋書孝義王彭傳營當在以上

仙釋

神仙洗腸池　他上有八百名八仙臺　按他當作池百當作石

眞寂大師　挧興福寺　按上文景物下先福寺注云有眞寂大師傳下文碑記門有唐先福寺聖井碑此處興字當是先字之誤

鐵羅漢　兀朮怒擊其首流血滿面僧走遂至羅漢洞而一羅漢血流未止　按遂當作逐

碑記

唐先福寺聖井碑　有唐學士吳道微數字存焉

抄本碑目吳作是誤

磬泉　在古離宮西南杜家山側　抄本碑目杜作住誤

繡巖堂碑　米芾書　抄本碑目作先席書誤

都梁志都梁詩　並霍篪字　碑目並作并　抄本作並篪作莞誤　按方輿勝覽雲山堂注云郡守霍篪創則此篪字亦當作篪

都梁續志都梁續詩　並耿與義序　碑目並作并　抄本作並

詩

沿汴曉穿榆筴影過淮時嗅稻苗香周邠過盱眙 按筴當作莢

迢迢綠樹淮天曉靄靄紅霞海日晴遙望四山雲接水碧峰千點數帆輕周明老題龜山囘紋詩 按此詩係囘文體紋當作文

塔影到垂淮浪底鐘聲搖落碧雲間 張氏鑑云搖當作遙

淮山澡雪塵垢面魚稻騷除藜藿腸呂本中 張氏鑑云騷當作搔

拍塞凭欄恨神京在北邊趙口 張氏鑑云名本闕

不堪高處望未得故疆還口趙氏鑑名本闕

中原老父應遺恨秪見櫳車歲往還蔡戡　張氏鑑云

老父似當作父老

以上淮南東路卷三十七揚州至卷四十四盱眙軍

輿地紀勝校勘記卷九終

輿地紀勝校勘記卷十淮南西路

卷四十五廬州

州沿革

又通鑑魏明帝靑龍二年帝曰先帝東置合肥南守襄陽西固祈山　按通鑑祈作祁是也

而齊志南汝陰郡下亦有謹縣及汝陰縣　按齊志本作愼縣此作謹縣者避孝宗諱後凡改愼縣爲謹縣者仿此

乃德勝軍節度使都督廬州諸軍事廬州刺史以保大二年周鄴立其碑見在廟中　張氏鑑云周鄴

二字當在以字上

縣沿革

梁縣 春秋哀公十六年吳人伐謹 按左氏春秋本作伐愼此作伐謹者亦避孝宗諱

風俗形勝

西固祈山 按方輿勝覽四十八祈作祁是也

權集之云廬江劇部號爲難理 張氏鑑云集之當作蕺之集 按紀勝引權德輿文者多稱權載之集張說是也

由肥而趨巢湖 方輿紀要十九趨作趣湖下有與吳

人相持於東關八字○吳人欲撓魏　方輿紀要無欲字○又司馬遷曰合肥壽春受南北湖　一統志二十六　方輿紀要曰作謂○蓋謂此水也　方輿紀要作蓋此水耳

景物上

柏枕　有一丨丨或云王枕　按王當作玉

桐鄉　桐城春秋時相國也　按相當作桐○荆公詩丨丨振廩得周旋乃振廩同食　張氏鑑云乃疑注之誤

景物下

飛霞亭　在舒城　一統志作在府治東○乃季公寅隱居之所　一統志乃作宋○蘇公軾嘗爲賦詩　一統志無公字嘗字

衣錦亭　在郡圃東　一統志郡圃作府治東下有宋天禧五年馬亮歸守鄉郡因創此亭十五字

四頂山　寰宇記作四淵　按寰宇記一百二十六淵作鼎其下文云魏伯陽以白犬試丹處紀勝下文亦云魏伯陽煉丹之所當以鼎字爲是

五星寺　在城之資壽舊名曰｜｜｜　張氏鑑云壽下當有寺字

七門堰　興治七丨丨　按七亦當作丨

千佛寺　周世宗毀之合肥縣卽其舊基　張氏鑑云縣下當有治字

鼓樂山　有人道行頗高　一統志作有高人

龍穴山　詳見龍潭山泉下　按下文龍池山泉注云卽龍穴山也據此則潭當作池

金牛山　有渚謂金牛渚　按據寰宇記謂上當有猶字

定光院　及有金剛經八段　按下文古迹内唐天祐年鐵佛注云在梁縣定光院有金剛經斷碑八

段據此則八段上當有斷碑二字

古迹、

古滁陽城　酈道元水經云滁水出於浚遒縣故也

張氏鑑云經下當有注字也當作城

古舒王廟　然劉攽記以羨頡侯信　按以下當有

爲字

官吏

魏張遼　遼母至屯遼從出迎　按據三國志張遼

傳遼從當作導從

周美成　宣和間爲廬州敎授有朱服和周美成詩

按有字當在朱服之下

人物

漢范增　按漢當作楚下文文翁上當補漢字

王景仁　按景仁後梁人王上當補後梁二字○後名茂章　按以五代史及通鑑考之後當作初

包拯　公乃爲詩見意有云直榦終爲棣衡剛不作鉤　按棣當作棟衡當作眞

李公麟　公麟以謂秦璽用藍田玉　按謂當作爲

仙釋

梅福　按注云舒城縣有梅福山上文景物下梅仙

觀注云詳見梅福山此處福字下脫去山字

晉長安僧 崇甯周橦招善戒住之戒卽東坡作疏以爲東坡而少畱者 張氏鑑云戒卽以下有誤

碑記

廬州重建巢湖太姥廟記 唐龍紀元年那甚夷撰

碑目那甚作邢湛抄本作那甚 按全唐文八百十九那作邢

南唐重修巢湖太姥廟記 抄本碑目太作大誤

唐廬潘四辯 振廪同食亦在楚莊王所都之處

碑目廪作廩抄本所作新 按以左氏文公傳考之楚

楚王未嘗遷都作新者非是○又謂爾雅歸異出同曰肥　碑目又作之誤抄本作又○羣帥囚于冶父　碑目囚作因冶作治抄本與紀勝同　按以左氏桓公傳考之碑目非是○乃在荆襄不應在廬江　碑目上在字脱去抄本有

浮槎寺八紀詩　集古錄云唐沙門僧皎撰　碑目皎下有然字

梁公德政碑　集古錄云唐崔錡撰　抄本碑目崔作官誤

咎繇碑　太史公曰禹封咎繇之後于英六　抄本

碑目日作日封作毋誤○日休道出英六城下　抄
抄本碑目日字城字係空格○請樅陽少尹
本碑目請樅作詩縱誤尹字係空格○刋于壁
碑目刋作栞抄本作刋
李伯時山莊記　子瞻爲之記子山有詩二十首
張氏鑑云子山似當作子由　按碑目作子由張
說是也○韓駒子蒼又從而和之亦二十首云
碑目亦下有有字抄本又入誤
新合肥志　帥李大東　抄本碑目帥李係空格大
作六誤○郡文學劉澹然序　碑目劉澹然作澹

然劉公抄本輿祀勝同

詩

醉裏眼開金使字紫旂風動耀昆明唐鄭綮題合肥郡齋　按方輿勝覽昆作星

謝山南畔州風物最宜秋杜秋書懷寄廬州詩　張氏鑑云秋當作牧

冠帶淮南第一舟揚鞭得從史君遊　按方輿勝覽冠作襟淮作東舟作州史作使

梵僧親指耆闍路帝女歸傳達麽心　張氏鑑云麽當作磨○擇用孫題浮槎山　張氏鑑云擇字誤

巢湖詩

絃歌自是君家事莫怪今來一邑閑李涉送入巢縣張氏

鑑云巢上當有宰字

四六

後唐張崇修廬州羅城記　按五代時廬州屬於南唐未嘗屬於後唐後字乃南字之誤

卷四十六安慶府

府沿革

踐稻萬千餘頃　按據上文此係通鑑晉武帝咸甯四年事今考通鑑萬作田四是也

賜德慶軍　張氏鑑云賜下當有號字

縣沿革

懷甯縣　魏正始二年即赤烏四年　按赤上當有吴字○唐志云武德五年析置皖城安樂梅城四縣　按唐志四上有皖陽二字是也

淮西提刑司　按依他卷之例此行之前當有監司沿革一行

風俗形勝

皖城肥美呂蒙疏　按上文府沿革引元和郡縣志云呂蒙上言曰皖地肥美此句城字當是地字之誤

景物上

南嶽 洞天記云漢武帝以衡山遼遠移祭天潛山遂爲南嶽 張氏鑑云天下當有潛字

景物下

英秀亭 即橋氏故宅魯直所謂風竹二橋是也 張氏鑑云風竹當作松竹以下文詩類魯直詩校知之 按方輿勝覽四十九風亦作松橋作喬張說是也

逍遙巖 在上煉丹三里 張氏鑑云三上有脫字

長嘯巖 在中煉丹五里 張氏鑑云五上有脫字

大江水　寰宇記云在懷甯縣一百八十里　按寰宇記一百二十五縣下有西字是也

大雷池　晉成帝威和三年蘇峻反　按晉成帝年號係咸和威字乃咸字之誤

三祖山　石刻遍于崖谷之間　按遍當作徧

龍眠山　連舒城六安懷甯太湖黃梅之北　方輿紀要二十六作與舒城六安太湖懷甯諸縣接界○有二龍井　一統志五十六作以中有二龍井故名

木鵝洲　在桐城縣一百二十里　按以方輿紀要考之縣下當有東南二字○先以丨丨浮江中隨

所定之南北之境　按據方輿紀要所定之當作其所至以

金籠山　在懷安西五十里　張氏鑑云安似當作

〔簡〕

丹霞峯　至皖山一里　張氏鑑云至當作在山下有脫字

天書峯　在皖山三里　張氏鑑云山下有脫字下文興雲峰致雨峰注亦然

香爐峯　至本州三十里　張氏鑑云至當作在州下有脫字

古迹

桐城縣山舊城　多猛獸蛇毒　按據上文此係寰宇記之語今考寰宇記作猛獸窟其中兼出毒蛇

漢南嶽　應劭曰灊音潛同南嶽霍山在灊縣名屬廬州　按以漢書武帝紀注考之灊同當作若潛州當作江

朱邑祠　又西漢注云大司農朱邑冢在桐城西郊外　按以漢書朱邑傳考之注當作書冢在當作葬城當作鄉○唐元和八年重修立碑李邕書　按元和八年李北海久没此處元和二字疑開元

之誤

梁誌公手鐵像　張氏鑑云手字疑誤

官吏

唐刺史　舊相則李班　按據唐書李珏傳珏嘗爲舒州刺史此句班字乃珏字之誤

胡珦　牛僧孺撰墓記　張氏鑑云記當作誌

李翺　字習字從韓愈學爲文章　按下字字乃之字之誤

本朝焉瓚　漁奪苛細疲俗吉病　按吉當作告

樊若冰　按以注中所引長編證諸東都事略及宋

史氷當作水下同○先釣魚採石　按採當作采

人物

南史何尚之　按尚之係劉宋時人南字係衍文史當作宋

本朝邵掤　邁古文章金鸞鷟出羣行止玉麒麟

按鸞當作鸑

徐俯　與洪騎父胡少汲相與賦詠甚適　按騎當作駒駒父乃洪芻之字俯與芻皆黃山谷之甥故相善也

仙釋

左慈　遣李樸築壇於潛獄岡　按上文景物上有潛嶽此處獄字乃嶽字之誤

眞悟大師　相傳以爲晉咸和人　張氏鑑云人上當有閒字或時字

碑記

法華院額　乃唐宣宗御書　抄本碑目乃作君誤

唐太平興國寺碑　圖經載爲薛稷書及有唐隸碑亦有古法　碑目及作又是也

潛山眞君廟左眞人仙堂記　開成三年張虛白撰　碑目三作二抄本作三

山谷寺智禪師銘　唐大歷八年獨孤及撰張從書

碑目從下有申字　按張從申係大歷時人所書之碑甚多當從碑目爲是

開元寺碑陰記　碑目記作碑誤○南唐順義九年李宗撰　按順義乃吳讓皇年號南唐當作楊吳

山谷寺三祖大師偈　唐御史中丞包吉撰　碑目吉作佶抄本作吉　按改佶爲吉者避徽宗諱非誤脫人旁也

文宣王廟碑序　徐　按徐騎省集有舒州文宣王廟碑此處徐字下當有鉉字下文龍門寺記九疊松

讚注中徐字下皆當有鉉字上文景物下九疊松注亦云徐鉉有贊

保大中勑書石刻 在三祖乾元年 按上文景物下三祖山注云有乾元寺又云有唐三祖禪師塔及保大中勑書此句祖下當有山字年當作寺

四面山大中寺唐碑 抄本碑目唐作廟誤○周遊天下 碑目遊作游抄本作遊

西絶碑 碑目西作四○集古錄云唐李陽冰篆并李華文張從申書 車氏持謙云此碑卽前揚州碑記內之龍興寺謹律和尚碑歐公錄四絶碑大

歷八年在揚州此書於揚州下既引九域志而又

載此碑於安慶府引集古錄云云不知何故

靈仙觀碑　長編云　抄本碑目長作張誤○掘得黳石　抄本碑目黳作點　按黳與黑同意作點者非是○州以石刻來獻　抄本碑目來作米誤

詩

東過百淮到宿松　張氏鑑云百字似誤　按方輿勝覽百作長是也

府椽應從到日閑　按椽當作掾

曾子曰官居舒州日寄荆公詩子翊名宰子撫州人　張氏鑑云名宰子有誤

輿地紀勝校勘記卷十終

輿地紀勝校勘記卷十一　淮南西路

卷四十七　蘄州

州沿革

王剪虜楚王負　按剪當作翦

西漢地理志江夏郡下有蘄春縣　按里當作理

風俗形勝

佳山秀水繯絡千里　按環當作環

西連黄崗東峙隔皖　按據方輿勝覽四十隔當作

潛

景物上

龍峯 卽花蛇洞 一統志二百九 洞下有也字

龍崖 有布泉十餘丈 上當有瀑字

嶮石 入蘄水界是爲浠 一統志無是字

湯泉 常沸如湯 一統志作水温如沸○有流黃氣 一統志流黃作硫磺

景物下

超然觀 在郡圃子城上 一統志作在蘄春郡城

環翠亭 在郡圃子城上 一統志作在蘄春郡城亭

在州北塔後山顚 張氏鑑云山顚當在塔後之上○范忠宣公名蓋倣范文正公守鄱陽

日於郡見四望亭之遺意　張氏鑑云名上當有

命字見當作建

四流山　東入大湖　按據上文此句係寰宇記之

語今考寰宇記一百二十七大作太是也

三十六水　出白巖山　一統志出上有源字

多雲山　在廣濟縣十五里　按據方輿紀要七十六

縣下當有東字

白雲山　隋時建塔寺其上　一統志無寺字

青着院　張氏鑑云着字疑誤

烏牙山　南烏牙山有靈峯院　張氏鑑云南字當

在山字之下

金鵝院　此山嘗南金鵝出于石問　一統志南作

有是也

石鷰源　一統志鷰作燕○在廣濟西南六十里

一統志濟下有縣字

龍華寺　舊傳大士嘗經從講經於此　張氏鑑云

從當作過

鳳凰臺　今羅田縣西三十里　一統志無今字

石鼓山　扣之有聲　一統志扣作叩

積布山　謂積布磯　按據上文此句係元和郡縣

志之語今考元和志二十七謂作俗謂之是也

里下山　院有李禪師自四祖法席到院生化　按

生當作坐

巴河源　出板石山　一統志板作版

史君石　世傳嘗註史君　庭經　張氏鑑云史君

當在嘗註之上

官吏

李泌　太子嘗謂先生楊國忠惡奏徙蘄春事見通

鑑　按據通鑑嘗當作常謂下惡下皆當有之字

徐聃　按注引張說集今考張燕公集徐府君碑及

新舊唐書徐齊聃傳聃上當有齊字

張齊賢　按自齊賢以下皆宋人張上當補國朝二字

梅執禮　罷爲顯謨閣待制知蘄州尋落職徙知蘄州　按據東都事畧梅執禮傳下蘄字當作滁

人物

吳公璞　按自璞以下皆宋人吳上當補國朝二字

○恥隨鷄鶩啄泥沙　按鶩當作鶩○齒髮未衰非藥物山林不返非雲霞　張氏鑑云下非字誤

吳伸　伸書凡六千餘書其大指如此　按下書字

當作言

仙釋

宋史君　張氏鑑云史當作使注中史君仿此○山上有一石足一石硯　張氏鑑云足疑几之誤

隋定僧　得入定僧二員遣使遂至蘄州　按據上文景物下白雲山注遂當作蘄

碑記

杜公生祠碑　碑目杜公作蘄州刺史杜敏　抄本與紀勝同

○集古錄云唐張粲撰　碑目粲作璨　抄本作粲

唐太守杜敏生祠碑見九域志　碑目無此十四字　抄本有

按杜敏卽上文杜公之名碑目蓋以其復見而刪之然上條據集古錄此條據九域志未可竟削其詞也

唐戴叔倫撰曹王皐出師碑　碑目無戴叔倫撰四字王上有成字抄本與紀勝同○在黃梅縣東一里五祖院衆造寺　碑目寺下有戴叔倫撰鄧晏書建中四年三月十四日立十七字抄本無

詩

拂滌硯乃謫仙詩云　張氏鑑云硯下當有之字

織成雙入簟寄與獨眠人白居易寄蘄簟與元九　按據樂天

集入當作鎖

薤葉照人呈夏簟松花滿椀試新茶文苑英華劉禹錫送蘄州李郎中赴任詩云楚關蘄水路非賒東望雲收日夕佳云樓中飲興因明月江上詩情爲晚霞 按下云字下仍當有云字云云者即薤葉照人二句也

此蓋蘄涵暉閣也自是涵暉之名益著 按蘄下當有州字

卷四十八和州

州沿革

其後北齊文宣送正陽侯淵明至歷陽 按本當作

貞陽侯此作正陽侯者避仁宗諱後凡改貞陽侯爲正陽侯者仿此

縣沿革

提舉司　按依他卷之例此行前當有監司沿革一行

風俗形勝

陸士衡辨亡論云濡須之塢孫權聞曹公來築此塢狀如偃月　張氏鑑云論下當有注字

景物上

梅山　在歷陽縣南五十里　一統志七六十南上有

西字里下有其山多梅四字○軍士渴遂止
統志作以止軍士之渴

楊橋　昔張悌下張喬於楊荷橋卽此地也　一統志作昔吳末張悌濟江圍都尉張喬於楊荷橋卽此

柵江　吳築兩城於北岸魏置柵於南岸　按以寰宇記一百二十方輿勝覽四十九考之北與南當上下互易蓋南岸爲吳境北岸爲魏境也

橫江　直江南採石渡處　按據上文此句係元和郡縣志之語今考嚴氏元和郡縣補志採作罙是

也○孫策自壽春經畧江都　按據寰宇記都當作東

滁河　源出梁縣縣廳事　張氏鑑云事下當有前字○亘歷陽含山烏江三縣界　一統志含山在歷陽上○吳赤烏十三年遣軍十萬築堂邑徐塘以淹此道　按以三國志吳主孫權傳考之此當作北

⿰氵麻湖　古歷字作麻今誤爲麻　張氏鑑云上麻字當作厤　按以說文考之張說是也○象之切謂晉志之注有牴牾處　按切當作竊

善部　劉禹錫壁記云唐本朝混一爲一一　按劉賓客集無唐字爲上有號字是也

景物下

連雲觀　在郡圃城上　張氏鑑云圃字疑誤

三覺堂　在梁山廣教院　一統志教作覺

三老堂　三者卽劉摯傅堯俞范純仁也　按下文總和州詩門引胡彥國三老堂詩注云三老謂范公純仁劉公摯傅公堯俞也此處者字乃老字之誤

石湖闕　兀朮再犯境　一統志犯作侵○張俊以

兵五千守丨丨丨　一統志俊作浚　按方輿紀要二十九與紀勝同

西採石　按採當作采

小峴山　一名昭關　方輿紀要十九一作义○廬濠往來之衝　一統志廬濠作爲廬濮

四瓆山　一統志瓆作濆　按寰宇記方輿勝覽方輿紀要二十九皆作濆當從一統志

八公山　世說有八仙人　一統志說作傳

萬柳堤　自橫江門出至楊林江口　方輿紀要自上有郡人春遊四字橫上有城南二字○九二十

五里　一統志方輿紀要九作凡○栽柳萬餘株

號｜｜｜　方輿紀要作皆種柳號爲萬柳堤即

楊林渡也

天門山　自採石臨江　按採當作采

橫江河　始發利州三縣丁夫鑿｜｜｜　按利當

作和

古迹

晉王城　符堅侵晉以姚萇爲先鋒築城於此以禦

之又有姚萇城　一統志築上有晉字是也

張籍宅　又有書堂山在烏江縣東一里　一統志

無山字

范增女廟　東寇王倫攻歷陽見堞南角若有見

張氏鑑云兩見字疑有一誤

漢桓榮墓　寺側有亘榮墓　按改桓爲亘者避欽

宗諱後凡改桓榮爲亘榮者仿此

官吏

呂希道　希道嘗知和州東坡有詩送之云去年送

君守解梁今年送君守歷陽解梁鄜州也　按宋

時蒲州即古解梁之地鄜字當是蒲字之誤

姚興　建康駐劄破敵軍統制丨丨興金人戰於尉

子橋死之　按輿金人當作與金人

仙釋

圓智禪師冲會　二公訪會同道蕭然宴坐終日

按同當作問

碑記

和州刺史廳壁記　在設廳西　碑目設作後　按設廳謂陳設宴會之廳此宋時常語未可改爲後也○其畧云　碑目云作曰○歷陽古楊州之邑　碑目楊作揚邑作域 抄本作邑　按據上文此係劉禹錫和州壁記之語今考本集亦作揚○於天文

直南斗魁下 碑目於作于○以隸九江而亦爲

九江治所 碑曰所在治上 按本集作治所○

宋建臺目爲南豫州 抄本碑目目作月誤

唐劉禹錫和州詩 在設廳東 碑目設作後 按

說詳上文

唐張翺白字碑 張氏鑑云白字疑誤

唐李德裕項亭賦 望牛渚之蒼然嘆烏江之不渡

碑目牛渚作父老 抄本渚作老 按據李文饒本集

當作牛渚與烏江相對抄本碑目誤渚爲者刻本

碑目遂改牛爲父皆非也○思項氏之入關按秦

圖而剳據　碑目而作之抄本作而　按本集作而〇

耻沐猴之醜詆　抄本碑目耻作恥　按本集同

李宗重修碑　在烏江廟　張氏鑑云修下當有烏江廟三字

總和州詩

探石　傳栎新林暮擊鐘劉禹錫　按探當作采

自斷黄蒿不可尋許用晦題勒尊師歷陽山居　張氏鑑云蒿當作精

筇杖芒鞋上小蓬半篙春水飽帆風　按蓬當作篷

卷四十九黄州

黃州　赤璧　按璧當作壁

州沿革

春秋威公八年黃隨不會　按改桓爲威者避欽宗諱後凡改桓公爲威公者仿此　又按黃隨不會係左傳之文春秋下當有左傳二字

是指邾封在先黃境在後已失元後之序矣　按元當作先○而李宗詩圖經　按據下文碑記門詩字乃譌字之誤

西漢在高祖元年注云邾縣名屬江夏郡　按在當作紀

而南齊志旣有西陽郡而又有齊安郡而齊安郡下

却不言建立年月　按又上而字當是衍文

寰宇記云北齊天寶六年　按北齊文宣帝年號係

天保非天寶寰宇記一百三十一寶作保是也

寰宇記在僖宗中和元年　按完字乃宗字之誤

國朝因之後隸淮南西路國朝　按自此以下原本脫

去三四兩頁誤列卷五十之三四兩頁於此今從

張氏之說移入下卷

風俗形勝

君子東坡方山子傳　按自此　上原本脫去兩頁以他卷

之例推之係州沿革之後　及縣沿革並風俗形
勝之前半

景物上

溫水　在黃崗　張氏鑑云崗當作岡下同

冶城　在黃陂東南十五里　一統志二百八　陂下有
縣字十上有二字○梁武爲刺史治戰守之具今
火跡猶存　一統志作相傳梁武冶兵器於此舊
跡尚存

沙湖　東坡嘗買田其間　一統志二百九　其間作於
此

東館　立館驛　一統志立上有舊字○以爲過客
憇息之地　一統志無　地作所
夏澳　夏英守是州　一統志作夏竦守黃州
按英公即竦所封之爵
鳳陂　舊傳曾有鳳浴于此　一統志作相傳有鳳
浴此
五關　城墻猶存女頭盡毀　張氏鑑云頭亦當作
墻○山勢不甚高峻　按方輿勝覽五十勢作關峻
作峻方輿紀要七十六峻亦
景物下

思賢堂　在黃陂尉　一統志二百八 尉上有縣字

○二程先生俱生於此　一統志先生作子

雙鳳亭　父老傳是二程先生｜｜｜故基　一統志父老作相

覽春亭　在州治　一統志二百九 州作郡○韓魏王居黃　一統志作韓琦所建

棲霞樓　東坡所謂賦鼓笛慢者也　張氏鑑云謂當作爲○東坡次韻王鞏詳云賓州在何處爲子上棲霞　按詳當作詩

延暉閣　曾史君有詩曰　張氏鑑云史當作使

春草亭　門外猶有｜｜｜故基韓魏公所爲作春
亭者是也　按下文碑記門春亭記注云韓琚爲
亭魏公記之此處者字上當有記字
春風嶺　東坡自新息渡淮　一統志東坡作蘇軾
○由是嶺　一統志作道經此嶺
甘露山　陳高宗時甘露降　一統志二百九陳上有
相傳二字宗作祖
陰山關　元和群縣志云　按群當作郡
黃泥坂　在高寒堂之西過黃泥之坂是也　張氏
鑑云過上有脫字

三江口　去黃崗縣三十里　一統志崗作岡

七文山　在黃崗縣三十里　按據一統志七丈山
在黃岡縣西三十里紀勝脫去西字耳

聚寶山　在州治之後　一統志州作縣無之字○
紅黃燦然　一統志紅上有日照之則四字○東
坡所作怪石供卽此石也　一統志作蘇軾作怪
石供卽此

香爐山　在黃崗縣之一百七十里　張氏鑑云之
下有脫字

金甲井　世傳以謝晦塚　按以下當有爲字

鼉龍橋　昔有一鼉出没港中狀類鼉故以名橋

按下鼉字當作龍

龍驤永　元和郡志在黃陂縣南七十二里　按郡下當有縣字

駱駞橋　一統志二八百駞作駝○因以爲名　一統志無以爲二字

古跡

君子泉　雲夢澤南君子泉水無名字托人賢兩蘇翰墨人爲重未刻他山世已傳　按據下文詩門及方輿紀要雲上當有黃山谷詩四字

女王城　送余於｜｜｜唐禪庄院　按據上文此係東坡詩序之語今考蘇集庄作莊是也

韓魏王讀書堂　初王允琦守齊安王侍兄之官　按下文官吏門韓琚注云魏公兄也嘗自濠倅從知黃州此句允琦乃兄琚之誤

趙龍圖思顯廟　一統志十二百　思作忠　按注云賜額忠顯此處思字乃忠字之誤○在城東懷化門之外　一統志城作縣無之字○隆興初張浚請于朝即其地立廟　一統志作宋隆興初建祀州守趙令歲　按下文官吏門趙令歲注所述事迹

與此條正合葢令歲即龍圖之名也

木蘭廟　即古樂府所載　一統志八二百無古字○女子詐爲男夫　一統志無詐字夫作裝○代父征行者也　一統志征行作從軍

官吏

左震　按震係唐人下文石洪上唐字當移此句左字之上○所從少年悉斃之籍某贓數十萬　按據上文此係通鑑肅宗乾元元年事今考通鑑某作其是也

韓琚　公庭當寂然所樂在文酒　按當乃常之誤

麗籍　後人即椽廳建相隱堂　按椽當作掾

人物

程適　按自適以下皆宋人程上當有國朝二字

潘大臨潘大觀　臨州謂無逸問近新作詩否　張氏鑑云謂乃謝之誤

何頡之　連蹇場屋曉得一官　按曉當作晚

碑記

碑記　嘉定兵火後石碑多焚毀不存　碑目無此十二字

春亭記　有嘗念春亭記烏敢云不朽之句　碑目

烏作焉○賁以魏公詩刻石東坡爲之記云云

碑目無下云字抄本有云字

詩

寄與風流舊使君趙嘏寄詩賈使君　張氏鑑云詩當在君

下

公君新政雨隨車王元之冒雨上事詩　張氏鑑云史當作使

豈是齊安無一事自緣太守有餘不廖平詩　按不乃

才之誤

赤壁詩

東風不借周郎便銅雀春深鎖二橋杜牧赤壁詩　張氏

鑑云借一作與

交兵不假揮長劍已□英雄百萬師胡會赤壁　張氏鑑云已下原本空

君看赤壁終陳跡生子何須似仲謀陸游黃州詩　按作乃仲之誤

四六

收拾江山於吟牋醉墨之妙陶冶物象於絺章繪句之餘徐　按徐下闕人名俟考

卷五十　濠州

州沿革

領縣二　治鍾離　張氏鑑云此下兩頁係卷五十之三四兩頁原本誤列於卷四十九之內影抄者未知指出　按自此以上原本闕二頁以他卷之例推之當是州沿革之文

風俗形勝

李義山代爲李兵曹祭兄濠州刺史文　張氏鑑云代字爲字疑有一衍　按據李義山集代字係衍文

景物上

塗山　帝王世紀云楊州　按自此以下原本全闕

卷五十一　光州闕

卷五十二　無爲軍闕

卷五十三　安豐軍闕

以上淮南西路卷四十五廬州至卷五十三安豐軍

輿地紀勝校勘記卷十一終

輿地紀勝校勘記卷十二　荊湖南路

卷五十四　潭州闕

卷五十五　衡州

州沿革

而李宗諤舊繆亦曰翼軫之分野　按繆乃經之誤

舊志衡山郡衡山縣注云隋罷湘東郡爲衡州改臨

蒸爲衡陽縣　按此係舊唐書地理志舊下當有

唐字

縣沿革

茶陵縣　在州一百一十五里　按元和郡縣志二十

九云茶陵縣西南水路至州四百五十里據此則茶陵在衡州東北此句州下當有東北二字

安仁縣　本安仁鎮　一統志二百二十四本上有縣字

酃縣　張氏鑑云此縣未注去州遠近　按據方輿紀要八十在州東三百九十里

監司沿革

荊湖南路提點刑獄司　按國史景德四年　按依他卷之例自此句以下數行當作雙行小字

風俗形勝

湖南清絕杜甫　按下文詩門引杜工部詩云湖南清

絕地此處脫去地字

景祐三年知州劉沈奏請　按下文官吏門劉沆注云嘗知衡州以時代考之此處沈字乃沆字之誤

景物上

略塘　湘水記云客寄塘有銅含神聞鐘聲則水變綠魚爲之飛　張氏鑑云含字疑誤

歷山　祥符舊經云在耒陽縣七十餘里　張氏鑑云縣下有脫字

肥水　酈道元水經云　按經下脫注字

蒸水　一統志蒸作烝○故曰臨蒸　一統志作故

名

茶溪　括地志臨蒸縣百餘里有茶溪　張氏鑑云

縣下有脫字

塔山　山腰白石七級如疊　一統志白上有有字

景物下

望嶽亭　採訪使韋虛舟置　一統志置作建

峋嶁峰　湘水記云衡山南有一山名峋嶁　一統

志一山名作峯曰

瀟湘水　柳宗元湘口館詩序云瀟湘三水所會

按據柳州集及紀勝永州風俗形勝門三當作二

青草渡　在衡陽縣北一里蒸水　一統志蒸作烝水下有渡也二字

砿石水　按據方輿紀要八十砿當作硹注中砿石山仿此

桃源溪　出雲陽五洞　一統志出上有源字○溪北流至桃源江口　一統志無溪字口下有二百里春夏勝五十石舟秋冬半之十四字

獅子巖　嘉祐中　一統志嘉上有宋字

石盧塘　湘水記　一統志記下有云字○有漢太守谷昕傍約嶮築塘貯水　一統志無傍約嶮三

字○名瀘淹　一統志淹作塘

二守祠　祀劉翼晉人王應之　張氏鑑云晉人當在劉翼之上

古迹

鍾武故城　晏公類要在衡陽縣西八十里　一統志里下有漢末賊區星嘗據此孫堅平之十二字

諸葛武侯祠　侯以軍師中郎將駐臨蒸　按據三國志武侯傳帥當作師

官吏

晉習鑿齒　在郡注晉漢春秋　按據晉書習鑿齒

傳注晉漢當作著漢晉

顧憲之　按憲之官衡陽在齊時顧上當有齊字

張齊賢　時州鞫劫盜十餘皆論死齊賢始至辦理存活者五人　按辦當作辨

王庭珪　以詩送之有曰癡兒不了公家事男子安爲天下奇　張氏鑑云安似當作要

人物

劉巴　按巴爲蜀漢人劉上當補漢字○爲左將軍西曹椽　按椽當作掾

羅含　按含爲晉人羅上當補晉字

李寛中　按寛中唐人寛上當補唐字

李士正　按士正以下皆宋人李上當補國朝二字

　碑記

碑記　圖經無碑記門而碑記散見諸處年月無考

　碑目無此十七字

神禹碑　韓文峋嶁山詩云　按文下當有公字

石柱　其上有字今磨滅所可識天寶十缺年而已

　碑目十缺年作之字

漢桂陽周府君碑　上載東漢耒陽人谷朗爲九眞

太守朗既爲耒陽人則碑疑在耒陽縣又有周府

君碑　車氏持謙云周蓋谷之訛卽谷朗也註又有谷府君碑者谷氏不止朗一碑也顧典籍千里云

羅彥墓碑　在耒陽縣西南二十里　抄本碑目二十作二二十一誤

元次山茅閣記　在子城西　抄本碑目子作于誤

臨海谷侯碑　不知其何時所立也　碑目無所字

詩

郡邑地卑饒霧雨江湖天闊足風濤　唐詩紀事云郭受紀杜子長詩

按據紀事及杜工部集紀杜子長當作寄杜子

美

卷五十六　永州

州沿革

謹按景帝後二年先以武帝元鼎六年蓋三十有二年　按景帝後二年歲在己亥武帝元鼎六年歲在庚午先以當作先於三十有二之二當作一

初領縣十曰零陵營道始安夫夷營浦郡梁冷道泉陵洮陽鍾武　按據上文此條本於西漢志今以漢書地理志考之郡乃都之誤冷乃泠之誤

其後劉言王逵周行逢更有其地　按據五代史及

通鑑達乃逵之誤

縣沿革

東安縣　按據輿地廣記二十六元豐九域志卷六縣下當注中字方與他縣之例相合

南接九疑北接衡嶽舊經云云見白鶴山下　按下文景物下白鶴山注引舊經云南接九疑北連衡嶽此處鶴字亦當作鶴

居楚越間其人鬼且機柳宗元永州龍興寺息壤記　按據柳州集及方輿勝覽二十五機乃禨之誤

景物上

西亭　柳文注遊法華寺遂登西亭詩注　張氏鑑云文注疑子厚之誤○以其東西遂以朝陽命名焉　按據方輿勝覽朝陽巖注西當作向

浯溪　元結居此所以著中興頌刻之崖石　按所以當作以所

高溪　登舟而去覆以疎蓬　按蓬當作篷

湘南　柳子厚嚴司空啓水州｜｜　按據柳州集嚴上當有上字水州當作竄身

石鏡　而江山之盤紆草木之榮悴然皆不得所適　按方輿勝覽無而字然字得所適作可得而有

也

鵶山　有怪石纍成形望之似鵶　張氏鑑云纍當作累形當在之下

嶠道　通鑑章帝元和元年云交趾七郡貢獻路皆從東治　按據通鑑治乃冶之誤　又按通鑑敘此事於建初七年在元和元年之前一年

九巖　嵓出池中者凡九　張氏鑑云嵓亦當作巖下同

景物下

白鶴觀　舊經云昔屏靜得道之處唐開元中改開

元觀以處靜唐宏道元以屈靜乘鶴上昇在祁陽故移建焉　張氏鑑云上屈字下當有處字以當作年下屈靜二字係衍文　按下文仙釋門有屈處靜傳宏道係唐高宗年號在開元以前張說是也

中宮寺　又度香橋記曰三吳天下之佳山水也　按據上文浯溪注云因水以爲浯溪因山以爲峿山作屖以爲唐亭三吾之稱我所自也風俗形勝門亦引三吾序此處吳字乃吾字之誤

朝陽巖　以地高而東其門故以朝陽名之　按據

方輿勝覽門當作向

霹靂琴　就伏之靈　按據上文此句係柳子厚霹靂琴贊之語今考本集就作龍其序云說者言有蛟龍伏其竅是其明證此處就字乃龍字之說

仙居觀　如眞何氏縣人也　按如當作女此卽下文仙釋門之何仙姑故兩條所叙事迹略同○名曰封居閣　按上文云本仙居閣此句封字乃仙字之誤○正和四年准勅封沖懿眞人　按正當作政政和乃徽宗年號正和則日本年號矣

古迹

丹崖翁宅　元次山集｜｜｜銘序云零陵隴下三十里　按據次山集隴當作瀧

官吏

唐崔遜　柳文崔君遜序云崔既來　按據柳州集既上當有公字

馬從祐　按從祐及蕭結皆五代時人馬上當補五代二字

蕭結　有州符下取競船　張氏鑑云競下當有渡字

人物

鄭產　按產係漢人鄭上當補漢字

蜀劉巴　按上文蔣琬上已有蜀字此句蜀字係衍
文　又按此條當移至上文吳黃蓋之前

路振　皇朝路振祁陽人　按皇朝二字當移至正
文路字之上注中路字係衍文

陳亭伯　名犯高宗御諱以字行　按亭伯名遘以
字行者避高宗嫌名後凡稱陳遘爲陳亭伯者仿
此

蔣濬　濬往見焉山谷大喜以身後事諉君　張氏
鑑云喜下當有曰字

仙釋

唐女眞法信　居星星觀　按上文景物下景星觀注云卽女道士唐法信焚修之所此句上星字當作景

何仙姑　潭州士人夏鈞過永州謂何仙姑而問曰

張氏鑑云謂當作謁

碑記

大唐中興頌　又按練潛夫熙甯閒作笑峴亭記曰

抄本碑目夫字係空格○次山文章遒逕　碑目逕作勁是也○魯公筆畫渾厚　抄本碑目渾

厚二字係空格○而浯溪之名因大著稱　碑目著稱作稱著抄本作著稱

峿臺銘　峿臺巨石也　抄本碑目巨作巳誤○又有唐亭東崖浯溪石堂四銘　碑目石作右抄本唐作唐誤　按方輿勝覽堂作室○皆結撰眞書不著名氏　碑目眞作其名上有人字抄本與紀勝同

朝陽巖記　元結所刊　碑目刊作栞抄本作刊

秦少游中興頌碑　張氏鑑云中上當有題字○秦少游詩云玉環妖血無人掃　碑目掃作埽抄本作掃

詩

草望零陵路千峯萬木中（劉長卿送梁侍御）　張氏鑑云草當作南

四六

地極三湘俗參百越（柳子厚代韋永州表）　張氏鑑云表上當有謝字

卷五十七（郴州）

州沿革

史記天官云翼軫爲楚分　按官下當有書字

縣沿革

桂東縣　寰宇記云陳文帝太建五年改汝城縣爲

盧陽縣及置盧陽郡　張氏鑑云及當作又

永興縣　按據輿地廣記二十六元豐九域志卷六縣下當注中字方與他縣一例

資興縣　南俯來江北　長嶺　張氏鑑云來當作耒卽下文景物上之耒水也○則是廢在於太平興國至熙甯之間　一統志二百三十二作太平興國後廢○因舊縣名爲資興縣　一統志作復置因舊縣名

風俗形勝

郴之爲州北瞻衡嶽之秀南直五嶺之衝陳純夫州學記

按方輿勝覽二十五衡作衝是也

昔杜草堂慨橘井之淒清韓昌黎詫北湖之空明二公筆端有神鈎抉郴江景象殆無遺賞李——郴江續集序

張氏鑑云——是撰序人名俟考

景物上

郴水　至郴口耒水灌田二百四十頃　一統志耒上有合字〇即韓愈所謂其水清瀉泊沙倚石是也　一統志無即字石下有者字

燕泉　以燕來泉生燕去時涸　一統志無以字涸上有泉字

橘井　在漢蘇仙君宅　一統志無漢字君作故（）
傳云　一統志云作曰○母取橘葉井飲之水
一統志水在飲上○競詣飲下咽卽愈　一統志
飲下仍有飲字
孤山　在桂陽縣南獨孤秀　按作紀勝時桂陽縣
已升爲桂陽軍不屬郴州此句陽字乃東字之誤
蓋桂東乃是時郴州之屬縣也
潮水　清泠瑩徹　一統志泠作冷
摺嶺　路登陟盤旋摺疊　一統志路登陟作其路
愈泉　清泠甘美　一統志清上有泉水二字泠作

冷○故曰甘泉　一統志故曰作舊名○人患疾

飲之立愈　一統志作飲可愈疾○改爲愈泉

一統志爲作曰

温水　元和郡縣志云在郴縣北常溉田十二月種

明年三月熟又一歲三熟　按據元和志二十九又

下當有可字

窮水　在黃沙寨之側　一統志寨作砦○凡四傍

小瀾水　一統志無瀾字

景物下

寶雲山　按此條脫去注文

檐魚嶺　張氏鑑云檐當作擔

龍宮灘　詩意則公自陽山徙椽江陵　按椽當作掾

楊梅堂　方廣如堂皇　一統志無皇字○纍纍如楊梅　一統志梅下有然字

古鉧泉　一統志古作鈷○方圓十餘里　一統志圓作廣○泉傍石壁峭立　一統志泉傍作四旁

酒官水　吳錄并郡國志俱云郴程水鄉出美酒　按元和志引吳錄無水字紀勝下文引劉杳云桂陽程鄉亦無水字上文景物上有程鄉尤其明證

大章小章水　出王禽山之東流至縣北二十五里　一統志出上有俱字王作黃無之字○合白清水　一統志清在白上○至三洑　一統志至上有又字

孤山水　至益將入上猶縣合江　一統志作逕益將鎮至江西南安府上猶縣入大江　按府當作軍今之南安府宋之南安軍也

萬歲山　在郴縣　一統志縣下有南字○改爲靈壽山　一統志爲作曰無山字

古迹

三翁塞井　鑿之轉深　一統志鑿上有人字○見

三老翁　一統志見上有忽字○以杖授之　一統志作授之以杖○因名爲｜｜｜　一統志因作故無爲字

女郎廟　韓文郴州祈雨乞雨女郎魂炰羞潔且繁　按文下當有公字雨下當有詩字

官吏

衛颯　按自颯至許荆皆漢人衛上當補漢字○後漢范曄傳循吏舉天下郡國歷三百餘年方得十二人　按後漢二字當在傳字下

楊於陵　按於陵及李吉甫皆唐人楊上當補唐字

張勲　按自勲以下皆宋人張上當補國朝二字

秦觀　元祐蘇軾以賢良薦于朝　按據下文此條本於事畧今考事畧本傳祐下有初字是也

人物

胡騰　按騰係漢人胡上當補漢字○爲竇武椽

按椽當作掾

谷儉　按儉係晉人谷上當補晉字

仙釋

蘇仙　每於虞芮之畔遂有閑原之田縣人王懷陟

周值羣鶴乃跪白其母潘氏曰　張氏鑑云縣人王懷陟周疑有脫誤

武丁岡　桂陽先賢傳　一統志傳下有云字○後漢仙人成武丁葬此　一統志無仙人二字○其友人見仙人乘白騾去　一統志仙人作武丁

詩

杜工部送崔舅錄事攝郴州　張氏鑑云錄事當在舅上

戴叔倫送人郴州　張氏鑑云郴上當有之字

橘井蘇仙宅茶經陸羽泉　張舜民｜｜｜｜｜｜｜｜｜｜　按民

下當有詩字

醒心亭下水涵天吏部風流三百年　羅□□遊北湖詩　張氏鑑云人名原闕

憶惜韓退之南征過吾州持觴看乂魚妙句落芳洲　王恕次韻　按惜當作昔次韻下有脫字

地俯梅谿新棟宇源通橘井近煙霞　商侑再題玉雪詩　張氏鑑云玉雪下有脫字

賢如贍扇揚風日貧似開門臥雪時　郴江志閭孝忠袁氏書堂記　張氏鑑云開似當作闕

卷五十八　道州

州沿革

則隸湖南在元和已前矣　張氏鑑云已當作以

風俗形勝

晏公類要引風俗記云別有山徭白蠻倮人三種類與百姓異名親俗各別　張氏鑑云徭即猺倮即猓他條仿此　又云親疑當作習

景物上

寒亭　又江華縣亦有冬泠山　按下文云其山高寔陰寒故名此句泠字當是冷字之誤景物下正作冬冷山尤其明證方輿紀要八十一亦作冷

景物下

白雲亭　元次山詩云出門出南山喜逐松逕行

按方輿勝覽二十下出字作見是也

天門山　雖晴霽望之於下不見其頂　張氏鑑云

於下當在望之上

陽華巖　巖當陽端故以陽華命之作銘瞿令問作

篆三大字刻之座右　按據方輿勝覽以下當有

元次山三字座右當作崖石

陽華洞　又云蒼蒼滿前山巖高曖華陽飛溜何潺

潺洞深迷遠近　按據上文此數句係元次山詩

今考次山集蒼蒼滿前山上句係杉松幾萬株洞深迷遠近下句係但覺多洄淵紀勝割截其上下句遂覺不叶韻耳　又按次山集暖作曖是也

石魚湖　兒童作小舫載酒勝一盃且欲坐湖畔石魚長相對　按據上文此數句係元次山詩今考次山集載酒勝一盃下有座中令酒舫空去復滿來以下六句又有金玉吾不須軒冕吾不愛二句紀勝删去中一節遂覺不叶韻耳

吳望山　其水嗚咽如秦川瀧水　按瀧當作隴

冬冷山　又有冬洽水　按洽當作冷方輿紀要正

作冷

宜陽山　在宜陽縣北宜水之陽　按道州無宜陽
縣據方輿紀要縣當作鄉

古迹

齊蕩寇將軍李道辯所封之邑　令唐樂洞姓李皆
其裔也　按姓李當作李姓

舂陵濂溪九江濂溪　年表云　按表當作譜即周
濂溪之年譜也

官吏

元結　以爲諸使求符牒二百餘通　按據上文此

係容齋三筆之語今考三筆七卷求上有誅字是也

○又有賦退示官吏一篇　按容齋三筆賦作賊是也

陽城　復遣官核實再使愧恐中道而逃　張氏鑑云再當作其

寇準　按自準以下皆宋人寇上當補國朝二字

人物

李季秀　季秀卒次山又表其所云　按據次山集李當作張所當作墓

皇朝周堯卿　歐陽方叔誌其墓云云　按方字乃丞

字之誤

仙釋

何侯　世傳何使煉丹於此　按下文云何侯拔宅此處使字乃侯字之誤方輿勝覽亦作侯○其第一麓□有石室　張氏鑑云麓下本闕一字

尊妙典　杉松映飛水蒼蒼在雲端　按據上文此二句係元次山詩今考次山集水作泉是也

碑記

無爲觀鐵磬文　造鐵磬十二枚　抄本碑目鐵作鉄枚作收誤

正元間李嶠篆　按正元即貞元係唐德宗年號李
嶠卒於唐元宗初年德宗朝其歿已久疑正元乃
開元之誤
元次山永泰二年題名　柳子厚記後人集徐誥書
再刻　碑目誥作浩是也抄本作誥
唐尚魯儒碑　唐大和六年立　抄本碑目大作太
舜廟狀舜祠表　江華令瞿君善篆籀　抄本碑目
瞿作翟　按上文景物下陽華巖注云瞿令問作
篆三大字此處瞿君即指令問而言下　碑注
云江華令瞿令問書是其明證作翟者誤○元次

山陽華寺等銘　碑目寺等作巖抄本作寺等　按以方輿勝覽陽華巖注及元次山集考之碑目是也

舊碑　石上有州刺史河內字　碑目州作周

陽華巖銘　已上三碑並永明二年刻　張氏鑑云已當作以

道州律令要錄序　溫與其撮要講其義書于廳事碑目撮在其上抄本與紀勝同　按據上文此序係呂溫所撰今考呂衡州集與碑目合當從之

含暉巖記　抄本碑目含作令　按注云唐劉夢得文今考上文景物下含暉巖注云唐劉夢得有記

抄本碑目誤

天皇元年舜碑　在玉琯巖　抄本碑目玉作王

按上文景物下玉琯巖注云漢哀帝時零陵郡文學得玉琯十二於此巖前有天皇元年舜碑抄本碑目誤

春陵志　章穎序　抄本碑目章作羣誤

詩

山中舊有姥仙家十里飛泉遶丹竈 元結　張氏鑑云姥仙當作仙姥　按以次山集考之張說是也

戴叔倫寄李史君　張氏鑑云史當作使

一麾出營陽惠彼蚩蚩民　張氏鑑云蚩字當去口

輿地紀勝校勘記卷十二終